Guy TARTELIN

La Musique,
Écho et Murmure du Monde

Éditions EuroMuses

Sommaire

Je ne remercierai jamais assez
Alain LAGRANGE et Gilbert PLIEZ
sans qui ce livre n'aurait pas vu le
jour. Leur dévouement et leur patience
au clavier de leur P.C. ont été sans faille !

Préface

Invitation au voyage, voilà comment pourrait s'intituler cet ouvrage alerte et foisonnant que nous propose Guy Tartelin. Un voyage dans les contrées vastes et quelquefois inexplorées de la musique et de la poésie où l'auteur, avec l'aisance et la force de persuasion de celui qui les a maintes fois parcourues, nous entraîne irrésistiblement.

Guy Tartelin est de ceux, en effet, qui goûtent, qui sentent, qui aiment... et dont la joie véritable est de partager avec leurs amis l'enthousiasme qui les habite. Il ne cherche pas à rédiger une nouvelle histoire de la musique ni un traité supplémentaire d'analyse musicale. Il entreprend une conversation passionnée que l'on écoute avide, tant la matière est riche sous l'apparente facilité d'un ton familier où n'effleure ni pédanterie ni truisme. Un ton sans cesse apprécié du public nombreux et fidèle qui assiste à ses conférences données régulièrement depuis dix ans au Conservatoire de Région de Dijon.

Angliciste de formation, peintre de talent, par-dessus tout passionné de musique, Guy Tartelin possède la culture d'un véritable humaniste qui n'étale pas un savoir mais nous transmet un vécu. Il ne nous entretient que des musiques qui lui parlent, de celles qu'il a lui-même assidûment écoutées et fréquentées. Et précisément, ce qui est admirable, c'est, à côté de cette approche en profondeur, l'étendue de ses connaissances du répertoire, des œuvres comme des interprètes qui les ont successivement jouées et servies. Cette vision très large lui permet d'établir toutes sortes d'associations entre des musiques et des compositeurs d'époques et de styles différents qu'il rapproche en sachant trouver les liens fondamentaux qui les unissent.

Tout cela explique l'économie de cet ouvrage : un parcours libre à travers l'immense champ de la musique occidentale, qui ne se soucie ni de chronologie ni de classement formel mais qui cherche au contraire à présenter des œuvres choisies en les regroupant selon la thématique qui les a initialement inspirées. Les thèmes retenus dans le livre sont la terre, l'eau, l'air, le feu : les Quatre Eléments qui, selon la tradition, constituent le monde, considérés sous leurs différents aspects. En somme, la création toute entière : montagnes, steppes, forêts, mers, fleuves, firmament, étoiles, lune et tous les êtres vivants, les oiseaux plus particulièrement et l'homme...

Ce qui intéresse avant tout Guy Tartelin, semble-t-il, dans cette démarche, c'est de nous placer dans la position du musicien à l'écoute de la nature qui l'entoure, qui l'englobe et de saisir quelque chose du dialogue qu'il a entrepris depuis les origines avec le cosmos, du chant ininterrompu qui en est né. Debussy faisait dire malicieusement à Monsieur Croche : « Les musiciens n'écoutent que la musique écrite par des mains adroites ; jamais celle qui est inscrite dans la nature. Voir le jour se lever est plus utile que d'entendre la *Symphonie Pastorale*... Il faut n'écouter les conseils de personne, sinon du vent qui passe et nous raconte l'histoire du monde. »

Ce n'est pas le moindre mérite de ce livre que de nous faire envisager la musique non pas seulement dans sa forme aboutie que l'on peut dès lors analyser mais d'abord à son point initial, à l'heure mystérieuse et fugace de sa conception. C'est bien sûr l'œuvre achevée qui nous intéresse mais n'est-il pas exaltant de se placer aussi à l'instant quelquefois bref où, la page encore blanche, le compositeur doit tout inventer, peut tout imaginer ? La technique explique beaucoup de l'œuvre d'art, mais cet instant qui précède le travail lui-même et le détermine, n'est-il pas fascinant d'en évoquer le secret ?

Les nombreuses citations de compositeurs et de poètes qui s'insèrent dans le discours nous y aident. Elles sont choisies avec un grand discernement ainsi que les très nombreux textes poétiques utilisés à des fins musicales que Guy TARTELIN nous donne en extraits ou dans leur intégralité. Ils ont inspiré des musiques qui les prolongent, qui leur doivent existence mais, en même temps, bien souvent les masquent. On est heureux de les redécouvrir ici dans leur dénuement premier comme le compositeur les a lui même lus.

Enfin, en parcourant ce livre où sont rapprochées tant d'œuvres diverses, confrontés et associés tant de compositeurs différents, ne ressentons-nous pas une intense émotion à voir tous ces musiciens qui se sont succédé, qui ont subi les mêmes envoûtements, ont souffert les mêmes passions, ont vécu les mêmes enchantements, se rejoindre pour former un long cortège opiniâtre et ininterrompu ? Personnages d'exception, souvent génies extraordinaires mais, vus de la sorte, tous si humains, qui à travers leur musique semblent tendre à nous autres, hommes de notre siècle, compositeurs, interprètes ou auditeurs, une main fraternelle.

Jean-Louis GAND

AVANT-PROPOS

« Si j'avais mieux compris tout ce qui a été dit avant moi, je me serais gardé d'y ajouter. »

GOETHE à WINCKELMANN

« Un livre où j'eusse cultivé l'illusion de TOUT dire, en plus d'une imposture, n'eût guère été d'agréable lecture – à supposer qu'elle le soit. »

Federico ZERI dans *J'avoue m'être trompé*

« C'est de la nature que l'artiste extrait les éléments de l'œuvre d'art. Les éléments sont, seront d'autant plus gonflés de sève vitale que le créateur est plus vivant, c'est à dire qu'il participe davantage de la vie de cet univers. C'est parce que Beethoven était si INCARNE qu'il pouvait, par intuition, trouver dans sa propre conscience les rapports qui permettent d'établir une architecture musicale en accord avec les lois naturelles. »

André JOLIVET

Un musicien est-il toujours à l'écoute de la nature, du monde, de l'univers ? Ce livre voudrait montrer qu'il l'est souvent, sinon toujours. Il nous faut dépasser les images et idées courantes d'un artiste qui se pencherait davantage sur lui-même que sur l'extérieur, un artiste concentré sur « l'écriture » la plus complexe qui soit avec un savoir ésotérique pour l'amateur : science du contrepoint, du rythme, de l'harmonie, de la fugue, de l'orchestration, en bref de la COMPOSITION, science qui déroute bien des mélomanes à la lecture de certaines analyses des pochettes de Cds, qui rebutent plus qu'elles n'éclairent ou exaltent l'œuvre (je me dois d'ajouter que les initiés peuvent y puiser un plaisir intellectuel certain et un critère d'appréciation supplémentaire). Tout art repose sur un savoir, une technique, une « cuisine » pour employer le jargon des peintres, mais gardons-nous de confondre le cuisinier et le gastronome (qui peut certes se passionner pour la confection des plats), l'oenophilie et la dégustation.

On photographie ou dessine le plus souvent un compositeur près de son piano sur lequel il vérifie ou peaufine ses harmonies (cf. Stravinsky) ou devant un feuillet de note dans une pièce monacale (cf. Poulenc) mais rarement dans la nature (Beethoven se promenant les mains derrière le dos ainsi que Schubert, l'éternel « Wanderer »). On montrait Olivier Messiaen en train d'étudier les oiseaux exotiques dans les forêts du

Nouveau Monde et de copier les chants d'un toucan ou d'un oiseau-lyre (l'oiseau à l'origine de la création du monde pour les aborigènes d'Australie). Mais ce sont des exceptions. Et si le musicien cherchait sans cesse une mise en harmonie de son monde intérieur et du monde extérieur ? J'aimerais qu'on puisse y voir la clé de cet ouvrage.

Je vais prendre l'exemple d'un musicien, trop méconnu en France, Charles Ives (1874-1954), le génie – peut-être le seul – de la musique américaine. Un ami de Ives rapporte cette anecdote, sans doute trop belle pour être vraie mais qui cadre bien avec le personnage. Il voit cet écriteau sur sa porte : « Do not disturb. I am furbishing a sonata » (Prière de ne pas déranger, je fourbis une sonate). Ce qui nous ramène à une évidence, qu'aurait reconnue Igor Stravinsky, à savoir qu'un compositeur se veut avant tout un artisan, tout occupé à l'œuvre en train de se faire, comme un sculpteur qui façonne, peaufine, polit sa statue. Sa matière est l'univers des sons qu'il doit édifier et ordonner. Le reste est de la littérature. Une sonate, un quatuor, une symphonie sont des architectures sonores qui n'expriment qu'elles-mêmes et le style de leur auteur. Ce sont des créations de musique dite « pure », a priori sans programme, sans message, sans lien direct avec un texte ou l'environnement. Il va de soi que si nous nous arrêtions à cette constatation, les chapitres qui suivent n'auraient aucune raison d'être. Le musicien serait-il alors enfermé dans sa tour d'ivoire, sourd à toute chose sauf à cette musique silencieuse, à cette multitude de notes mystérieuses qui courent sur les portées ? Sourd aux voix de la nature, à la matière qui nourrit l'imaginaire et la rêverie des poètes selon Bachelard ? Sourd à « la musique des sphères », sourd aux éléments, sourd aux merveilles de la création qui l'entourent ou que chantent les poètes depuis la nuit des temps ?

En fait, rares sont les compositeurs qui se sont cantonnés exclusivement à la musique pure. Et puis, derrière mainte pièce pour piano ne pourrait-on trouver des souvenirs réels ou littéraires ? Nous pensons aux ballades de Chopin et de Brahms. Revenons à Ives qui composait avec, sur son bureau, une photographie de mariage sur fonds de lacs et de forêts du Nouveau Monde avec sa chère Harmonie, épouse idéale pour un musicien ! De plus, la sonate en question s'appelle *Concorde*, d'après la ville symbolique où se rencontraient les premiers écrivains américains, les « Transcendantalistes », qui devaient exalter la beauté et la grandeur de leur pays – Emerson, Thoreau, Hawthorne, et le philosophe Alcott –. « L'immense n'est-il pas un élément de notre esprit ? Toute vigueur est contagieuse et lorsque nous assistons à une création, nous commençons nous aussi à créer » (Emerson, le maître à penser). Ives a écrit un livre pour commenter et expliquer sa sonate qui harmonise le temps, l'espace et les sentiments. Mais comme les célèbres compositeurs de musique à programme – entre autres Liszt et Richard Strauss, auteurs de poèmes symphoniques – il estimait que la musique doit se suffire à elle-même et pouvoir s'écouter sans programme. Les allusions à la nature sont nombreuses dans son œuvre, dans ses symphonies, ses mélodies et suites d'orchestre qui chantent les rivières, la mer, les montagnes, les forêts, l'arc-en-ciel, les saisons et les moissons. Si j'insiste sur ce musicien, encore trop peu connu en France, c'est pour le poser en prototype de tout musicien qui a, tour à tour, le désir et le besoin irrépressible de composer une musique pure et autonome et une musique qui soit l'écho et la célébration du monde où il vit en homme de chair et de cœur, que ce soit directement ou par le truchement d'œuvres littéraires ou spirituelles, voire picturales. C'est à cet autre aspect du musicien créateur que nous nous sommes attachés dans cet ouvrage, ayant pour but pédagogique à peine déguisé (une seconde nature ! ?) et sans doute contestable pour les puristes, d'élargir l'écoute des mélomanes, au delà de tout professionnalisme.

Un interprète peut avoir le trac avant d'entrer en scène – Ah ! Les quelques mètres à franchir en sortant des coulisses ! Obsession du trou de mémoire, de la voix qui flanche, du doigté qui s'embrouille – l'écrivain peut avoir le trac quand le livre est imprimé, et donc nécessairement terminé, sans repentir ni retouche possible. Le musicographe, lui, peut et devrait avoir le trac avant d'attaquer son premier chapitre, à moins qu'il ne soit spécialisé dans l'histoire et l'analyse des œuvres. N'étant pas musicien professionnel, comment peut-il être crédible aux yeux des créateurs ? Il désire écrire pour le plus grand nombre des amoureux de la musique, partager avec eux sa passion et ses découvertes, mais peut-il vraiment parler de musique ? « La musique n'est pas faite pour qu'on en parle mais pour la jouer ou l'écouter », clamait Einstein, savant qui avait son violon d'Ingres. Un autre savant, structuraliste, Levy-Strauss, nous confie que « la musique est la suprême butée des Sciences Humaines » ; donc inexplicable et mystérieuse. Un philosophe musicien et musicologue, Vladimir Jankélévitch, a écrit – merveilleux paradoxe – un livre admirable pour nous dire que la musique est « INEFFABLE », en d'autres termes, qu'il n'était certes pas interdit d'en parler mais impossible d'en parler vraiment. Et un musicien, Debussy, que la musique est « INEXPRIMABLE » et pourtant il a beaucoup écrit sur son art. « La musique nous pénètre l'âme par un je ne sais quoi de troublant et de divin ; quelque chose d'efficace et d'irrationnel. » Le musicographe de bonne volonté ne peut que gémir dans l'impuissance à communiquer quoi que ce soit qui puisse intéresser l' »honnête homme ». Toutefois, un mystère n'est pas condamné au mutisme. L'amour et la mort sont aussi mystérieux que la musique et les hommes n'ont pas cessé d'en parler depuis l'invention de l'écriture.

Depuis des siècles, le musicien est, comme chacun d'entre nous, émerveillé par la CRÉATION et y puise souvent son inspiration, directement ou indirectement, en s'inspirant de textes profanes ou sacrés (cf. la Bible). Pour Messiaen, le compositeur, face à la nature, oublie la complexité et l'érudition de son langage musical ; il se met à parler, tant son amour est grand, comme l'auteur des *Rêveries du Promeneur solitaire :* « La nature, c'est là que réside pour moi la musique : la musique libre, anonyme, improvisée pour le plaisir, pour saluer le soleil levant, pour séduire la bien-aimée, pour crier à tous que la branche et le pré sont à vous, pour bercer sa fatigue et dire adieu à telle portion de vie quand descend le soir. » Toutefois, elle ne se borne pas à une reproduction de la nature mais, nous dit Debussy, « aux correspondances mystérieuses de la nature et de l'imagination ». Rien d'étonnant à ce que de telles lectures nous aient confortés dans notre entreprise. Nous laisserons de côté les spéculations sur l'idée de nature, concept vague et complexe qui a souvent divisé les philosophes à l'âge des Lumières. Appuyons-nous plutôt sur les musiciens qui ont musiqué des textes poétiques dans le cadre des festivités annuelles en l'honneur de sainte Cécile, patronne des musiciens qui a détrôné Orphée. En Angleterre, à la fin du XVIIe siècle, le 22 novembre était devenu une institution. Henry Purcell écrivit cinq odes (ou cantates) – et la dernière en 1692, *Hail bright Cécilia !* (*Salut radieuse Cécile !*) – est un pur chef-d'œuvre qui annonce et préfigure Haendel. Les arbres se mettent à parler sur la flûte et le violon qu'ils ont donnés. « C'est la voix de la nature, parmi le bois mouvant et les êtres qui l'habitent, la langue universelle que n'ignore aucune de ses créatures. » Sur un poème de Dryden de 1687, Haendel composera quarante ans plus tard son *Ode pour la Sainte-Cécile* qui est en fait une ode sur le pouvoir de la musique à chanter les passions humaines et à louer le Créateur ; c'est aussi un hommage à l'homme qui a inventé les instruments et qui imite Dieu à l'octave inférieure. L'ode commence par ces vers :

> « Par l'harmonie, par la céleste harmonie
> Naquit le monde entier ».

La paraphrase de l'évangile selon saint Jean est éloquente ; nous n'avons pas « Au commencement était le Verbe » mais « Au commencement était l'harmonie ». Comme dans la Genèse, le chaos est évoqué et la voix mélodieuse du Créateur réveille la nature endormie sous l'amoncellement d'atomes discordants – étrange idée – comme chez Purcell, qui rappelle aux mélomanes humanistes de l'époque la théorie atomique du vieux Démocrite ! Et c'est alors que les quatre éléments se mettent en place en obéissant au pouvoir de la Musique (plus exactement leurs effets : le froid, le chaud, l'humide et le sec. La musique est une alchimie). L'harmonie céleste parcourt toutes les notes de la gamme et atteint le degré suprême du diapason avec l'être humain qui, à l'image du Créateur, se fera créateur à son tour.

Partir de la création nous a semblé une démarche intéressante et enrichissante puisque Joseph Haydn nous a laissé un suprême chef-d'œuvre qui, plutôt que de célébrer la Genèse, nous la fait vivre musicalement au présent. C'était l'occasion d'évoquer, dans l'histoire de la musique, le chaos, la lumière, l'eau, la terre, montagnes et forêts, les animaux et le premier couple. Avec Noé, nous avions l'occasion d'évoquer le déluge, l'arc-en-ciel, l'Arche et ses créatures et enfin la vigne.

Partant de Haendel, et du baroque en général, les ÉLÉMENTS s'affirmaient un sujet incontournable. Le Professeur Jean-Jacques Wunenburger créa à Dijon, il y a une douzaine d'années, le « Centre Bachelard » et organisa régulièrement des colloques pluridisciplinaires auxquels nous avons eu le plaisir et l'honneur de participer (quatre chapitres de ce livre, remis à jour, complétés et remaniés, furent des communications). Coïncidence récente : le peintre bourguignon Michel Dufour nous a offert une exposition mémorable sur « Les quatre éléments : la terre, l'eau, l'air et le feu ». En conséquence, nous avons cru bon de concevoir cet ouvrage comme une suite d'essais « à thèmes » qui peuvent se lire indépendamment dans n'importe quel ordre, avec, çà et là, des rappels ou des redites. Il est parfois impossible de séparer des éléments qui souvent vont ou conspirent ensemble dans une même œuvre. Voici un exemple difficile à classer, tiré de l'oratorio *Elias* (ou *Elie*) de Mendelssohn ; nous y avons les quatre éléments présents en dix vers :

« Le Seigneur passa, et un vent violent
Qui déchira la montagne et brisa les rochers
Précéda le Seigneur,
Mais le Seigneur n'était pas dans la tempête.
Le Seigneur passa, et la terre trembla et la mer bouillonna,
Mais le Seigneur n'était pas dans le tremblement de terre.
Et après le tremblement de terre vint un feu,
Mais le Seigneur n'était pas dans le feu.
Et après le feu vint un souffle ténu,
Et dans ce souffle ténu, le Seigneur s'approcha. »

Dès les débuts de l'âge baroque, les Eléments furent à la mode. Jean-Ferry Rebel (1666-1747) et André Cardinal Destouches (1672-1741) se rendirent célèbres par leurs ballets *Les Eléments*. Les Eléments servaient parfois à des constructions philosophiques et métaphysiques stimulantes pour l'esprit et l'imagination. Guy Bernard dans *L'Art de la Musique* (Editions Seghers 1961), passionnant ouvrage d'érudition, nous livre les méditations d'un petit maître du XVIIe siècle, Charles Coypeau, Sieur Dassoucy (1604-1674), ami de Scarron et de Cyrano de Bergerac :

« Tout ce que nous voyons dans la Nature est musique et rien ne peut subsister sans cette harmonie que l'homme seul, à l'imitation de Dieu, est capable de produire et faire paraître... Toutes les parties qui composent ce grand Univers, ce sont les cordes que Dieu a étendues sur cette grande machine du Monde et lesquelles, bien que de nature différente et de qualités contraires, Dieu a disposées... »

« Cette grosse corde que vous voyez sur cet instrument, qui fait la basse, représente la Terre, et sur cette petite machine fait le ton grave, comme sur cette grande machine du Monde, la Terre, par sa gravité, représente les grosses cordes du Clavessin. Cette autre corde qui suit, que vous voyez un peu plus déliée, et dans un lieu plus éminent, fait dans cette petite musique, et sur ce mesme Clavessin, la partie du milieu, que l'on nomme Tenor. L'eau de mesme que nous voyons d'une qualité plus tenüe et plus déliée, et dans une sphère un peu plus élevée, fait dans cette grande Musique du Monde, entre l'Air et la Terre, cette mesme partie que nous appelons Tenor. Cette autre corde que vous voyez sur ce Clavessin, encore plus déliée et plus élevée, fait un tempérament entre la Taille et le Dessus, comme cette grande corde, encore plus subtile et plus déliée que les deux précédentes, que nous appelons l'Air, est une autre partie, qui, dans une sphère encore plus haute, fait un tempérament entre l'Eau et le Feu, que nous appelons, en langage de Musique, haut de Contre ; et cette dernière qui tient le haut bout, la plus fine et la plus déliée de toutes, que nous appelons Chanterelle, nous représente le feu le plus fin, le plus épuré et le plus subtil de tous, qui, comme le plus noble, placé au dessus de tous les autres, fait cette partie que nous appelons le Dessus, qui est cette partie brillante qui donne la vie et le jour à tout l'ouvrage, et sans qui nostre Musique ne produiroit rien que de triste et de mélancolique, non plus que cette grande harmonie, sans le feu, dont Dieu a allumé le Soleil et les Estoiles, et que nous voyons briller dans ce grand Astre, qui donne la lumière au Monde et porte la joye et la clairté par tout l'Univers. »

(Les Pensées de Monsieur Dassoucy,
dans le Saint-Office de Rome (1676)

Ce texte est une gourmandise qui décourage quiconque de prendre la plume si ce n'est dans le but philanthropique de le faire partager. Le romantisme de Chateaubriand nous rapproche de ce musicien idéal qui « élève l'âme au-dessus de ce qui est » tout en étant l'écho de la nature.

« Ainsi le musicien... est obligé d'apprendre l'imitation des harmonies de la solitude. Il faut qu'il connaisse les sons que rendent les arbres et les eaux ; il faut qu'il ait entendu le bruit du vent dans les cloîtres, et ces murmures qui règnent dans les temples gothiques, dans l'herbe des cimetières et dans les souterrains des morts. »

Génie du Christianisme

Telles sont les considérations qui, jointes aux encouragements de mes auditeurs au Conservatoire, ont contribué à la conception de ce livre. Le fait que la musique soit présentée par « thèmes » me semble d'une pédagogie moderne, pratiquée et reconnue sur les ondes (Radio Classique et France Musiques). C'est sans doute une manière pluridisciplinaire d'aborder, selon ses goûts, sa formation ou sa culture, ce que

Léonard Bernstein appelait « L'Infini de la Musique ». Sans oublier que ce genre d'ouvrage, forcément lacunaire, appelle un dialogue avec le lecteur qui est naturellement tenté de le compléter – la meilleure façon de le faire est encore de le poser et d'écouter les œuvres citées (toutes ont été jouées ou enregistrées). Puissiez-vous souvent soupirer comme Baudelaire, « la musique me prend comme une mer » ou du moins lui rendre grâce comme Schober à son ami Schubert :

O Toi, Art charmant,
Pendant combien d'heures grises,
Lorsque me leurrait la ronde sauvage de la vie
As-tu allumé l'amour en mon cœur,
M'emportant dans un monde meilleur ?
Souvent ta douce et sainte harmonie
M'a ouvert le Paradis des jours meilleurs.

Art charmant
Je te remercie.
(Du, holde Kunst
Ich danke dir dafür)

An die Musik D.547 (A la Musique)

La Création

La Création, oratorio de Joseph Haydn (1732-1809)

Il suffit de se remémorer le cri d'exultation d'Adam et Eve – et Joseph Haydn ne fait qu'un avec eux, tout comme chacun d'entre nous – devant la splendeur de la création pour partager l'innocence émerveillée de deux créatures toute neuves :

> « De tes bienfaits, ô Seigneur Dieu,
> La terre et le ciel sont pleins.
> Le monde si grand, si merveilleux (wunderbar)
> Est l'œuvre de tes mains ».

Haydn est rentré d'Angleterre il y a trois ans avec les livrets de deux oratorios, *La Création* et *Les Saisons* et, en 1798, il a 66 ans lorsqu'il compose le plus important chef-d'œuvre de la fin du siècle. « Il chante, non pas la création créée mais la création en train de surgir ; il le fait comme s'il en avait été sinon l'auteur, du moins un témoin privilégié contemporain du Fiat Lux originaire et devançant la naissance du premier homme. Il y a là, inconsciente mais présente, comme une invitation gnostique adressée à l'homme d'accéder au mystère de Dieu pour le partager avec Lui afin de devenir un nouveau Créateur (Jean Brun, « Essence et Histoire de la Musique »).

La genèse de ce monument fut difficile. « Je n'ai jamais été aussi pieux qu'à l'époque où je travaillais à *La Création*, confia le compositeur à son biographe Griesinger. Tous les jours je me mettais à genoux et je demandais à Dieu de me donner la force de mener l'œuvre à son terme. » Le texte de *La Création* est issu, de manière quelque peu indirecte, du « paradis perdu » (Paradise lost) de John Milton (1608-1674) et il se pourrait qu'il ait été ébauché à l'intention de Haendel (1685-1759). Haydn découvrit l'ouvrage à l'occasion de son second séjour à Londres en 1795 dans la bibliothèque d'un directeur de théâtre. Le compositeur le confia dès son retour au baron van Swieten qui le traduisit et le remodela (Van Swieten révéla Bach et Haendel à Mozart ; sa collection était impressionnante). Outre les indications musicales du baron, qui se risquait parfois à la composition, sa sensibilité aux beautés du monde transparaît à chaque instant dans son poème. Il ajouta des psaumes à la fin de la première et de la seconde partie. A part ces rajouts, l'œuvre suit de près le premier récit de la Genèse, en développant poétiquement certains versets. Trois archanges, Gabriel, Uriel et Raphaël, racontent tour à tour les événements de la création (soprano, ténor et basse). Le poème décrit, tantôt brièvement, tantôt en détail, tout ce qui se passe durant ces six jours ; les chœurs célestes qui, dans leurs hymnes, chantent la majesté divine, célèbrent la fin de chaque journée. La conclusion de la seconde partie décrit le couronnement de ces six journées : la genèse du premier couple. La troisième partie de l'oratorio est à proprement parler un appendice : elle nous décrit l'existence heureuse d'Adam et Eve dans le jardin d'Eden.

Nous osons résumer et commenter humblement cette œuvre immense pour en faire sentir les géniales trouvailles mais les mots suffisent-ils ?

La représentation du chaos est une des pages les plus célèbres peut-être de l'histoire de la musique, ne serait-ce que parce qu'elles quittent un siècle pour introduire le suivant sur un coup de génie. En fait, le chaos a une forme claire – Dieu n'avait-il pas déjà crée le Ciel et la Terre ? – il lui manque des contours précis et des dissonances osées font le reste ainsi qu'un tempo lent, une carrure irrégulière et l'emploi insistant de syncopes – mais à quoi peut bien servir ce jargon pour l'auditeur et même pour un épigone ? Avec la même démarche esthétique, on peut écrire un exercice intéressant pour l'analyste mais pas LE chaos – avec Haydn nous avons l'impression d'une « terre informe et vide », d' »obscurité au-dessus de l'abîme » et voilà le miracle inanalysable et INEFFABLE. Le récit de la création succède immédiatement, sans transition ni heurt, à cette introduction « Au commencement Dieu créa le ciel et la terre ». L'adaptation musicale du troisième verset du premier chapitre de la Genèse est une preuve supplémentaire du réalisme de Haydn. Il dépeint le prodige de la création de la lumière avec des moyens aussi simples que convaincants. Le texte est connu : « Dieu dit que la lumière soit et la lumière fut » ; sur ce dernier mot, le chœur « a capella » passe d'un pianissimo en mineur à un fortissimo en majeur. « Es werde Licht und es war Licht ! » Que déjà Haendel, le maître es oratorio découvert à Londres, ait procédé ainsi dans *Samson* n'enlève rien au mérite de notre musicien. Le chœur « En un monde nouveau » (und eine neue Welt entspringt) montre que Haydn a pu, comme toujours, trouver des mélodies populaires sans tomber dans la banalité.

Les événements du deuxième jour – la création du ciel et la séparation des eaux – sont décrits avec le réalisme instrumental de mode à l'époque. En effet, au XVIIIe siècle, tout opéra qui se voulait réussi et apprécié, comprenait une scène d'orage, quel que fût le sujet de la pièce.

La description musicale du troisième jour – l'apparition de la terre ferme et la germination du règne végétal – reste assez schématique ; seule la séparation de la terre et des eaux, et, plus loin, le murmure d'un ruisseau sont décrits avec quelques détails.

Les travaux du quatrième jour – la création du soleil, de la lune et des étoiles – termine la première partie de l'oratorio. Le compositeur dresse en antithèse évocatrice la force brûlante du soleil et l'éclat poétique de la lune. Cette partie s'achève solennellement par le chœur grandiose « Les cieux célèbrent la gloire de Dieu » (Psaume 18).

D'après le récit biblique, le règne animal fut créé le cinquième jour. Haydn profite vivement de cette donnée féconde pour laisser aux alouettes, aux colombes et aux rossignols, l'occasion de se faire entendre. Ses préférences vont aux colombes car elles sont le symbole de l'amour et elles roucoulent en de tendres tierces [1]. Mais il n'oublie pas pour autant le rossignol, ce roi mythique du chant, qui reçoit largement sa part comme chez Haendel. Quant aux animaux des profondeurs marines, baleines et cétacés, ils ne semblent pas jouir des sympathies de l'auteur ; à ce lourdaud de Léviathan, il fait même la nique en insérant dans les basses quelques motifs au rythme maladroit.

Les êtres créés le sixième jour, « les animaux de la terre », occupent davantage son attention avec drôlerie et fantaisie. Ainsi le solo de Raphaël réunit les cris des différents animaux et cet assemblage constitue une symphonie humoristique que certains critiques ont trouvée déplacée et appelée « Aria zoologique ». Un trille fortissimo : c'est le roi des animaux qui rugit ; un presto et nous voyons bondir le tigre. D'élégantes appoggiatures suggèrent les bois du cerf et un andante calme et paisible décrit ce gros bêta de bœuf. Les violons s'agitent : en pleine effervescence, un essaim d'insectes traverse les airs. Les basses, par leur allure traînante, suggèrent les anneaux de gluants reptiles. Bref, l'humoriste Haydn est en verve. Avec *Les animaux de tout leur poids* (Den Boden drückt der Tiere Last) le contrebasson (instrument nouveau) émet un son très grave, qu'il étire et développe avec force. Deux chœurs puissants, qu'un trio entrecoupe, jubilent que l'œuvre soit terminée ; ils chantent la généreuse munificence du Seigneur, et par de multiples « Alléluia », quasi haendeliens, ils glorifient sa sublime majesté.

Dans la troisième partie, seules règnent paix et bonté. L'optimisme délicieux de Haydn se reflète une fois de plus dans la description musicale du premier couple humain [2]. L'homme et la femme sont également beaux. Les jouissances du Paradis sont introduites magnifiquement par trois flûtes. Le signal du cor est tout aussi caractéristique lorsqu'il annonce l'apparition d'Adam et Eve dont les duos dominent toute la troisième partie, duos de gratitude et d'amour dont la splendeur mélodique nous rappelle que Haydn fut aussi un maître de l'opéra, éclipsé peut-être par Mozart, mais dont quatre ou cinq chefs-d'œuvre ont été enregistrés ces vingt dernières années. Une puissante fugue double termine l'oratorio, comme chez Haendel, pour montrer l'aspect universel et cosmique de l'œuvre.

ADAM

Tendre épouse, à ton côté
Les heures coulent douces,
Chaque instant est un enchantement,
Aucun souci ne le trouble.

EVE

Cher époux, à ton côté
Mon cœur nage dans la joie,
Ma vie t'est consacrée,
Ton amour est ma récompense.

ADAM

La rosée du matin
comme elle éveille !

EVE

La fraîcheur du soir
comme elle ranime !

ADAM

Comme il est bon
Le jus sucré des fruits !

EVE

Comme il est suave
Le doux parfum des fleurs !

EVE ET ADAM

Mais sans toi que serait-il ?

ADAM

La rosée du matin,

EVE

Le souffle du soir,

ADAM

Le jus des fruits,

EVE

Le parfum des fleurs,

EVE ET ADAM

Avec toi chaque joie s'élève,
Avec toi j'en jouis doublement,
Avec toi la vie est une félicité,
Que tout te soit consacré !

Quand le musicien se recueille devant des spectacles naturels, humbles ou grandioses, il sent une musique sourdre en lui ; mystère de l'inspiration que Michael Tippett a essayé de nous éclairer en nous présentant son poème symphonique *Le Lac Rose*, petit lac du Sénégal qui change de teintes avec les heures du jour et une création musicale s'impose alors de manière irrépressible, se construit dans ses différentes parties. Tout commence par « De l'aube à midi sur le lac », si je peux me permettre de paraphraser Debussy. Mais la nature, la création, peuvent être imaginées ou recréées à partir de textes. C'est alors que la musique peut dépasser les mots à condition, nous dit Debussy, que les mots y conduisent. Grâce au premier récit de la Genèse, introduction au Livre des Livres, nous avons *La Création* de Haydn et il appartient au mélomane de décider en son âme et conscience si la musique dépasse les mots ; il faut avoir le courage de ses sacrilèges. Il y a des sacrilèges enrichissants et exaltants : découvrir ou redécouvrir ou revoir la Bible à travers les trente-six oratorios de Haendel.

Quoi qu'il en soit, il était intéressant et incontournable (mot à la mode !) pour notre sujet, de commencer avec l'oratorio de Haydn. Mais les événements de la création ont pendant cinq siècles inspiré une « infinie diversité de musiques » (Bernstein). Nous allons en recenser quelques-unes, en fait un bon nombre. Nous rappelons que toutes les œuvres sont jouées, chantées et le plus souvent enregistrées.

Tout d'abord, ce chaos biblique qu'il nous est difficile d'imaginer car Dieu a déjà créé le Ciel et la Terre. Un exégète serait le bienvenu pour nous expliquer comment l'esprit de Dieu pouvait planer sur les eaux, alors qu'il les a créées plus tard. Nous ne pouvons même pas rêver d'un « big-bang » – qu'une secte musulmane au Maroc évoque bruyamment sur des tambours – mais les sciences nous ont appris depuis longtemps que la matière est constituée d'atomes. Leucippe et Démocrite en avaient déjà émis l'hypothèse il y a 2500 ans ! Hypothèse matérialiste qui refusait ainsi toute intervention des dieux. Or, des poètes baroques sont fascinés par l'idée mais pour eux ces atomes anarchiques et discordants sont une forme de chaos où un ordre harmonieux doit être établi. *L'Âme du Monde* est le chœur le plus grandiose de l'*Ode pour la Sainte-Cécile* (1692) de Purcell mais déjà du meilleur Haendel :

> « Âme du Monde, inspirée par Toi,
> Les germes vivants de la matière se sont accordés,
> Tu as uni les atomes dispersés
> Qui, soumis à tes lois de juste proportion
> Firent de diverses parties une harmonie parfaite ».

Et la même idée se retrouve dans l'*Ode pour la Sainte-Cécile* de John Dryden (1687) que Haendel mit en musique en 1739.

Jean-Ferry Rebel (1666-1747) est tiré de l'oubli depuis que Minkovski a découvert son ballet *Les Eléments* qui commencent par un chaos inouï au sens fort du terme. Comment a-t-on pu enterrer à jamais un musicien qui, à l'âge de sept ans, jouait devant Louis XIV, fin connaisseur ? Ce chaos, dans ses dissonances extrêmes aux cordes, fait de Rebel un musicien de notre époque mais il s'agit d'une introduction relativement courte car une flûte va surgir des cordes pour nous apporter la lumière. Le début de la *Symphonie Alpestre* de Richard Strauss pourrait être un chaos avec ses strates de dissonances pour évoquer le brouillard qui sera dissipé par un lever de soleil. Mais nous avons dans cette musique à programme des titres et il nous faudrait un texte précis évoquant un chaos. Chostakovitch nous dit dans ses mémoires : « Je suis convaincu que les mots sont plus efficaces que la musique. Tel est malheureusement le cas. Quand j'allie ma musique à un texte, il devient plus difficile de se méprendre sur mes intentions ». Nous avons montré comment Haydn s'y était pris pour son Fiat Lux (1). Van Swieten lui avait donné quelques conseils précis sur ce qui devait se passer à ce moment-là : « L'obscurité pourrait progressivement se dissiper pendant le premier chœur, mais de telle manière qu'il reste suffisamment d'obscurité pour que la transition instantanée vers la lumière soit très fortement perçue ». Il n'était pas rare que le public se mette à applaudir à tout rompre au moment de la radieuse métamorphose qui accompagne les mots « Und es war Licht » (Et la lumière fut). Une anecdote raconte que lorsque cela se produisit lors d'une exécution dirigée par Saliéri en 1808, à Vienne, le vieux Haydn leva les mains au ciel et s'exclama : « Je n'ai pas fait cette musique, elle s'est faite en moi ». Dans *La Reine des Fées* de Purcell, un chinois (sic) nous chante : « C'est ainsi que le monde obscur se mit à briller. La puissance divine s'entoura d'un éclat de Gloire qui le fit resplendir et qui, dans la lumière, créa la VIE ». La lumière puissante du soleil au zénith, dans un ciel blanc et torride, éclate dans un fortissimo avec trompettes éclatantes ou stridentes (parfois bouchées) dans la *Rhapsodie Espagnole* et à la fin du *Boléro* de Ravel, et aussi chez Falla, Turina...

Comment faire sentir la lumière avec des sons ? La lumière qui naît ? Si on se fonde sur des œuvres bien connues comme *La Mer* de Debussy (le premier mouvement « De l'aube à midi sur la mer »), le lever de soleil dans *Daphnis et Chloé* (suite n°2) de Ravel, *Le Lac Rose* de Tipett, on remarque que la musique sort du silence et enfle dans un crescendo avec poudroiement de notes à l'orchestre. La lumière est aussi une science du vitrail. La ville de Talant (près de Dijon) s'enorgueillit de quarante-six vitraux de Gérard Garouste à l'Eglise Notre-Dame. Pour fêter l'an 2000, elle a commandé à Jean-Louis Gand, Directeur du Conservatoire Jean-Philippe Rameau, directeur de l'Ensemble Joseph Samson et disciple de Messiaen, une pièce, *Une onde infinie de lumière*, inspirée d'un sonnet de

Pétrarque et d'un poème de Tagore, dialogue de la lumière et du chant d'une mystique pureté. Des percées de lumière cristalline s'ouvrent au piano sur les harmonies tantôt diaphanes, tantôt éruptives du hautbois et de l'alto soutenus par une contrebasse tellurique.

Mais c'est dans son quatuor à cordes – commande de St Paul de Vence pour célébrer l'entrée dans le troisième millénaire – que Jean-Louis Gand rejoint *La Vision de Saint Augustin* de l'anglais Michael Tippett ; vision lumineuse et numineuse s'il en fut. Ce grand spirituel, dans la lignée de Messiaen, part du Fiat Lux avec une trajectoire de lumière, « motif-fusée » pour entrer dans des tourbillons galaxiques. La Lumière, c'est l'Esprit de Dieu dans son éternité, rendu visible aux hommes, SA PRESENCE. C'est en quelque sorte l'éternité qui se diffuse dans notre temps. On assiste à des poudroiements et miroitements de lumière dans la recherche des harmonies et des timbres. Le polyphoniste n'est pas en reste – cf. ses nombreuses pièces de musique sacrée et ses dons de maître de chapelle à la tête de l'Ensemble Joseph Samson Connaissant tout de l'art polyphonique, de Guillaume de Machaut à nos jours, il nous offre le luxe de thèmes renversés comme dans un jeu de miroirs. On ne peut s'empêcher de penser à ce rondeau de Guillaume de Machaut *Ma fin est mon commencement* (puisque lui-même nous dit que la lumière et une réflexion sur le temps sont les idées forces de son œuvre). Machaut, déjà au XIVe siècle, reprend sa composition à l'envers. « La fin est le commencement comme dans la ronde, un scherzo-rondeau, et il n'y a ni premier ni dernier parce que tous se tiennent la main, la ronde tourne comme la roue du temps, tout passe mais tout revient et dans l'intervalle s'écoulent les existences humaines » (Jean Brun, « Essence et Histoire de la Musique »). Le quatuor porte le titre *La Lumière, Ô mon bien-aimé, brésille l'or sur les nuées*, traduction par Gide d'un poème de Tagore. Il y a dans la peinture et la sculpture romanes des Christ en Gloire ; on peu parler ici d'un « quatuor en Gloire ».

L'immense firmament d'en haut
Avec tout le ciel bleu éthéré
Et la voûte pailletée d'étoiles, univers éclatant,
Proclament le créateur suprême.
(le soleil apparaît)

L'inépuisable soleil déploie
De jour en jour la puissance de son Créateur
Et révèle à tout continent
Les œuvres d'une main omnipotente.
(La lune apparaît)

Dès que s'imposent les ombres du soir,
La lune reprend le prodigieux récit
Et dans la nuit répète à la terre attentive
L'histoire de sa naissance.
(Les étoiles apparaissent)

D'Après *Le Déluge* de Britten

« L'être spirituel est à la fois dans le monde et la lumière du monde. »

Héliocalie de Drea et Guyonnet

Dieu dit : « Qu'il y ait des luminaires au firmament des Cieux pour distinguer le jour de la nuit ; qu'ils servent de signes et marquent les temps, les jours et les années ; ils serviront aussi de luminaires au firmament des Cieux pour éclairer la terre. Et il en fut ainsi. Dieu fit les deux grands luminaires : le plus grand pour présider au jour et le plus petit pour présider à la nuit ; il fit aussi les étoiles. Dieu les plaça au firmament des cieux pour éclairer la terre, pour présider au jour et à la nuit, et pour séparer la lumière des ténèbres ; et Dieu vit que cela était bon. Le soir vint, puis le matin : ce fut le quatrième jour » (Genèse, 14 à 20).

« L'alternance indéfiniment répétée de la nuit et du jour prouve qu'il n'y a pas de royaume onirique en marge de la vie normale, mais au contraire que les lois de la nuit, la logique de la nuit, les modes d'être de la nuit sont un des deux complémentaires de L'ETRE COMPLET » (Jankélévitch dans *Fauré et l'Inexprimable*)

La nuit est un moment privilégié de contemplation et de dépaysement pour le compositeur, artiste le plus souvent nocturne et noctambule. Dans la solitude et le silence, rien ne vient le distraire dans son recueillement. S'il lève les yeux, il se sent aspiré et inspiré par la voûte étoilée, il entend chanter en lui la musique des sphères – et non pas ce silence infini qui effrayait Blaise Pascal ! Pour Pythagore, à la suite d'Orphée, les philosophes grecs et latins, la musique luminaire ne serait qu'une imitation des mouvements des astres, cette « Harmonia Mundi » qui traversera la Renaissance, l'âge baroque et l'âge classique. Le grand astronome Kepler imaginait des anges qui sur les sept planètes se livraient à une polyphonie céleste pour louer le Créateur : « Le mouvement des planètes n'est rien d'autre qu'une polyphonie éternelle » (Harmonia Mundi). Il fallait un musicien doublé d'un métaphysicien comme Hindemith pour oser faire de Kepler un héros d'opéra dans « Die Harmonie der Welt » (L'Harmonie du Monde), sa dernière œuvre, profonde et structurée, certes, mais d'un germanisme écrasant [(1)]. Nous préférons les allusions des poètes mythiques ou celles de Shakespeare dans « Le Marchand de Venise » :

« Sit, Jessica. Look how the floor of heaven
Is thick inlaid with patens of bright gold.
There's not the smallest orb which thou behold'st
But in his motion like an angel sings,
Still quiring to the young-eyed cherubin ;
Such harmony is in immortall souls !
But whilst this muddy vesture of decay
Doth grossly close it in, we cannot hear it... ! »

(Acte V, 1) [(2)]

« Assieds-toi, Jessica, vois qu'au plafond
Du ciel sont richement incrustés de brillantes
Patènes d'or. Il n'est globe jusqu'au monde que
Tu contemples qui, en se mouvant, ne chante
Comme un ange, chœur éternel pour les chérubins
Aux yeux toujours jeunes ; c'est l'harmonie des
Âmes immortelles ! Mais tant que notre habit de
Glaise périssable l'enferme grossièrement nous
Ne pouvons l'entendre ».

Déjà chez Platon (*Le Timée*) et chez Plutarque, l'idée de la musique Cosmique est liée au concept d'immortalité et au plaisir des bienheureux (cf. « Shakespeare Music » de Maxwell Davies).

La nuit a ses mystères et ses secrets ; elle a dicté à des librettistes baroques des personnages allégoriques qui inclinent les hommes au sommeil et au rêve. Dans *The Fairy Queen* (*La Reine des Fées*) de Purcell, nous entendons « Le Mystère qui cache l'amour aux yeux du vulgaire » et « Le Secret qui, complice de la nuit enchanteresse, donne plus de délices que cents jours de bonheur ». Ce besoin d'allégories, en peinture comme au théâtre (opéras, ballets) est une survivance du moyen-âge et va de pair avec le goût pour la mythologie. « O Nuit qu'il est doux ton visage », trouve-t-on chez Rameau dans son hymne à *La Nuit.* La personnification de la nuit restera « un cliché » « aux multiples chefs-d'œuvre » jusqu'à la fin du XIXe siècle. Elle couvre les champs alors que le vent caresse l'herbe et que la rose laisse tomber des pleurs. Dans *Vision* ou *Chanson du Soir,* Moussorgski nous chante : « J'ai vu la nuit, la belle, devant moi, drapée d'étoffes sombres, radieuses de jeune espoir, la tête basse sous le ciel cuivreux ». La nuit est souvent vécue comme une consolatrice, *La Nuit est une mer tranquille* (Hugo Wolf), elle incite aux berceuses (3) (Schubert, Brahms, Richard Strauss, Wolf, Fauré...) et dispense le rêve, « Revenez, sainte nuit, doux rêve » (*Nuit et Rêve*) de Schubert (4). Quand la lune apparaît tout relief disparaît, toute couleur se meurt, c'est le rêve et la paix qui inondent la nature. Dans les *Gurrelieder* de Schönberg sur le long et superbe poème de Jacobsen, Tove chante à son amant le roi Waldemar :

> « Quand glissent les rayons de la lune
> Et quand partout au loin la paix s'épanche,
> La mer alors me semble ne plus être d'eau
> Et la forêt semble sans arbre, sans buisson,
> Le ciel n'a plus sa parure de nuages,
> Vallon, colline, se confondent sur terre,
> La forme et les couleurs s'évanouissent.
> Tout n'est plus que reflet d'un divin songe »
> (Und alles Abglanz nur der Gottestraüme)

Mais peuvent surgir angoisses et cauchemars (*A minuit* de Mahler). « Du ciel vers la terre s'abattent de leurs lourdes ailes invisibles des monstres sur le cœur des hommes, de sinistres et noirs papillons géants » (*Pierrot Lunaire* de Schönberg) ; « Et mon âme à sa guise veut voler, les ailes libres, pour vivre plus intensément le monde magique de la nuit » (*En m'endormant,* le troisième des *Vier Letzte Lieder* de Richard Strauss, 1948). La nuit est souvent la compagne et complice de la mort : « Prends-moi dans tes bras, nuit éternelle et donne-moi le nom de fils » (*Requiem* de Sandro Gorli). Et puis il y a les sabbats de sorcières qui embrasent la nuit ; qui ne connaît *Une nuit sur le Mont Chauve* de Moussorgski ? ou les *Nuits de Walpurgis* tirées du *Faust* de Goethe (Mendelssohn, Gounod) ? (5)

Pour les amateurs de musique de chambre, de musique tout court, le chef-d'œuvre absolu sur la nuit est *Die Verklärte Nacht* (1899) ou *Nuit Transfigurée* (1899) du jeune Arnold Schönberg (1874-1951). Il s'agit d'un sextuor à cordes – arrangé plus tard par l'auteur pour orchestre à cordes – qui lui fut inspiré par un poème tiré de *Zwei Menschen* (Deux

Etres) de Richard Dehmel. La sombre introduction rappelle le motif du « Sommeil de Brünnhilde » de *La Walkyrie* de Wagner ; plus loin le motif se transforme. Une tendre cantilène chante le désir des joies de la maternité tandis qu'un épisode violent exprime le drame et la faute d'être mère sans père. Le violoncelle introduit avec émotion la réponse de l'homme dans un paysage de C.Friedrich. Dans une extase retenue, les violons avec sourdine évoquent la vision « Regarde, l'univers s'illumine ». Et alors un chant tour à tour au violon et au violoncelle combine les différentes mélodies en une page passionnée. Suit la promesse consolante d'une vie nouvelle et heureuse. Dans la musique néo-romantique allemande et post wagnérienne, rien d'aussi intensément lyrique, si ce n'est le testament de Richard Strauss *Métamorphoses pour 23 instruments à cordes solistes* (1945), un in memoriam à la musique allemande depuis Beethoven avec citation littérale, dans la coda, de *l'Eroica* (Symphonie n°3). Comme maint poème symphonique de Liszt, le sextuor de Schönberg suit un poème qui est rarement cité dans les programmes et que nous nous permettons de reproduire en français :

« Deux êtres vont entre les arbres nus et froids,
La lune les suit ; ils la regardent.
La lune frôle la cime des chênes altiers ;
Aucun nuage ne trouble le ciel ;
Les branches noires s'y découpent et y mordent.
La voix d'une femme qui parle :
« Je porte un fruit et il n'est pas tien.
Je marche à tes côtés, pécheresse,
Car ma faute est lourde :
Je ne croyais plus à un bonheur
Et pourtant un désir me pesait,
Le désir du bonheur de la mère,
De ses devoirs ; j'eus un courage insensé.
En frissonnant, je me suis abandonnée
A un étranger, un inconnu.
Et je m'en suis même félicitée.
Mais la vie s'est vengée
Et m'a mise sur ta route, la tienne ! »
Elle va, le pas mal assuré,
Elle lève les yeux, la lune les suit.
Son regard sombre se perd dans la lumière.
La voix d'un homme répond :
« Que l'enfant que tu portes ne te soit pas fardeau,
Regarde, l'univers s'illumine
Tout est baigné de lumière.
Tu m'accompagnes sur une mer glacée.
Mais une douce chaleur me pénètre,

La tienne en moi, la mienne en toi.
Elle purifiera l'enfant de l'autre.
Tu me le mettras au monde comme mien,
Car tu m'as apporté la lumière
Et tu m'as rendu l'innocence d'un enfant ».[6]

Il n'est pas surprenant que cette édifiante histoire d 'amour soit éclairée par la lune, astre de l'amour et du rythme vital (cf. le chapitre sur l'EAU). Dans *Le chant de la Gondole* de Fanny Mendelssohn, c'est « dans la splendeur lunaire de l'heure bénie de l'amour ». Ressentons-nous autre chose en écoutant *La Sonate au Clair de Lune* de Beethoven ? ou l'andante expressivo de la *sonate n°3 op.5* de Johannes Brahms ? D'ailleurs, Brahms a écrit en épigraphe à ce morceau ces vers de Sternau :

« La nuit tombe
La lune brille
Deux cœurs
Unis par l'amour
S'enlacent avec bonheur »

Le thème du voyageur (Wanderer) revient souvent chez Schubert qui se sent étranger sur cette terre (cf. *Le Voyage d'Hiver*).

Le Voyageur à la Lune D.870
(*Der Wanderer an den Mond*, poème de Schiller)

Moi sur la terre et toi au ciel
Tous deux inlassables nous allons,
Moi grave et triste, toi douce et pure.
Quelle est donc la différence ?
Ici comme là je reste un étranger,
Un sans patrie, non reconnu ;
Passées montagne, passées forêts,
Jamais je ne suis chez moi.
Tandis que toi, tu t'en vas
De ton berceau d'Est à ta tombe d'Ouest.
Tu trouves tant de pays
Et partout tu es chez toi.
Le ciel indéfiniment traversé
Est ta patrie bien-aimée.
Heureux celui qui, où qu'il aille,
Se retrouve sur le sol naturel.

En 1815, Schubert écrit aussi *La plainte à la lune* et *A la Lune*, dont le début et la fin sont écrits dans une mesure à 12/8 qui produit une atmosphère extrêmement proche du premier mouvement de la *Sonate du Clair de Lune*. La lune doit être une amie pour l'homme abandonné ; comment pourrait-elle faire autrement face à un appel aussi intime. C'est le lied le plus intéressant sur une quarantaine que le poème de Goethe a inspirés. Toutefois c'est *Le Clair de Lune D.875* sur un poème de l'ami Schober dont Franz est le plus fier ; une voix de ténor plane en ondoyant au-dessus d'un quatuor de voix d'hommes. L'œuvre ne sera publiée qu'en 1829 – une année après sa mort – par Diabelli avec un accompagnement de piano (inutile !) ajouté par une main étrangère.

Loin de tout romantisme et prenant plaisir à ciseler des vers comme Théophile Gautier, Théodore de Banville fut – avec Albert Samain – le poète préféré à « musiquer » pour Charles Koechlin (1867-1950) qui commença dès 1890 à composer sur des poèmes des mélodies courtes, claires et concises, anti-debussystes et anticipant le groupe des Six. « J'ai cherché, par-dessus tout la plus fidèle alliance des mots et de la musique, combinée avec une forme claire et précise comme celle du poème ». La lune est conçue comme un court scherzo chanté ; Koechlin s'amuse à contrer les enjambements avec des pauses espiègles.

La Lune op.8 n°4

Avec ses caprices, la lune
Est comme une frivole amante ;
Elle sourit et se lamente
Et vous fuit et vous importune.

La nuit, suivez-là sur la dune,
Elle vous raille et vous tourmente ;
Avec ses caprices, la lune
Est comme une frivole amante.

Et souvent elle se met une
Nuée en manière de mante ;
Elle est absurde, elle est charmante ;
Il faut l'adorer sans rancune,
Avec ses caprices, la Lune.

Théodore de Banville

Beaucoup de clairs de lune, tous très beaux, dans l'histoire de la musique ; ceux de Debussy – le *Clair de Lune* de la *Suite Bergamasque* pour piano et la mélodie des *Fêtes Galantes* sur un poème de Verlaine. Fauré lui aussi – et le premier – a été passionné par les *Fêtes Galantes ;* Son *Clair de lune op.46* nous permet de mesurer « la distance qui sépare la spiritualité fauréenne et le mystère de l'objectivité debussyste ; d'un côté le développement intérieur d'une émotion, et de l'autre toute la ferveur de l'instant » (Vladimir Jankélévitch « Fauré et l'Inexprimable »).

Dans la mythologie grecque, Séléné est une personnification de la lune qui parcourt le ciel sur un char d'argent ; elle est la sœur du Soleil (Hélios) et de l'aurore (Eos). Jean de la Ville de Mirmont lui consacre le troisième de ses poèmes de *L'Horizon Chimérique* que Fauré mit en musique en 1922 – Il n'avait plus que deux ans à vivre – cet horizon lointain est un mirage pour le vieil homme qui rêve à des ailleurs fabuleux, « et mes rêves légers ne se sentent plus d'aise de danser sur la mer comme des oiseaux soûls ». *Diane Séléné* est le seul des quatre poèmes qui ne soit pas une marine mais un nocturne, nocturne aérien extatique et lunaire. « Une lente procession d'accords défile rêveusement entre ciel et terre, d'un pas qu'on dirait inexpressif ; comme un train de nuages flottants (cette ode ne rappelle-t-elle pas l'un des trois *Nocturnes* de Debussy ?), les beaux accords se suivent en silence, aéronautes de l'azur et si légers qu'on les prendrait pour des fantômes… » (Jankélévitch). On y respire la grande paix nocturne de l'immortalité, un désir mallarméen de limpidité.

> « Diane, Séléné, lune de beau métal,
> Qui reflète vers nous, par ta face déserte,
> Dans l'immortel ennui du calme sidéral
> Le regret d'un soleil dont nous pleurons la perte.
> O lune, je t'en veux de ta limpidité
> Injurieuse au trouble vain des pauvres âmes
> Et mon cœur, toujours las et toujours agité,
> Aspire vers la paix de ta nocturne flamme. »

On ne peut guère évoquer la lune qu'avec un texte sinon nous aurons une sorte de nocturne ou de berceuse au piano ; à l'orchestre flûte et harpe nous aideront à fantasmer sur Diane (cf. *Clair de lune* de la suite orchestrale *La Mer* de Franck Bridge). Et quand Diane chasseresse sort majestueusement de derrière les nuages « La forêt, interdite, écoute attentivement » (*La lune* de Fanny Mendelssohn sur un poème de Geibel).

Sans lune, peu d'étoiles sont visibles ; les constellations font naître un désir de musique mais de quels sons habiller les étoiles ? Là encore, le musicien a besoin d'un poème, son poème ou celui d'un autre, ou d'une méditation sur le firmament. Le poète romantique invoquera souvent sa mauvaise étoile, comme Byron dans *Sun of the Sleepless* (Musique de Mendelssohn et Wolf), « Etoile mélancolique dont le reflet semblable à des larmes, infiniment lointain, éclaire moins l'obscurité qu'il ne la montre. Oh ! Comme le souvenir du bonheur te ressemble ! »

Dans *Ma belle Etoile op.101* de Schumann le poète Rückert prie l'étoile de l'élever vers les Cieux qu'elle habite, de l'aider à « transfigurer en lumière la morosité qui le ronge ». Même prière d'un cœur angoissé dans le *Chant du Soir op.107*. Schlegel dans son poème *Les Etoiles* verse dans la cure astrale : « Tu t'étonnes, O homme, de nos rayons sacrés ! O, si tu suivais les signes que te donne le Ciel, comme disparaîtraient tes souffrances terrestres ». Schubert en fit un lied *Die Sterne D.684* dans lequel il chercha à rendre, comme un écho dans l'âme, le rayonnement des astres en mouvement par des accords serrés au piano qui ne bougent que par très petites touches.

L'étoile, c'est la Vierge dans les litanies, *Ave Maris Stella*, étoile de la mer, que nous chantions jadis en latin ; litanies, dont les plus belles à l'âge baroque, sont celles que M-A.Charpentier écrivit pour les Demoiselles de Saint-Cyr ou Les Dames de Port-Royal. L'étoile peut être aussi tout simplement la mère car « il n'est de plus belle étoile que l'amour maternel » (*Les étoiles observent dans la nuit paisible* de Mendelssohn). Les étoiles participaient jadis à la joie d'une maternité future ; Vivaldi a écrit un motet pour la « Visitation » de Marie à Elisabeth : *Clarae Stellae Scintillate* (1705) :

> « Brillantes étoiles, scintillez
> Et donnez une nouvelle splendeur
> A la grande splendeur de ce jour... »

(Précisons qu'un motet à Venise, à l'époque de Vivaldi, comprenait habituellement deux airs séparés par un récitatif et se terminait par un Alléluia. C'est encore la forme en usage dans *Exsultate Jubilate* que Mozart écrivit à Milan en 1773. Nous sommes donc loin des polyphonies de la Renaissance ou des grands motets de Lully).

Et bien sûr, l'étoile est la femme aimée, qui vous aime ou non, dans maint lied de Schubert ; c'est aussi la jeune fille que la mort a ravie, dans *Où es-tu petite étoile ?* de Moussorgski :

> « Où est-tu petite étoile ?
> Mon étoile, ô toi si claire, où donc es-tu ?
> L'ombre est donc sur toi, de nuage noir,
> Du mage noir, du nuage obscur ».
> Jeune fille, où donc, toi si belle, es-tu ?...
> Le nuage nous a caché l'étoile
> Le tombeau givré a pris la jeune fille ».

C'est le thème tragique de *La Jeune Fille et la Mort* (lied et quatuor de Schubert). Les étoiles viennent d'une source divine (aus göttlicher Quelle) pour Schubert dans *Die Sterne* (*Les Etoiles D.684*) [7]. Le firmament éternel nous fait prendre amère conscience de notre existence éphémère, de notre passage fugitif sur cette terre ; c'est ce que déplorent des poètes chinois du VIIIe siècle que Mahler a tragiquement mis en musique dans *Le Chant de la Terre*. Mais pour un musicien spirituel, aux visions mystiques, comme Olivier Messiaen, nous évoluons dans l'éternité à travers les étoiles qui chantent et où les âmes ressuscitées des hommes sont unies à Dieu au stade définitif de la création. Dans le huitième mouvement de *Des Canyons aux Etoiles*, avec l'observation de l'étoile Aldébaran, tout est transparence, lumière et amour. Musique qui aurait pu être écrite, comme le faisaient Bach et Haendel « à la gloire de Dieu ». D'ailleurs, David rend grâce à Yahvé dès les premiers psaumes, le psaume 18 nous dit que « Les Cieux racontent la gloire de Dieu et le firmament publie l'œuvre de ses mains » (Coeli narrant gloriam Dei et opera manuum ejus annuntiat firmamentum) :

> Les cieux racontent la gloire de Dieu,
> Et le firmament publie l'œuvre de ses mains.
> Le jour en fait un pour le récit,
> Et la nuit le répète à la nuit.
> Ce n'est pas une langue, ce ne sont point des paroles
> Dont la voix pourrait rester incomprise.
> Car leur bruit se répand sur toute la terre,
> Leurs accents atteignent jusqu'aux confins du monde.
>
> Là Dieu a dressé comme une tente pour le soleil
> Qui, semblable à l'époux sortant de la chambre nuptiale,
> Parcourt sa carrière comme un athlète plein d'enthousiasme
> Il se lève à l'un des bouts du ciel
> Et sa course le mène jusqu'à l'autre bout
> Sans que rien n'échappe à son ardeur.

Il est surprenant qu'un musicien qui avouait être « absolument incroyant », Camille Saint-Saëns, ait mis en musique ce *Psaume 18 op.42* et l'ait fait jouer à la Madeleine pour la Messe de Minuit 1865. Mais il est tout aussi surprenant que l'auteur de *Samson et Dalila* ait écrit un *Requiem op.54* – en huit jours ! – d'une de ses meilleures compositions dans le domaine religieux traduisant, comme Fauré plus tard, la confiance de l'auteur en la bonté finale d'un juge suprême.

On ne saurait oublier l'étoile qui guida les bergers et les Rois Mages à la naissance du Christ. Que de « Nativités » et « Nuits de Noël » en musique depuis le moyen-âge ! Et de Schütz, puis Charpentier et Bach... jusqu'à Honegger, Jolivet et Maurice Ohana dans ses *Cantiques* (1954) (*Cantique des Rois Mages, Cantique de la Nativité, Cantique de la Sainte Nuit*). Nouvelle étoile polaire pour les navigations et les naufrages de la vie. « Et voilà que l'étoile qu'ils voyaient les devança jusqu'à ce qu'elle s'arrêtât au-dessus de l'endroit où se trouvait l'enfant. Quand ils virent l'étoile, ils se réjouirent grandement (Da Sie den Stern sahen, wurden sie hoch erfreuet) » Cantate n°6 *Pour le Jour de l'Epiphanie*, *Oratorio de Noël* de J.S. Bach.

Nous avons vu que Séléné était sœur d'Aurore et du soleil. Il existe une légende sur Aurore dans laquelle le chagrin devient musique. En effet, Aurore eut un fils de Titon, Memnon, qui mourut sous les murs de Troie. Une grande statue lui fut élevée à Thèbes et l'on raconte que lorsque les premiers rayons de l'aube l'atteignaient, elle émettait un son pareil à la vibration des cordes d'une harpe. Mayrhofer (le poète le plus chanté par Schubert avec Goethe) donne une conception toute subjective de la légende ; Memnon est un être au désir inassouvi :

« En moi vers qui se tendent les bras de la mort, dans le cœur de qui se tordent au plus profond des serpents ; nourri de mes impressions douloureuses, presque rendu fou par le désir inassouvi de m'unir à toi, déesse du matin, et loin de cette vaine agitation, du haut des sphères de noblesse et de liberté, de pur amour, être d'étoile silencieuse et pâle qui brille ! (Ein stiller, blasser Stern herab zu scheinen).

Memnon D.541 est un des lieder les plus tragiques de Schubert ; le prélude est de conception tellement symphonique que Brahms travailla à une version orchestrale et le récitatif qui suit monte dans une douloureuse tension dramatique.

Mais l'Aurore a le plus souvent joué un rôle sacré de retour à la lumière, de recommencement, de sœur aînée du soleil. Comme Roméo, on l'imagine en train de chanter :

« Ah ! lève-toi soleil, fais pâlir les étoiles qui dans l'azur sans voile brillent au firmament » (*Roméo et Juliette* de Gounod). Avant d'être *L'Aube Blanche* (Mélodie de Fauré), c'est l'aurore homérique aux doigts de rose ; Baudelaire nous dit « l'aurore grelottante en robe rose et verte », éveil dans la lumière retrouvée, promesse d'espoir, symbole de toutes les possibilités et « félicité céleste » (pour Hölderlin dans *Le Chant du Destin* de Brahms). Avec elle recommence le monde. Le vent du matin s'amuse dans les triolets et « Le chant du Rossignol triomphe dans la lumière de l'aurore » (*Ganymède D.544*, Goethe et Schubert) et dans les pays froids « la brillante aurore fait rougir le blanc tapis de neige » (*La Pie* de Moussorgski). L'homme salue l'aurore, l'aube (que d'aubades ! [(8)]) et pas seulement le poète ou le musicien mais l'homme de la nature, qui fait sortir son troupeau dès qu'il entend le chant du coq – Luc dans *L'Eté* de Haydn. Le musicien grec ou helléniste admire l'aurore en qui il voit Eos et rend grâce à Apollon [(9)].

Les musiciens baroques mettent la mythologie sur scène. Certes, ils n'y croient plus mais, comme Paul Valéry, ils y croient en tant qu'artistes et, depuis la Renaissance, la mythologie fait partie de la culture de « l'honnête homme ». En 1753, en pleine « Querelle des Bouffons », on oppose à *La servante Maîtresse* de Pergolèse, l'opéra de Cassanea de Mondonville *Aurore et Titon.* Aurore pria Zeus d'accorder l'immortalité à son mari Titon mais elle oublia de demander qu'il lui concédât en même temps l'éternelle jeunesse. Titon devint donc de plus en plus vieux, de plus en plus impuissant, de plus en plus gâteux, sans toutefois parvenir à mourir, n'étant plus que la cosse desséchée d'un homme. La déesse, avec un parfait esprit d'à propos fit de lui la sauterelle décharnée. Cette fable sur la longévité allait de soi pour les anciens et se passait de « morale ». Pendant des siècles, la naissance du jour a inspiré beaucoup de poèmes et de chansons. A l'orchestre, « sans paroles », le seul moyen d'évoquer par les sons la lumière croissante sera le crescendo. La musique surgit du silence comme la lumière sourd de la nuit. Quelques chefs-d'œuvre s'imposent : *De l'Aube à Midi sur la Mer*, premier mouvement de *La Mer* de Debussy ; la naissance du jour dans le ballet *Daphnis et Cloé* de Ravel (Près de douze mille notes en deux minutes, poudroiement de notes pour un poudroiement de lumière), *Le Boléro* de Ravel (où le meilleur ballet est ici pour homme seul, le danseur sort de la pénombre, de plus en plus éclairé, et s'effondre sous le soleil implacable du zénith). Certes l'aube peut se concevoir comme un crescendo dans lequel les sons imitent la lumière de plus en plus vive ; ou bien comme un instrument soliste qui jouerait un personnage mythique. C'est ce qu'a choisi de faire Betty Jolas dans *Points d'Aube* (1968) où l'alto s'évade insensiblement d'un magma de treize instruments à vents pour s'affirmer de plus en plus. Assis au milieu de l'ensemble, il finit par jouer debout et à l'avant-scène.

Rien d'étonnant à ce que le soleil, pourvoyeur de lumière et de chaleur, complice de la terre pour le mûrissement des récoltes, ait été divinisé par les anciens ; pas seulement par les grecs mais, bien avant, par les égyptiens. Un pharaon mystique inventa même le monothéisme, Aménophis IV qui prit le nom d'Akhenaton et se consacra au culte d'un seul dieu, le Soleil ; certaines de ses prières furent presque textuellement reproduites par David dans ses psaumes. Philip Glass, musicien américain « minimaliste », a composé un opéra *Akhnaten* chanté en anglais, en égyptien et en hébreu sur une musique incantatoire et hors du temps.

Le soleil étant le roi des astres, le luminaire suprême, il peut sembler normal à un roi de se prendre pour le Soleil ; c'est ce que fit Louis XIV. Lully plaça le soleil dans quelques opéras, mais l'œuvre préférée du roi fut *Phaëton*, fils de Phébus (cf. chapitre sur le feu et le feu solaire). Phébus fait son apparition à la fin de *La Reine des Fées* de Purcell, alors que retentissent fifres, clairons et stridentes trompettes :

> « Lorsqu'un long et cruel hiver a gelé la terre,
> Je lance mes rayons à la ronde pour faire
> Renaître toute chose, apportant le printemps
> Aux plantes, à chaque fleur, et à chaque arbre.
> C'est moi qui dispense la vie, la chaleur et
> L'existence à tous… »

Chœur : Salut à toi, être sublime, notre père à tous, lumière et consolation de la Terre.

Rameau, un demi-siècle plus tard, dans un siècle toujours passionné de mythologie, chantera deux hymnes au soleil dans *Les Indes Galantes :* « Brillant Soleil », « Clair flambeau du monde ».

L'été est le règne du soleil mais quand l'été se met à frissonner doucement en septembre, c'est encore l'été qui sourit étonné et las dans ses blondes lumières ; même à son agonie, l'or du soleil demeure dans les feuilles qui tombent de la vigne ou de l'acacia. Nous sommes de ceux qui s'extasient devant les écharpes folles et pourpres des soleils couchants. De Claude dit Le Lorrain aux rapins de Barbizon, à Turner et à Monet, les peintres se sont exprimés devant ce sommet lyrique. Dans *Les Rougeurs du soir D.690* (*Abendröthe*) tout semble parler au poète Schlegel. « Le palissement du jour instaure une méditation générale sur l'union intime de tous les phénomènes naturels. Comme s'il découpait une silhouette en papier, Schubert dessine la ligne des montagnes en développant la basse et les méandres du fleuve d'argent coulent dans l'accompagnement brisé du piano » (Fischer-Dieskau dans *Les lieder de Schubert*). Mais le même poète ne trouve dans ses peines aucun réconfort dans la forêt froide et sombre, *Im Walde D.708* (*Dans la Forêt*), « Mon tourment erre avec moi et ne veut jamais me quitter ». Le crépuscule peut être inquiétant et Schumann fait siens les troubles d'Eichendorff dans *Zwielicht op.39* (A la brune) :

> « Le crépuscule va déployer ses ailes,
> Lugubres les arbres frissonnent
> Les nuages courent comme des rêves sombres… »

Dans un soleil couchant, les couleurs et les lumières évoluent, se transforment rapidement, métamorphoses de couleurs qui ne peuvent se rendre qu'avec des métamorphoses quasi imperceptibles de timbres. Tristan Murail a ainsi imaginé pour flûte, clarinette, piano, violon et violoncelle une pièce qui s'articule autour d'intervalles (couleurs) et qu'il a appelée *Les Treize couleurs du Soleil Couchant* (1978).

Le poète sera là encore indispensable pour permettre au musicien d'aller au-delà des mots. Claude Debussy et un jeune wagnérien de 18 ans, Pierre de Bréville, oseront s'attaquer à un poème qui regorge de musique verbale : *Harmonie du soir* mais iront-ils au-delà des mots malgré leur immense talent de mélodistes ? Richard Strauss, lui, réussira car la fin du jour lui sera viscéralement symbolique. En 1948 – une année avant sa mort à 85 ans – Richard Strauss nous laisse l'ultime chef-d'œuvre *Quatre derniers chants* (*Vier letzte Lieder*) qui se terminent par « Im Abendrot », dans la rougeur du couchant, sur un poème d'Eichendorff :

> « A travers les peines et les joies,
> Nous avons marché, la main dans la main.

Maintenant, nous nous reposons tous deux
Dans le pays silencieux.
Autour de nous les vallées s'inclinent,
Déjà le ciel s'assombrit.
Seules deux alouettes s'élèvent,
Rêvant dans l'air parfumé.
Viens là et laisse les tournoyer.
Bientôt il sera l'heure de dormir.
Viens, que nous ne nous perdions pas
Dans cette solitude.
O calme incommensurable du soir,
Si profond dans le rouge du couchant !
Comme nous sommes las de marcher !
Est-ce peut-être ceci la mort ? »

Et nous retrouvons « l'Adieu » du *Chant de la Terre* de Mahler (1911) d'après des poèmes chinois du VIIIe siècle (Mong, Kao-zen, Wang-wei et Li Taï-po) adaptés par Bethge. « L'Adieu » a pour cadre le crépuscule :

« Le soleil plonge derrière les montagnes.
Sur les vallées tombe le soir
Et ses ombres pleines de fraîcheur.
Vois ! Comme une barque d'argent flotte
La lune sur la mer bleue du ciel.
Je sens une tendre brise souffler
Derrière les pins sombres...
Les fleurs pâlissent dans le crépuscule »

Dans cet adieu à la vie, l'âme se résigne à la fin du monde à jamais ivre d'amour ; le firmament brillera éternellement, le printemps toujours refleurira et l'horizon sera bleu éternellement, éternellement. Mais la musique, la moins résignée qui soit, chante le plus beau des désespoirs et le plus amer des regrets.

Le musicien peut donc célébrer le firmament et les « Luminaires du Ciel » de diverses manières. Il n'oublie pas non plus ses frères privés de toute lumière, les aveugles dont le plus illustre est Samson ; force résidait dans sa chevelure aux sept tresses et sa faiblesse fut de livrer son secret à Dalila, la belle Philistine qu'il adorait. « Si le rasoir passe sur ma tête, ma force se retirera de moi et je deviendrai faible ». Dalila appela les Philistins. Elle endormit Samson sur ses genoux (en lui chantant comme la Dalila de Saint-Saëns « Ah ! Réponds à ma tendresse ; verse-moi l'ivresse !... »). Un homme rasa les sept tresses. Les Philistins le saisirent et lui crevèrent les yeux. Ce fut « l'éclipse totale » que chante Samson dans l'oratorio de Haendel :

« Toujours la nuit noire ! Ni soleil ni lune,
Tout est sombre même pendant l'embrasement de midi.
O glorieuse lumière !
Aucun rayon pour me donner courage
Pour réjouir mes yeux avec le jour béni.
Pourquoi me priver ainsi de ton premier décret ?
Le soleil, la lune et les étoiles sont la nuit pour moi »

Une autre cécité biblique dans *Le Livre de Tobit* (et non pas Tobie son fils comme on l'écrit parfois). Au VIIIe siècle avant J.C., Tobie raconte ses aventures à l'époque de la déportation à Ninive ; comment son père âgé et aveugle l'envoie chercher de l'argent chez un parent d'une ville éloignée, comment un jeune homme le guide – qui est en fait l'ange Raphaël, que l'on retrouve dans la *Création* de Haydn – et comment cet ange pêche un poisson rare dans le Tigre, retire son fiel en lui recommandant de l'appliquer à son retour sur les yeux de son père Tobit pour qu'il recouvre la vue. Joseph Haydn a été captivé par cette histoire dont il a fait une œuvre peu jouée bien qu'émaillée de grands airs *Le Retour de Tobie*.

Un poème anglais de Cibber a inspiré Schubert pour un lied *L'Enfant Aveugle D.833*. Ce lied a frappé Hummel lors d'un récital et il le choisit comme thème d'une improvisation dont Schubert éprouva une grande joie et beaucoup de fierté.

Pour le XXe siècle, nous pouvons retenir plusieurs musiciens aveugles de haute stature : Moondog, Marschall, Vierne, Leguay, Rodrigo dont la perte de la vue a été prodigieusement compensée par une ouïe hors du commun.

Les admirateurs inconditionnels de Mozart savent qu'il composa son neuvième concerto pour une jeune pianiste aveugle, Mademoiselle Jeunehomme. On sent dans l'andante une vraie compassion et aussi un autre sentiment…

L'éclipse se produit à la mort du Christ (cf. les nombreuses « Passions »). Le compositeur anglais Jonathan Harvey a composé pour le Vendredi Saint 1998 une œuvre inspirée du Retable d'Issenheim de Mattias Grünenwald – comme Hindemith pour son opéra *Mathis le Peintre*. Cette œuvre instrumentale lui fut commandée par le Musée d'Unterlinden de Colmar ; son titre est théologique *Death of Light, Light of Death* (Mort de la Lumière, Lumière de la Mort). Les cinq personnages du tableau – Jésus, Marie, Marie-Madeleine, Jean et Jean-Baptiste – sont décrits musicalement avec cinq instruments : harpe (ou tam-Tam), hautbois (ou cor anglais), violon, alto et violoncelle. Dans *Jésus Crucifié* le hautbois, au lyrisme intense et expressionniste, figure la souffrance du Christ ; les cordes jouent des glissandi et des trémolos acides. « Sans doute, nous confie Harvey, aucune crucifixion n'a-t-elle semblé aussi dévastatrice ; la lumière même a disparu ».

Il n'y aura pas de lumière non plus dans le « Monde Nouveau » annoncé par Saint Jean dans l'Apocalypse ; Dieu sera la lumière des justes (aussi dans l'Apocalypse de Baruch). On peut penser que l'idée première se trouve dans l'évocation du Jugement Dernier que l'on trouve dans l'Ascension de Moïse :

> « Le soleil ne donnera pas de lumière
> Et les cornes de la lune se briseront
> Et le cercle des étoiles sera bouleversé
> Et Toi, Homme, tu seras heureux
> Et tu seras élevé par Dieu ».

Ces textes sont chantés a capella sur seize pistes magnétiques dans l'opéra *Jeudi de Lumière* (1979) de Stockhausen sous le titre de *Chœurs invisibles*. Lors de la diffusion de la bande, la salle doit être plongée dans l'obscurité totale et un ciel étoilé est projeté sur les murs et le plafond.

Le cinquième jour de la création, Dieu créa les animaux, Dieu les bénit et leur enjoignit de « croître et multiplier ». A part les cétacés (selon certaines traductions, les grandes baleines, ou aussi les monstres marins), la Genèse ne désigne aucune créature en particulier mais des catégories : êtres vivants qui fourmillent dans les eaux, oiseaux, bétail, reptiles, bêtes sauvages. Haydn, avec le livret de Van Swieten, en décrit plus d'un avec humour. Nous verrons qu'avec Noé, la Bible reste dans les généralités mais que les musiciens du déluge déploient une verve et une curiosité zoologique (cf. Chapitre sur « Les animaux de l'Arche » et pour une vaste nomenclature le « Bestiaire » en annexe).

Rares sont les musiciens qui se sont intéressés aux baleines sinon pour parler du voyage de Jonas dans le ventre d'un cétacé, sous-marin eschatologique, qui préfigure la descente du Christ aux enfers et sa Résurrection : Carissimi (1605-1674) qui fut le maître à Rome de Marc-Antoine Charpentier, Alessandro Scarlatti et de P. Antonio Cesti, et maître de l'oratorio avant Haendel, a composé un *Jonas* (et un oratorio rarement joué *Le Déluge Universel*) de même la première femme compositeur et improvisatrice préférée du Roi Soleil : Elisabeth Jacquet de la Guerre (1664-1729), dont les pièces de clavecin (suites en sol et en ré mineur) ont été enregistrées pour la première fois il y a dix ans et ses cantates seulement en 2001 (*Le Passage de la Mer Rouge* et *Jonas*). Elles n'ont rien à envier à Marin-Marais ou Campra.

Des zoologues scaphandriers des Etats-Unis ont réussi, il y a trente ans, à enregistrer les chants d'amour des cétacés puis, suivant la mode électro-acoustique, les ont « améliorés » dans le grave et dans l'aigu. Un musicien, Hohvaness, auteur de psaumes joués exclusivement en Amérique, a eu l'idée originale de se servir des bandes magnétiques pour composer un concerto pour baleines et orchestre : *And God created great whales* (Et Dieu créa les grandes baleines). Un contemporain, Markovitch, a écrit un *Jonas*, sujet biblique qui a peu tenté les musiciens depuis Honegger et Milhaud.

Les poissons – de mer et d'eau douce – ainsi que les batraciens et crustacés ont inspiré un bon nombre d'œuvres depuis l'âge baroque, ou du moins y jouent un rôle, y sont cités. Il s'en trouve dans l'aquarium du *Carnaval des Animaux* de Saint-Saëns. Passons sur *La Truite* de Schubert (lied célèbre qu'il varia dans son quintette du même nom) qui fut immortalisé par Fischer-Dieskau et... les Frères Jacques. Le goujon et l'écrevisse sont mentionnés dans la polyphonie spirituelle et jubilatoire de *L'Origine des Espèces* d'Aperghis. L'écrevisse fait aussi partie du *Bestiaire* de Poulenc sur des poèmes d'Apollinaire. Carpe, brochet et anguille cessent de dévorer leurs proies pour écouter *Saint-Antoine de*

Padoue prêchant aux poissons de Gustav Malher, puis, comme tout bon paroissien, oublient leurs bonnes intentions après le sermon. On trouve des grenouilles dans *L'Enfant et les Sortilèges* de Ravel (texte de Colette) et *La Petite Renarde rusée* de Janacek mais surtout chez les musiciens baroques que le coassement amuse : chez Biber dans sa *Sonata representativa*, la suite *Alster* de Telemann et l'opéra-bouffe *Platée* de Rameau (cf. le chœur hilarant « Quoi ? Quoi ? »). Les grenouilles sont l'une des plaies d'Egypte (avec les sauterelles, moustiques et moucherons) que Iahwe déverse pour châtier Pharaon dans *Israël en Egypte* de Haendel. Plus tard, Haydn a donné le titre de *Grenouille* à l'un de ses quatuors op. 50. Les poissons de mer sont rares mais on peut citer la morue dans *Les Chants de l'ancienne mer* de l'estonien Tormis et le requin dans le lied d'Hugo Wolf *L'Adieu du Marin*. D'autres animaux aquatiques comme les dauphins et marsouins s'ébattent aux côtés de l'épouse de Neptune dans *Le Cortège d'Amphitrite* de Koechlin ; la pieuvre fait partie des *Sports et Divertissements* d'Eric Satie. La loutre batifole dans *Le Mariage de la Saint-Jean* de Tippett. L'austère et peu ragoûtante *Salamandre* sert de titre à l'opus 107 de Brahms.

C'est le sixième jour que « se produit le suprême prodige ». Dieu crée l'homme à son image et la femme. Ils s'aiment dans le jardin d'Eden, le jardin clos – hortus conclusus – le jardin des délices (*hortus deliciarum* chanté au XIIe siècle par une abbesse de sainte Odile).

L'amour s'exprime par le jardin – un châtelain anglais du XVIIIe siècle, aristocrate fantasque, Sir Francis Dashwood, avait conçu un jardin qui dessinait le corps d'une femme – Adam n'eut pas besoin de ce simulacre, puisque Eve était pour lui un Eden dans l'Eden. Ne lit-on pas dans le Cantique : « Ma sœur, ma fiancée, tu es un jardin bien fermé, un riant bocage où croissent les grenadiers et les arbres aux fruits les plus savoureux ».

Eve est belle comme sera plus tard la Sulamite dans l'un des plus beaux textes de la Bible, le *Cantique des Cantiques* , attribué au Roi Salomon et que l'Eglise s'est efforcée de transmuter en vertus théologiques (plus de mille pages par saint Bernard sur ce thème !). Un bon nombre de musiciens a été tenté de faire chanter, ou plutôt rechanter, le plus ancien des duos d'amour, et cela dès le XVe siècle.

Le chant polyphonique le plus ancien qui soit enregistré, à ma connaissance, est le *Tota Pulchra es* de Dunstable, qui s'arrêta à la Cour des Ducs de Bourgogne, fière d'accueillir le père de la musique anglaise – qui aurait deux pères car le même titre a été donné à William Byrd ! A la Renaissance, les vingt-neuf madrigaux sacrés de Palestrina pour Salomon. A l'époque baroque, le même chant a été repris par les vénitiens Monteverdi, Grandi et Cavalli, ainsi que par deux occitans : Etienne Moulinié et Guillaume Bouzignac (sous Louis XIII), cantique à quatre voix égales :

> « Tu es toute belle mon amie,
> Viens vite, ma beauté, ma colombe ».

Bouzignac a écrit un autre cantique qui sent l'influence des grands madrigalistes, *Vulnerasti cor meum* – Tu as blessé mon cœur par un seul cheveu de ta nuque ...

Les américanistes connaissent William Billings (mort en 1800), tanneur et baptiste qui composa des « madrigaux spirituels » avec la fraîcheur naïve d'un autodidacte :

> « I am the rose of Sharon
> And the lily in the valley ».
> (Je suis la rose de Saron
> et le lys dans la vallée)
> ....
> Que tu es belle, que tu es mignonne,
> O mon amour, ô mes délices,
> Ta taille rappelle un palmier,
> Tes deux seins les grappes,
> Montons, me dis-je, au palmier,
> J'en saisirai les régimes.
> Que tes seins soient pour moi
> Comme les grappes de la vigne,
> Et que ton haleine soit pareille
> Au parfum des pommes.

Emmanuel Chabrier a écrit une scène lyrique pour voix de femmes, chœur et orchestre *La Sulamite* sur un poème de Richepin.

La Vierge était, comme Eve, la plus belle des jeunes filles ; quand le Père Céleste vit la Vierge radieuse, il souhaita que sa parole soit incarnée, « in ipsa incarnari voluit » nous chante Hildegarde von Bingen (1098-1179) dans son hymne extatique *O Tu suavissima virga :*

> « O Rameau très doux
> Verdissant au tronc d'Isaïe !
> Quelle force merveilleuse fit que la divinité
> Jeta son regard sur la plus belle enfant
> Tel un aigle dirige son regard vers le soleil ».
> (Sicut aquila in solem oculum suum ponit)
> (*Chants de l'Extase* – Ensemble Sequentia)

La prière à la Vierge de saint Bernard fut reprise (et augmentée) par Dante dans sa « Divine Comédie » ; elle fut mise en musique par Henry Barraud sur une traduction à l'antique de Pézard. Les bourguignons savent que la seule sculpture tolérée par les Cisterciens de l'abbaye de Fontenay est celle d'une Vierge rayonnante aux sublimes proportions.

Osons être profane avec le péché supplémentaire d'une digression, voire d'un sacrilège. Il s'agit de la célébration d'une femme rêvée par un poète, et quel !! William Shakespeare dans *Les Deux Gentilshommes de Verone*, Sylvie, dont Schubert fit un lied *An Silvia D.891*, lied enchanteur qui a la fraîcheur spontanée d'une improvisation. Tant pis pour la langue de Goethe (d'ailleurs la traduction de Bauernfeld est médiocre, ce qui n'empêche pas le lied d'être beau), nous donnons le texte de Shakespeare :

« Who is Silvia ? What is she,
That all our swains commend her ?
Holy, fair, and wise is she.
The heaven such grace did lend her
That she might admired be.
Is she kind as she is fair ?
For beauty lives with kindness :
Love doth to her eyes repair,
To help himof his blindness :
And, beeing helped, inhabits thère.
Then to Silvia let us sing,
That Silvia is excelling ;
She excels each mortal thing,
Upon the dull earth dwelling.
To her let us garlands bring.

Qu'est donc Sylvie, qu'est Sylvie, qu'a Sylvie
Pour que nos gars sans se lasser s'écrient :
Elle est bonne, elle est belle, elle est sage,
Et le Ciel lui donna tout en gage
Pour qu'on l'admire.
Est-elle bonne, dites-moi, tant que belle,
Puis que bonté et beauté s'entre-appellent ?
Là ! L'Amour vers ces yeux vivement
Cherche cure à son aveuglement
Puis s'y remire.
Donc pour Sylvie, Chantez qu'hors de Sylvie
Rien de parfait, jamais rien ne se vit ;
Ah, que d'elle, par le monde, il n'est bruit,
Portons-lui là les fleurs et les fruits.
De son empire.

(Traduction de poète non littérale)

Deux poèmes sacrés chantent la création en louant Dieu dans la Bible : *Le Cantique des Créatures*, prière d'actions de grâces des trois jeunes gens dans la fournaise (Livre de Daniel) ; le *Codex Las Huelgas* nous en donne une version médiévale inspirée. L'autre est le *Psaume 103* qui reprend la création avec la poésie par surcroît. Traduit avec les cent-quarante-neuf autres dans le « Psautier huguenot » de 1561 de Clément Marot et Théodore de Bèze, il fut mis en musique par Claude le Jeune (1530-1600), le plus éloquent propagateur de la musique à l'antique. Dès 1564, Claude Goudimel (né à Besançon en 1510) publia une harmonisation des cent cinquante psaumes à quatre voix avec le chant au ténor. Sa réputation était telle qu'il passa longtemps à tort pour le maître de Palestrina. Il fut victime de la Saint-Barthélémy en 1572. Nous vous donnons l'occasion de relire en entier le *Psaume 103 :*

« Mon âme bénit le Seigneur !
Seigneur, ô mon Dieu, vous êtes immensément grand !
Vous êtes revêtu de majesté et de splendeur,
Vous êtes enveloppé de lumière comme d'un manteau.
Vous avez déployé les cieux comme un rideau,
Vous avez établi au-dessus des eaux votre demeure.

Vous vous faites un char des nuées,
Vous circulez sur les ailes du vent.
Vous faites des vents vos messagers,
Et des flammes de l'éclair vos servantes.

Vous avez fondé la terre sur des bases solides
Qui sont éternellement inébranlables.
Vous l'aviez couverte du manteau de l'océan,
Tandis que les eaux recouvraient les montagnes.
Mais à votre menace elles reculèrent,
Et au bruit de votre tonnerre elles tremblèrent d'effroi.
Les montagnes s'élèvent, les vallées se creusent
A l'endroit que vous leur avez assigné.
Vous leur avez fixé des limites qu'elles ne peuvent franchir,
Pour qu'elles ne reviennent plus couvrir la terre.

Vous faites couler des sources dans les ruisseaux
Qui cheminent entre les montagnes.
C'est là que s'abreuvent toutes les bêtes des champs
Et que les onagres viennent étancher leur soif.
Les oiseaux du ciel viennent nicher sur leurs rives,
Et chantent au milieu des frondaisons.
Du haut de vos demeures vous versez la pluie sur les montagnes,
La terre est rassasiée du fruit de vos œuvres.
Vous faites croître l'herbe pour le bétail,
Et les plantes pour l'usage de l'homme,
Qui tire ainsi son pain de la terre,
Et le vin qui réjouit le cœur de l'homme,
De sorte qu'il fasse resplendir son visage avec l'huile,
Et que le pain restaure les forces de son cœur.
Les arbres du Seigneur sont pleins de sève,
Ainsi que les cèdres du Liban qu'il a plantés.
Là vont nicher les oiseaux ;
La cigogne trouve sa demeure sous les cyprès,
Les sommets des montagnes servent d'asile aux bouquetins,
Les rochers aux gerboises.

Vous avez fait la lune pour indiquer les époques ;
Le soleil connaît l'heure de son coucher.
A peine avez-vous répandu les ténèbres et fait-il nuit,
Que tous les animaux des forêts s'en vont rôder.
Les lionceaux rugissent après leur proie,
Et demandent à Dieu leur nourriture.
Mais aux premiers rayons du soleil ils se retirent
Et vont se coucher dans leurs tanières.

C'est alors que l'homme sort à son ouvrage,
Et vaque à sa besogne jusqu'au soir.

Seigneur, qu'elles sont multiples vos œuvres !
Vous les avez toutes faites avec sagesse ;
La mer est remplie des choses que vous avez crées.
Voici la mer vaste et immense,
Où fourmille sans nombre des animaux grands et petits.
Des vaisseaux y naviguent,
Et Léviathan que vous avez créé pour jouer dans les flots.

Tous ces êtres attendent de vous
Que vous leur donniez la nourriture au temps opportun.
Vous la leur donnez et ils la recueillent ;
Vous ouvrez la main et ils sont comblés de bienfaits.
Mais détournez-vous la face, ils sont éperdus ;
Retirez-leur le souffle, ils expirent
Et retournent dans la poussière.
Rendez-leur au contraire votre souffle, ils revivent
Et vous renouvelez la face de la terre.
Que soit au Seigneur une gloire éternelle,
Que le Seigneur trouve de la joie dans ses œuvres !
Lui, dont le regard suffit à faire trembler la terre,
Et qui, rien qu'à les toucher, enflamme les montagnes.
Je chanterai la gloire du Seigneur tant que je vivrai,
Je chanterai les hymnes de Dieu tant que j'existerai.
Puissent mes paroles lui être agréables !
Mon unique joie se trouve dans le seigneur.
Que les pécheurs soient enlevés de la terre,
Que les impies disparaissent désormais.
Mon âme bénit le Seigneur !

Le *Psaume 150* – le dernier – est un psaume de louanges, « laudate dominum », dont il existe de nombreuses versions du moyen-âge à nos jours dans toutes les langues. Psaume idéal pour les musiciens ! Nous ne retiendrons que le *Psaume 150* d'Anton Bruckner (souvent couplé sur C.D. avec le *Requien Allemand* de Brahms) et, puisque nous l'avons privilégié dans l'introduction, celui de Charles Ives, qui chante Iahvé, le Créateur, avec un vocabulaire musical qui semble surgi du fond des âges comme, vingt ans plus tard, *Le Sacre du Printemps* et la *Symphonie de Psaumes* de Stravinsky.

Le Psaume 150 est un psaume pour musicien !

Louez Dieu, louez Dieu en son sanctuaire
Louez-le au firmament de sa puissance,

Louez-le en ses hauts faits.
Louez-le pour toute sa grandeur,
Louez-le avec l'éclat des cuivres,
Louez-le sur la cithare et la harpe,
Louez-le sur le tambourin et par la danse,
Louez-le sur les cordes et les flûtes,
Louez-le avec les cymbales retentissantes !
Et que tout ce qui respire loue Iahvé.
Louez Dieu !

Noë

Après la Chute

La création s'arrête au paradis terrestre mais les anges déchus se vengent et le diable se glisse dans la peau d'un serpent et tente Eve qui ne peut résister au fruit défendu, la pomme de l'arbre de la connaissance du bien et du mal. Et c'est ainsi que nos premiers parents sont chassés du jardin d'Eden, devant désormais travailler à la sueur de leur front, soumis à la mort et la femme enfantera dans la douleur. Bref, la CHUTE ! Si la création est terminée, la Genèse continue jusqu'à la mort de Joseph. Nous sommes hors sujet. Sommes-nous encore à l'écoute du monde ? Mais comme Noé apportera beaucoup d'eau... à notre moulin, il est nécessaire de soigner les transitions. Galuppi, le musicien de Burano, émule de Vivaldi, a composé *La Chute d'Adam :*

> « Mon âme oppressée
> Sent le poids de sa faute »,

aria pathétique s'il en fut. Les enfants d'Adam et Eve subissent directement les effets du péché originel. Caïn tue son frère Abel par envie (mais pourquoi Dieu a-t-il provoqué sa colère en préférant les offrandes d'Abel ? Mystère d'une prédestination ?). « Le Roman de Fauvel » (1310-1314) de Gervais du Bus, dans sa satire de la société du temps, nous conte que :

> « Enflammé d'envie
> Le démon en sa malice
> Trompe les premiers parents
> Et Abel qui porte des sacrifices
> Agréables à Dieu
> Reçoit de son frère la mort...
> (Sicut de ligno parvulus
> Generatur vermiculus)
> De même que du bois naît
> Le tout petit vermisseau
> Qui ensuite mange ce même bois,
> De la même manière l'envie blesse
> Tous ceux qui en font leur propriété
> Ainsi que leurs bonnes mœurs ;
> L'envieux est totalement aveugle. »

De nombreuses et diverses musiques anonymes accompagnent le Roman de Fauvel ; elles annoncent l'« Ars Nova » dont le maître incontesté sera le poète-musicien Guillaume de Machaut.

Rudy Stephan a laissé un opéra fin de siècle intéressant, *Les Premiers Hommes. Le Sacre du Printemps* s'accorderait mieux au sujet !

Caïn eut une descendance ; le premier fils fut Henoch qui engendra Mathusalem qui engendra Lamech qui engendra Noé (dont le nom signifie « repos »). Je prends le risque de résumer une généalogie compliquée dans une histoire dilatée car, si après la chute les hommes étaient mortels, Dieu dans sa bonté les laissait vivre de sept cents à neuf cents ans ; il fallait sans doute leur laisser le temps de croître et multiplier... Les fils de Noé, Sem, Cham et Japheth se mirent à multiplier après le déluge. Noé eut l'idée de cultiver de la vigne car, à la troisième génération, il fallait avoir une bonne provision d'amphores de vin pour les réunions de famille ; l'illustre arrière-grand-père était entouré d'une centaine de descendants. C'est d'eux, nous dit la Genèse, que descendent les nations qui se sont répandues sur la terre après le déluge.

Nous ne citerons Abraham (vers 1800 avant J.C.) que pour plaire aux amateurs d'histoires bibliques en musique. C'est le sacrifice d'Isaac qui a surtout retenu l'attention des compositeurs : Carissimi pour *L'Histoire d'Abraham et d'Isaac*, M-A Charpentier pour *Le Sacrifice d'Abraham*, le tchèque contemporain de Gluck, Myslivecek, pour *Abraham et Isaac*, et Stravinsky pour sa cantate du même nom. Ce sacrifice fut certainement le prototype des drames où le père a fait le vœu de sacrifier la première personne qu'il rencontrera et, horreur ! La personne est son fils ou sa fille. Dans la mythologie c'est, rappelez-vous, *Agamemnon et Iphigénie* (deux opéras de Gluck) ; c'est aussi Idoménée, roi de Crète, et son fils Idamante (*Idoménée* de Campra d'après la tragédie de Crébillon Père et *Idoménée* de Mozart). Dans la Bible, c'est *Jephté*, oratorio de Carissimi.

Maintenant, remontons au déluge !

Le Déluge

Dans la Genèse – qui va de la création du monde à la mort de Joseph en Egypte – deux descendants d'Adam et Eve [1] retiennent particulièrement l'attention du lecteur de la Bible et celle du musicien : Noé et Abraham [2] , surtout le premier. Noé – en hébreu Noah qui signifie « repos » – est le petit-fils de Mathusalem, ancêtre légendaire qui vécut neuf cent soixante neuf ans ! Noé était un homme juste, intègre au milieu des hommes de sa génération. Il marchait avec Dieu. Noé eut trois fils : Sem,Cham et Japheth. La terre se corrompait devant les yeux de Dieu et se remplissait de violence. Dieu regarda la terre et vit qu'elle était corrompue ; toute créature suivait, sur terre, la voie de la corruption. Alors Dieu dit à Noé : « La fin de toute créature est arrêtée par-devers moi, car ils ont rempli la terre de violence. Je vais les exterminer y compris la terre elle-même. Fais-toi une arche en bois résineux... quant à moi, je vais faire venir le déluge sur la terre, une inondation pour exterminer de dessous les cieux tout être animé du souffle de vie... Mais avec toi, je veux faire alliance : tu entreras dans l'arche avec tes fils, ta femme et les femmes de tes fils. De tout ce qui vit, de tous les animaux, tu feras entrer dans l'arche deux de chaque espèce pour les conserver en vie avec toi : un mâle et une femelle... » (La Genèse, 6, 7, 8, 9). On connaît la suite, il plut quarante jours et quarante nuits. La crue dura cent cinquante jours et le dix-septième jour du septième mois, l'arche s'arrêta sur les montagnes d'Ararat. Dieu prend alors l'engagement de ne plus désoler la terre avec un déluge et il fait apparaître son arc d'alliance, l'arc-en-ciel. « Je mets mon arc dans les nuées pour qu'il soit le signe de l'alliance entre moi et la terre » (cf. chapitre sur les musiques de l'arc-en-ciel). Après le déluge, Noé planta une vigne et vécut encore trois cent cinquante ans ; la durée totale de sa vie fut de neuf cent cinquante ans seulement (dix-neuf ans de moins que son grand-père).

Telle est l'histoire connue de tous, sacrée pour les uns, et merveilleusement mythique et poétique pour les autres. Plusieurs musiciens au XIXe siècle se sont intéressés au déluge, même Camille Saint-Saëns dont l'œuvre – certes jouée et enregistrée – n'est pas impérissable même si, dans les meilleurs passages, il se souvient des oratorios de Mendelssohn avec des chœurs solides ; toutefois certains airs et duos du genre « Je ne maudirai plus la terre » ont des relents d'opéra comique. Deux œuvres du XXe siècle nous semblent plus intéressantes sur le plan musical et scénique car les auteurs – tous deux croyants – ont fait preuve d'imagination et d'humour : *Noye's Fludde* de Britten (1958) et *Le Déluge* de Stravinsky (1962).

Benjamin Britten (1913-1976) a mis en musique – dans la langue de l'époque – le miracle du XVe siècle *Noye's Fludde* (Noah's Flood, Le déluge de Noé, tiré des « English Miracle Plays, Moralities and Interludes »). L'œuvre est monumentale car elle exige pas moins de cent cinquante musiciens à l'orchestre et autant dans les chœurs, des professionnels et des amateurs pour une vaste participation communautaire. L'œuvre correspond à ses convictions artistiques : « Je suis d'abord et avant tout un artiste, et je veux servir la communauté en tant que tel. Il n'est pas mauvais pour un artiste de tenter de satisfaire toutes sortes de gens. C'est pourquoi j'aime personnellement écrire des pièces destinées à certaines circonstances, de la musique pour enfants ou pour amateurs... J'essaie de verser mon meilleur vin dans ces flacons restreints ».

L'assistance chante l'hymne *Lord Jesus, think on me* (Seigneur Jésus, pense à moi) ; Noé invoque saint Jean sans se soucier de vraisemblance historique, les animaux embarquent dans l'Arche en chantant « Kyrie Eleison » et toutes les créatures, après avoir entonné un « Alleluia », saluent le retour du soleil, de la lune et des étoiles. Le génie créatif de Britten éclate dans maintes trouvailles : la structure musicale figurant le déluge est une passacaille dont les lignes chromatiques entrecroisées évoquent concrètement la montée des eaux. Les clairons interviennent pour le défilé des animaux qui entrent dans l'Arche deux par deux. L'orage fournit à l'orchestre de bonnes occasions de décrire le vent (trilles des flûtes à bec), la pluie (chopes suspendues à une corde et frappées avec des cuillers en bois), le gréement qui claque (fouet, caisse claire, croches en staccato aux cordes), les vagues (arpèges des cordes) et l'épouvante des animaux (accords parfaits de trois sons progressant par demi-tons) ; l'envol du corbeau et celui de la colombe à la recherche de la terre sont représentés par le violoncelle et la flûte à bec. Le roucoulement de la colombe est figuré par un trémolo et son vol par une valse gracieuse qui réapparaît inversée lors de son retour, portant le rameau d'olivier. Les carillons des clochettes saluent l'Arc-en-ciel qui se déploie à travers le ciel et l'assemblée entonne *The spacious firmament on high* sur le canon de Tallis [(3)].

Le miracle de Chester ajoute une scène comique au déluge : la femme de Noé refuse par deux fois d'embarquer ; elle veut rester auprès de ses amies les commères. Ses trois garçons l'emportent de force à bord de l'Arche. Elle se débat violemment et donne une gifle à son mari. « Ha, ha ! Marye ; this is hot ! »

En 1962, quatre ans plus tard, Igor Stravinsky se lance avec détermination dans un bref opéra biblique *The Flood*. Il a quatre-vingts ans. Depuis dix ans, il s'intéresse au dodécaphonisme sériel mais ne vient au sérialisme intégral qu'en 1956 avec le *Canticum Sacrum*, *Agon* (ballet qui est l'un de ses chefs-d'œuvre), *Threni*, *Mouvements pour piano et orchestre* et *The Flood* (Le Déluge) qui est certes une œuvre intéressante (Stravinsky est toujours intéressant et esthétiquement excitant, comme Picasso, même quand on n'aime pas !) mais qui accroche peu car « l'artisan » suprême et méticuleux qu'il a toujours voulu être humblement, montre avec trop de gravité qu'il a assimilé une nouvelle syntaxe. A-t-il choisi ce sujet pour montrer que le « grave sujet du déluge » pouvait être traité plus gravement que ne l'avait fait Britten ? On pourrait le penser si une situation ne se trouvait à l'identique : le refus de la femme de Noé d'embarquer et la gifle qu'elle administre à son mari une fois à bord de l'Arche. Une autre similitude, l'assemblée, après un prélude tendu et complexe, entonne un « Te Deum laudamus » et termine l'œuvre par un « Sanctus Dominus Deus Sabaoth ». La nouveauté est dans le développement de l'histoire qui commence au début de la Genèse : « Que les eaux qui sont au-dessous du ciel se rassemblent en un seul lieu », avec un narrateur qui déclame le texte sur accompagnement musical [(4)]. Et on assiste à la création d'Adam et Eve (et aussi de Lucifer) et nous sommes presque au milieu de l'œuvre lorsque Noé et le déluge apparaissent. A la différence de Britten, Stravinsky nous offre des interludes orchestraux : La Construction de l'Arche, Le Catalogue des Animaux [(5)], Le Déluge et le Pacte de l'Arc-en-ciel, qui ne réjouissent vraiment que les amateurs inconditionnels du sérialisme.

Les anthropologues dénombrent près d'une centaine de récits mythiques consacrés à un déluge mais l'Occident n'en connaît qu'un, celui de la Genèse. Toutefois, il faut tenir compte des mythes babyloniens qui ont précédé la Bible et, en particulier, l'épopée de Gilgamesh qui a tenté le roumain Bohuslav Martinu (il est vrai dans la partie humaine et dramatique du héros bouleversé par la mort de son meilleur ami ; les sentiments sont proches de ceux de Castor et Pollux). Pour plus de détails nous renvoyons à l'ouvrage de S.W. Holloway, « Les récits du déluge dans l'épopée de Gilgamesh et la Genèse considérée à la lumière de l'idéologie du Temple dans l'antique Proche-Orient » (1991).

Dans *Le Déluge* de Stravinsky, nous trouvons un catalogue des animaux sauvés par Noé dans son Arche, encore plus complet que dans la Genèse :

NOE

Le Seigneur a commandé que j'embarque
Du bétail et des oiseaux qui chantent,
Une paire de chaque espèce.

ANNONCEUR

Voici les lions et les léopards qui entrent,
Les chevaux, les juments, les bœufs, les cochons,
Les chèvres, les veaux, les moutons et les vaches,
Les chameaux, les ânes, les hommes trouveront,
Le daim, la daine, le cerf et la biche,
Animaux de toutes sortes et de toutes espèces,
Comme ces chats et ces chiens, aussi,
La loutre, le renard, le fulmar aussi,
Peuvent entrer également
Les heureux lièvres bondissants.
Et voici les couples d'ours, de loups,
De singes, de hiboux, de ouistitis,
De belettes, d'écureuils et de furets.
D'autres animaux, encore,
Sont dans cette maison :
Ici les chats complètent le groupe,
Ici un rat, là une souris.
Voici les oiseaux, grands et petits,
Les hérons, les grues minces et grandes,
Les paons, les cygnes, tous ensemble.
Voici les coqs, les milans, les corneilles,
Les freux, les corbeaux, en rangs entiers,
Les canards, les courlis, et Dieu sait quoi.
Voici les colombes, les grives, les malards,
Les bécasses qui courent à travers les lacs,
Et chaque oiseau qui chante.

Il est bien sûr impossible de citer toutes les œuvres musicales qui évoquent de près ou de loin les espèces animales du moyen-âge à nos jours. Nous nous sommes divertis à en dresser un inventaire approximatif et lacunaire dans le « Bestiaire » en annexe à ce volume. A première vue, nous pourrions nous contenter, comme tout mélomane, de citer spontanément des « tubes » comme *Le Chant des Oiseaux* de Janequin, *La Poule* de Rameau, ou *Le Coucou* de Daquin, *Le Duo des Chats* de Rossini, *Le Carnaval des Animaux* de Saint-Saëns, *Le Vol du Bourdon* ou *Le Coq d'or* de Rimsky-Korsakov, *Les Histoires Naturelles* de Ravel, *Babar*, *Les Biches* ou *Les Animaux modèles* de Poulenc, *Pierre et le Loup* de Prokofiev... Mais ce ne serait qu'une énumération fastidieuse.

Mieux vaut se demander pourquoi les animaux ont inspiré les musiciens de tout temps. Au moyen-âge, les animaux, comme toute la création, sont porteurs d'un sens que leur nature et leurs moeurs révèlent à qui sait les étudier [(1)]. On écrit alors des « Bestiaires divins » (Guillaume le Clerc de Normandie, 1210), des « Bestiaires d'amour » (Richard de Fournival, 1250). C'est ainsi que, dans tous les domaines, le moyen-âge applique aux animaux son goût pour la pensée allégorique [(2)]. Les Grecs avaient Esope dont maint fabuliste s'est inspiré, surtout La Fontaine, mais bien avant lui, Marie de France qui vers 1170 publia le plus ancien recueil de fables françaises – chez elle comme chez Colette, huit cents ans plus tard, amour de la nature et des animaux –. Parmi ces allégories, nous ne retiendrons que celles du corbeau, de l'aigle, de la panthère et du loup.

Le corbeau, oiseau sinistre de tout temps [(3)] est le charognard, vautour du nord et symbole de mort dans des ballades celtiques. Au IXe siècle, une chanson bretonne *Ar Bleizimor* (les Bêtes de la Mer) nous dépeint les souffrances de l'Europe chrétienne dévastée par les Vikings. Les corbeaux qui avaient survolé les morts pendant des jours se repaissaient de leur chair ensanglantée (cf. *Bestiarum* par La Reverdie).

L'aigle, « Aquila Altera » de Jacques de Bologne (milieu du XIVe siècle) nous montre « l'oiseau de Dieu » de Dante, le seul animal qui puisse regarder le soleil en face – chef-d'œuvre écrit sans doute pour le couronnement de Charles IV, d'où l'utilisation de l'aigle comme oiseau impérial.

La panthère – « Tout comme la panthère », texte et mélodie anonymes du XIIe siècle chantés par Anne Azema dans *La Licorne* – après avoir mangé, elle dort pendant trois jours ; à son réveil elle pousse un cri et elle a une haleine si embaumée que tous les animaux s'assemblent et la suivent... Elle représente le Christ, ennemi du diable, le Christ qui dormit trois jours dans la mort après avoir mangé la dernière cène. Son cri, c'est le bruit de sa résurrection partout répandue ; son haleine embaumée c'est la séduction de sa doctrine. Mais cette bête effrayante et séduisante, à la douce haleine, n'est-ce pas aussi la femme aimée ?

Le loup a une valeur mythique, totémique. Les wagneristes le savent bien et attendent, après l'orage qui ouvre *la Walkyrie*, l'arrivée de l'étranger Siegmund chez la belle Sieglinde (et l'affreux Hunding). Siegmund parle de ses origines, « Wolfe, der war mein Vater », Loup était mon père, Loup était fort et guerrier, mais il ignore sa filiation secrète : Loup est Wotan. Chez les scandinaves, Wotan est Woden, Odin ou Ohdinn. Grâce à l'ensemble La Reverdie et sa harpiste érudite Ella de Mircovich, nous apprenons pourquoi le loup est la créature fidèle et tutélaire dans la légende du martyre d'Eadmund Wylfing, dernier roi saxon de l'East Anglia (844-870). Wylfing ou Wilfingas (fils du Loup) présupposant une affinité totémique du clan avec le loup. D'ailleurs les ancêtres d'Eadmund – presque tous des saints dès leur conversion – s'obstinaient orgueilleusement à faire graver des généalogies tout aussi détaillées que fabuleuses dont le chef était le dieu souverain des Germains, Woden. Dans l'imaginaire médiéval, le roi Eadmund fut détrôné par saint Thomas Becket alors que le premier saint protecteur d'Angleterre, authentique et incontesté fut Edmond, massacré par les Danois. Nous savons tout sur ce roi martyre grâce à l' *Historia Sancti Eadmundi*, drame liturgique découvert à la Bibliothèque Pierpont and Morgan de New York. Les antiennes et les répons sont séparés par des leçons (lectiones) tirées de la *Vita Sancti Eadmundi* d'Abbon de Fleury qui fit un « scoop » littéraire ; en effet, il quitta son monastère des bords de la Loire en 985 pour celui de Ramsay en Angleterre, où il rencontra saint Dunstan (4) qui lui raconta cette histoire entendue dans sa jeunesse.

Voici une antienne et un répons traduits du latin :

Antienne : « Ayant fait venir un bourreau, le tyran fit décapiter Edmond, le champion de Dieu ». (La tête est perdue mais soudain elle parle :
« Me voici, mes enfants ; voici celui qui fut jadis votre roi et qui est à présent votre défenseur auprès de Dieu »).

Répons : Il se produisit une chose merveilleuse, où l'on put reconnaître la main de Dieu afin de veiller sur le martyr : un Loup vint se coucher auprès de lui pour le protéger et pour pleurer sur son sort.

Nous sommes bien loin du loup terrible et carnassier qui encombre nos contes et légendes.

L'homme du moyen-âge se plaît à évoquer ces chiens qui moururent pour leurs maîtres ou le faucon de Tristan qui, comme le raconte Béroul, refusait de manger en l'absence de son maître. L'homme cohabite avec l'animal ; l'animal est son colocataire dans la création. Un auteur anonyme du XIIIe siècle nous a transmis ces vers dans le *Manuscrit de Vernon :*

« Les hommes sont morts et les bêtes sont mortes,
Et on offrit la même chose aux deux ;
C'est la même mort qui les emporte
Et ils ne se sont incarnés qu'une seule fois.
Et c'est toujours pareil.
La seule différence c'est que l'homme est plus ingénieux.
Qui peut dire que son âme s'envole vers le ciel
Et que celle des bêtes se dissout ?

Qui connaît les pensées des bêtes
Ou comment elles prient en invoquant celui qui les créa
Sinon Dieu, qui connaît leur langue ? »

(Cité dans *Bestiarum* par
Ella de Mircovich)

Nous avons insisté – peut-être trop – sur le moyen-âge dont on connaît surtout la musique religieuse et les « danseries » sur instruments anciens. A partir de la Renaissance, les virtuoses de la polyphonie nous font entendre des ramages (*Les Chants d'Oiseaux* de Janequin et aussi *Chant de l'Alouette, Chant du Rossignol*). Les virtuoses du madrigal imitent les cris d'animaux et écrivent comme Banchieri un *Contrepoint bestial* avec cris de chien, chat, hulotte et basse profonde. Un siècle plus tard, Marc-Antoine Charpentier fera de même dans ses *Arts Florissants.* On imite donc les animaux pour obtenir des effets comiques ou descriptifs : les grenouilles dans *Platée* de Rameau ; les chats dans *Ma petite Femme* de Mozart et *Le Duo des Chats* de Rossini. Saint-Saëns se moque de ses collègues dans son *Carnaval des Animaux.* Ravel se divertit avec les *Histoires Naturelles* de Jules Renard (paon, grillon, martin-pêcheur, cygne, pintade) et Poulenc avec le « Bestiaire » d'Apollinaire, et Britten avec ses *Insect Pieces* pour hautbois (guêpe et sauterelle). Au cours des siècles, les compositeurs ont fait preuve de beaucoup d'imagination et d'ingéniosité. Le chant du coucou, dans sa simplicité, n'est qu'une formule rythmique efficace dans *Le Coucou* de Daquin ou dans *Summer is incumen in* de John of Fornsete, polyphonie à six voix de 1240 ! Rameau, dans *La Poule,* utilise une formule rythmique qu'il exploite avec des accords recherchés et l'œuvre s'écoute comme une sonate de Scarlatti. Olivier Messiaen, deux siècles plus tard, s'intéresse aux oiseaux exotiques dont il collectionne les chants pour leur rythme et articulation mélodique ; l'architecture de l'œuvre dépasse la simple représentation.

Il faut bien reconnaître que si une soixantaine d'espèces sont citées ou entendues dans des œuvres c'est que ces espèces figurent le plus souvent dans des textes. La palme revient aux oiseaux depuis les origines de la musique occidentale. D'ailleurs, les philosophes anciens et même un poète réaliste comme Lucrèce (*De Natura Rerum*), étaient convaincus que la musique et le chant puisaient leurs origines dans les chants d'oiseaux (5) . Parmi tous les oiseaux, celui qui a inspiré le plus grand nombre d'œuvres est le rossignol. Dans les préférences, il arrive en tête, suivi du coucou, de l'alouette, de l'hirondelle, de la colombe et de la caille. Il est étonnant que d'autres virtuoses comme le merle ou le canari (6) soient si peu honorés.

D'un virelai de Jean Vaillant *Par maintes fois avoye recueilli du rossignol la douce mélodie* au *Rossignol* de Stravinsky, au *Rossignol* d'Alabiev pour vocalises, ou bien encore à *La Conférence des Oiseaux* de Levinas, ou enfin du dernier opéra de Bacri, rares sont les musiciens qui dans des chansons, des mélodies, des lieder, des opéras, des cantates, des oratorios ou des pièces instrumentales... ont oublié de rendre hommage à ce chanteur mythique. Pour Platon, le rossignol fut l'emblème de Thamyras, barde de la Thrace antique ; dans la mythologie, c'est Philomèle – le nom que lui donne toujours la poésie anglaise. Aux sources du lyrisme roman, il y a la voix féminine, le reflet du désir amoureux dans la nature printanière ; l'oiseau y est l'incarnation de l'amour et du printemps. La présence du rossignol dans une mélodie permet de fondre en une harmonie unique l'œuvre d'art et l'œuvre de la nature. Dans la fameuse scène 5 de l'acte III de *Roméo et Juliette* de Shakespeare, le rossignol est opposé comme le chantre de l'amour dans la nuit finissante à la messagère de l'aube et de la séparation. Si les deux amants écoutent le rossignol, ils restent unis mais ils s'exposent à la mort ; s'ils croient à l'alouette, ils sauvent leur vie mais doivent se séparer.

« Tu veux partir ? Ce n'est pas près d'être le jour.
C'était le rossignol et non pas l'alouette
Qui a percé le fond de ton oreille ;
Il chante la nuit sur ce grenadier,
Crois-moi, amour, c'était le rossignol. »
(Traduction de Pierre-Jean Jouve)

La pièce de Shakespeare a inspiré plusieurs opéras célèbres : *Roméo et Juliette* de Gounod et de Berlioz ; *Les Montaigu et les Capulet* de Bellini et *Roméo et Juliette au village* de Delius.

Par la beauté de son chant qui charme les nuits éveillées, le rossignol est le magicien qui fait oublier les dangers du jour. John Keats (1795-1821), dans son *Ode au Rossignol*, a merveilleusement rendu cette mélancolie qu'engendre le chant pourtant si mélodieux du rossignol. La perfection de la félicité qu'il fait naître semble si fragile ou si lointaine, dans son intensité, qu'elle rend plus intolérable le sentiment douloureux d'en être incapable, ou privé par l'arrivée fatidique du soleil. En fait, le sujet en est la tentation de la mort qui serait la volupté suprême, mais comment pourrait-on jouir de la mort une fois qu'on l'a subie ? Les trilles du rossignol symbolisent pour Keats le bonheur de mourir mais en même temps les trilles voluptueux sont un chant de bonheur sensuel. « Tu continuerais de chanter et mes oreilles n'entendraient plus ; ton noble requiem s'adresserait en vain à une poignée d'argile ». Quant Keats évoque « l'immortel oiseau », l'immortalité est celle du chant de l'oiseau, car la beauté du chant est soustraite aux vicissitudes de la durée (thème orphique). Toutefois, cette beauté manque de consistance et il faudrait trouver un objet plus solide où appuyer l'éternel. Ce sera *L'Ode à l'urne grecque* que Gustave Holst a mis en musique dans sa *Choral Symphony*. *L'ode au Rossignol* a été mise en musique par Hamilton Harty (1879-1941), organiste, chef d'orchestre et compositeur de poèmes symphoniques. Sa musique a été marquée par Brahms et surtout par Mahler et son *Chant de la Terre*.

L'Arc-en-Ciel

> Mon cœur bondit quand j'aperçois un arc-en-ciel :
> Ainsi en était-il à l'aube de ma vie ;
> Ainsi en est-il à présent que je suis un homme ;
> Qu'il en soit ainsi lorsque je serai vieux ou que je meure !
> L'Enfant est le père de l'Homme ;
> Et je pourrais souhaiter voir mes jours
> Reliés les uns aux autres par l'amour de la nature
>
> William Wordsworth [1]

Selon l'Iliade, Iris était la déesse de l'Arc-en-ciel et la messagère des dieux. Dans l'Odyssée, elle partage le rôle avec Hermès (ou Mercure).

La perfection du chiffre 7 a de quoi confondre les plus incrédules misomythes car il présente un caractère sacré dans presque toutes les civilisations. Aux Indes, les 7 couleurs sont celles des 7 faces de la terre du Meru (centre du monde) et sont assimilées aux 7 Cieux, ainsi qu'en Mésopotamie. C'est par un escalier de 7 couleurs que Bouddha monte et redescend du ciel. Pour les Grecs, puis pour les judéo-chrétiens, 7 est le nombre des jours de la semaine et de la création des planètes (avant qu'elles ne soient 9), des sceaux, des anges et des tonnerres de l'Apocalypse de saint Jean, il y eut 7 trompettes pour faire tomber les murs de Jericho, 7 est le nombre des couleurs de l'arc-en-ciel [2] et des notes de la gamme. Ce qui nous autorise à chercher des rapports entre l'irisation de la lumière et de la musique. Le ciel ne chante-t-il pas ses couleurs ? Même si un personnage de Balzac, dans « Massimila Doni » , prétend le contraire : « Je vous avouerai que je suis toujours révolté par la prétention qu'ont certains enthousiastes de nous faire croire que la musique peint avec des sons. »

Et pourtant, le langage courant opère des échanges multiples entre les deux domaines – gamme des couleurs, palette orchestrale... – sans forcément songer à des fréquences vibratoires. Michel Butor va jusqu'à parler de couleurs modales, tonales, harmoniques et même de couleurs géographiques ou historiques chez Bartok et Stravinsky (Revue Esprit, janvier 1960). Toutefois Souriau, dans « Correspondances des Arts », a traité ce problème d'esthétique de manière exhaustive et irréfutable en arguant que les deux domaines psycho-physiques du son et de la couleur ont des architectures et des modes d'appréhension différents. Il faut donc tâcher d'expliquer et d'accepter le choix et l'usage qu'en fera l'artiste. En d'autres termes, nous nous situons dans la métaphore et la subjectivité, lorsque nous comparons les deux univers du son et de la couleur [3]. Nous pensons au choix si personnel de Rimbaud ou de Kandinsky ou encore du musicien russe Scriabine – pour lui, la note ut est rouge alors que Haendel aurait plutôt songé au ré –. L'idée de rapprocher la couleur du son, la peinture et la musique, date surtout du XIXe siècle où les artistes veulent « prendre à la musique son bien » (citation bien connue) car celle-ci apparaît comme l'art des émotions et des sentiments. Pour Schopenhauer, « la musique parle de l'Être ». Jean Brun dans *Les Présocratiques* résume admirablement la question « Par une combinaison des lois du jour (Les mathématiques) avec les passions de la nuit (langage symbolique et puissance magique) la musique donne la clef du concert du monde. »

Revenons à Scriabine (1872-1915), musicien panthéiste et théosophe, pour qui l'irisation de la lumière est le reflet du divin. Il eut l'idée d'un art total en faisant exécuter son poème symphonique *Prométhée* avec des projections de couleurs – Il imagina même de répandre des parfums. « Les sons et les parfums tournent dans l'air du soir » – Un pianiste jouait sur un clavier de couleurs (ce qu'avait déjà expérimenté le Père Castel au Siècle des Lumières). Son spectre était le suivant : do (rouge), sol (orange), ré (jaune), la (vert), ré bémol (violet), fa dièse (bleu), la bémol (indigo)... Ce fut un échec car le clavier refusa de fonctionner mais cela n'aurait rien ajouté à la gloire de cet immense musicien ; *Prométhée*, omme les poèmes symphoniques de Liszt et de Richard Strauss, peut s'écouter sans programme ni couleurs.

Un autre cas exceptionnel mais malheureusement incommunicable est celui d'Olivier Messiaen (1908-1992) qui possédait le don – ou l'anomalie – de synesthésie, c'est-à-dire de voir des couleurs quand il écrivait ou entendait des sons. A un mouvement de son *Quatuor pour la fin des Temps*, écrit en captivité, il donna le titre poétique de « Fouillis d'Arcs-en-Ciel » (pour l'Ange qui annonce la Fin des Temps) – Allusion à l'Apocalypse, sur laquelle nous reviendrons. Comme pour Scriabine, la musique se suffit à elle-même. Ce qui a frappé certains musiciens spiritualistes, c'est l'arc-en-ciel en tant que pont entre le ciel et la terre, en tant que nouvelle alliance de Dieu avec sa création, en tant que nouvelle création protégée par la bienveillance divine [4]. Et là, il nous faut bien remonter au DÉLUGE (Genèse 9) : « Et Dieu dit : voici le signe de l'alliance que je mets entre moi et vous et tous les êtres vivants qui sont avec vous, pour les générations à venir : je mets mon arc dans la nuée et il deviendra un signe d'alliance entre moi et la terre [5]. Lorsque j'assemblerai les nuées sur la terre et que l'arc apparaîtra dans la nuée, je me souviendrai de l'alliance qu'il y a entre moi et vous et tous les animés, en somme toute chair, et les eaux ne deviendront plus un déluge pour détruire toute chair. Quand l'arc sera dans la nuée, je le verrai et me souviendrai de l'alliance éternelle qu'il y a entre Dieu et tous les êtes animés, en somme toute chair qui est sur la terre. Dieu dit à Noé : Tel est le signe de l'alliance que je mets entre moi et toute chair qui est sur la

Chant des esprits sur les eaux

Hommage à SCHUBERT

Avant la vie

Hommage à RUGGLE

terre. » Avec Noé, Dieu a inscrit le Nouveau Cosmos dans le cercle irisé de sa bienveillance divine ; il a esquissé la Jérusalem des derniers jours – C'est pourquoi les « Christ en Gloire », qu'ils soient byzantins ou romans voire franco-flamands, trônent souvent au milieu d'un arc-en-ciel.

Enumérer les œuvres musicales inspirées par le déluge nous mènerait trop loin ; Saint-Saëns, Stravinsky et Britten ont laissé des pages intéressantes mais plutôt pittoresques ou anecdotiques, voire humoristiques chez Britten. Nous préférons parler de l'arc-en-ciel et de sa richesse symbolique pour un compositeur. Commençons par un truisme : l'arc-en-ciel est étroitement lié au symbole de l'Arche. Passage bien connu de la Genèse que Aaron Copland a mis en musique dans *In the Beginning*, une de ses plus belles pages chorales et liturgiques. L'Arche d'Alliance qui permet à Josué de franchir le Jourdain et de prendre Jéricho (cf. l'oratorio *Josué* de Haendel). S'il correspond manifestement au domaine des « eaux supérieures », Guénon a noté qu'il était l'inverse et le complément de l'Arche au-dessus de laquelle il apparaît, ce qui flotte sur les « eaux inférieures ». « On pourrait dire que ce sont les deux moitiés de l'œuf du monde [(6)] rassemblées comme signe de la restauration de l'ordre cosmique et de la gestation d'un cycle neuf. » Saint Jean nous dit dans son *Apocalypse* (10,1) : « Je vis un ange vigoureux descendre du ciel, enveloppé d'un nuage, la tête nimbée comme le soleil ».

Rares sont les musiciens qui ont pu s'approcher de cette vision mystique. Je n'en retiendrai que trois dans les limites de ce chapitre : Hildegarde von Bingen, Olivier Messiaen et Henry Baraud.

Sainte Hildegarde von Bingen (1098-1179), « la sibylle du Rhin », nous a été révélée au disque il y a une dizaine d'années par l'ensemble Sequentia. La médiéviste Régine Pernoux lui a consacré une biographie passionnée et passionnante. Cette mystique fut non seulement théologienne, poétesse, docte en médecine et botanique, conseillère des papes – et correspondante de notre saint Bernard – mais aussi une musicienne dont les compositions pour son couvent de Rupertsberg représentent un sommet de la création artistique et liturgique au XIIe siècle, véritable dans tous les domaines. Les enregistrements se succèdent de mois en mois pour notre émerveillement : *Chants d'Extase*, *Voix du Sang*, *Ordo Virtutum*, *O Jerusalem*.

« O Jerusalem, aurea civitas
Ornata regis purpura
Tu es enim ornata
In aurora et in calore solis »

(O Jerusalem, cité d'or
Ornée de pourpre royale
Car tu es ornée
Dans l'aurore et la chaleur du soleil)

Il faut entendre la pureté évangélique de ces voix de femmes qui s'envolent dans la lumière des 7e et 8e modes traditionnels ; loin de cette vallée de larmes, elles chantent dans une intense béatitude. Hildegarde appelait ses compositions *Symphoniae harmoniae ecclesium revelatio* pour souligner que la musique est la plus haute forme de l'activité humaine et divine (7), celle qui reflète le mieux les sons ineffables des sphères célestes et des chœurs angéliques (8) ; admirable poétesse, auteur de ses hymnes, « l'abeille du langage étant sur son front ».

Eichendorff (1788-1857) « dernier chevalier de l'école romantique » a su si bien chanter les tourments de l'amour que Schumann, Mendelssohn, Brahms, Pfitzner et Wolf mirent un bon nombre de ses poèmes en musique. Il sut chanter aussi – chose rare en Allemagne – sa foi catholique comme dans ce *Marienlied* (Hymne à Marie, qu'il implore de le protéger, recouvrant comme une mère le promeneur fatigué du manteau des étoiles pour son dernier repos) :

« Ta prière repousse l'orage
Et du haut de ton arc-en ciel
Tu bénis l'endroit où le paysage
Surgit en pleurant des nuages gris.
O mère, comme tu es douce ! »

(Musique de Schwarz-Schilling)

C'est dans un camp de Silésie que fut créé, en 1941, *Le Quatuor pour la fin des Temps* d'Olivier Messiaen pour violon, clarinette, violoncelle et piano. Nous avons mentionné plus haut son septième mouvement « Fouillis d'Arcs-en-Ciel », aux timbres riches et rares qui devaient faire voir à l'auteur les couleurs du prisme. Plus importants, à mon sens, les deux chefs-d'œuvre pour grand orchestre, *Des Canyons aux Etoiles* (9) et surtout *Les Couleurs de la Cité Céleste*. Dans l'avant propos de ce morceau, Messiaen cite cinq passages de l'Apocalypse qui ont servi de stimuli à sa méditation :

Et le trône etait environné d'un arc-en-ciel.

Et je vis les sept anges qui se tiennent devant Dieu, et sept trompettes leur furent données.

Et je vis une étoile ... La clef du puits de l'abîme lui fût donnée, et elle ouvrit le puits de l'abîme.

Et l'éclat de la ville sainte était semblable à celui d'une pierre très précieuse, d'une pierre de jaspe transparente comme du cristal (10).

Et les fondements de la muraille de la cité étaient ornés de pierres précieuses de toute espèce : jaspe, saphir, calcédoine...

Puis Messiaen (11) passe en revue le répertoire de ses moyens stylistiques : « des alleluias de plain-chant, des rythmes grecs et hindous... des chants d'oiseaux de différents pays ; l'accumulation de tous ces matériaux est mise au service de la couleur et des combinaisons de sons qui la représentent, les couleurs et le son symbolisant à leur tour la Cité Céleste et le Dieu qui l'habite [12] ». L'arc-en-ciel intérieur est le « cœur » visionnaire du morceau, unique passage pianissimo de toute cette œuvre, entouré des alleluias de louange.

Ce pont de lumière irisée entre le ciel et la terre, ce joyau de la Cité céleste, cet arc-en-ciel dans le cœur du visionnaire n'est que l'amour divin irradié [13]. Tout lecteur fidèle de la *Divine Comédie* de Dante pense à l'épilogue de la longue aventure spirituelle où Dante est admis par la Vierge Marie à la contemplation de la Trinité. Henry Barraud (1900-1997), fasciné par la belle traduction en français archaïque d'André Pézard (Bibliothèque de la Pléiade) composa en 1972-73 une cantate en sept parties. La première se situe en *Enfer* (*Plainte des Damnés*) ; les trois suivantes sont extraites du *Purgatoire* et les trois dernières se situent au *Paradis*. Ce musicien trop méconnu, en dehors des manifestes et des cabales, farouchement indépendant, qui peut passer pour le disciple de Florent Schmitt – trop peu joué, lui aussi depuis la mort du grand chef d'orchestre Charles Munch – fut directeur musical de la Radiodiffusion française de 1944 à 1965 ; les mélomanes attendent la rediffusion de ses œuvres qui furent dirigées par Charles Munch, Igor Markevitch, Marius Constant, Charles Brück, Manuel Rosenthal, Marcel Couraud, Louis Forestier, entre autres chefs illustres.

On ne peut qu'écouter *L'Extase*, dernière partie de *La divine Comédie*, où Henry Barraud dans une musique dense et pourtant transparente, musique de notre temps et en même temps musique hors du temps, parvient aux limites de l'expression musicale, tout comme Dante parvint aux limites du langage dans l'éblouissement de sa vision. Après cela, le SILENCE, rien que le SILENCE aurait dit Debussy. Citons pour conclure les deux dernières strophes de ce texte immortel :

> O Lumière en toi-même assise, éterne,
> Qui t'entends seule, et de toi-même entendue
> En te pensant, ris à toi-même et t'aimes !
> Cet anneau qui en toi semblait conçu
> Comme se réfléchit une lumière,
> Mes yeux l'ayant un moment contemplé,
> Il me parut de notre image peint.
>
> Je voulais voir comment l'image au cercle
> Se put conjoindre, et comment lieu y trouve ;
> Mais à ce vol ne suffisaient mes ailes ;
> Quand mon esprit fut frappé par un foudre
> Qui mon souhait lui portait accompli.
> Ci défaillit ma haute fantaisie ;
> Mais tu virais et pressais mon vouloir
> Comme une roue au branle égal, Amour
> Qui mène le soleil et les étoiles.

« Chantez la belle vigne !
Adorez le Seigneur, j'en suis le vigneron »

Isaïe

« Toucher le luth et vider les verres
Sont choses qui vont de pair »

Mahler

Depuis la plus haute antiquité, vin et musique sont les deux mamelles de la convivialité – étymologiquement : l'art de vivre ensemble. Vin et musique, deux sacrées inventions, deux inventions sacrées de l'homme, qui peuvent aller bien au-delà du simple plaisir du palais ou de la finesse de l'ouïe, comme toute création. Les deux inventeurs sont signalés dans la Bible : Noé pour le vin et Jubal pour la musique. Noé avait déjà six cents ans lorsqu'il planta sa vigne, pour se remettre sans doute de l'excès d'eau du déluge ; on sait qu'il abusa du premier cru de l'histoire judéo-chrétienne et que le roi se montra nu à la grande honte de ses fils. Le breuvage divin (qui devait le rester d'un Testament à l'autre) lui permit de vivre dignement encore trois cent soixante années après une vie bien « emplie ». Signalons aux jeunes œnophiles que les Américains l'appelle NOAH, ainsi que le plan sauvage qu'ils nous offrirent pour nous consoler du phylloxera ; le jus en était blanc et excellent pour les sauces mais délétère pour les neurones !

Jubal est l'inventeur de la flûte et de la lyre ; c'est en quelque sorte l'Apollon juif. Dryden, dont *l'Ode pour la Sainte-Cécile* fut mise en musique par Haendel, nous dit qu'il tendit des cordes sur une conque et que sa tribu se prosternait quand il jouait, croyant que Dieu chantait à l'intérieur du coquillage. On trouve beaucoup d'allusion à la musique – comme au vin, d'ailleurs – dans le livre sacré (plus de mille citations, si l'on en croît les exégètes) et dès la manifestation de Iahvé à Moïse au Sinaï « avec trompe et tonnerre » ; il lui enjoint de faire fondre des trompettes d'argent pour convoquer l'assemblée du peuple. Beaucoup d'allusions au vin (dans le *Livre des Juges* et dans le *Deutéronome*, notamment). Les plus anciennes traditions juives ont identifié l'arbre de vie à la vigne ! La vigne est la propriété de Dieu. Que de belles métaphores : « La sagesse est une vigne aux pousses charmantes » ; « Une brave épouse est une vigne féconde ». Le prophète Isaïe a même écrit un « Cantique de la Vigne » : « Chantez la belle vigne ! Moi, le Seigneur, j'en suis le vigneron ; au bon moment, je l'arrose, pour que ses pampres ne se flétrissent point ». Mais le vin, symbole de joie dans les psaumes de David, est aussi symbole d'ivresse, d'égarement, d'erreur et peut provoquer la colère de Dieu, car il apporte la mauvaise extase, l'oubli de soi et un sentiment païen de fausse transcendance. Dans le Nouveau Testament, le Christ sera une vigne et son sang sera le vin de la Nouvelle Alliance ; les fidèles sont les vignes du Christ [(1)]. « Je suis la vraie vigne » nous chante Pärt.

C'est dans les vergers et les vignes que la Sulamite du *Cantique des Cantiques* invite son bien-aimé à une promenade amoureuse :

Je suis à mon aimé
L'objet de ses désirs.
Viens donc, O bien-aimé,
Sortons dans la campagne,
Passons la nuit dans les vergers ;
Le matin nous irons aux vignes,
Pour voir si les ceps bourgeonnent,
Si les fleurs s'ouvrent,
Si le grenadier s'épanouit.
Là, je te donnerai mes caresses.

Ce poème, attribué au Roi Salomon, est avec les *150 psaumes*, *l'Hymne de Daniel*, *les Cantiques de Moïse* et *Le Livre de Job*, un des sommets littéraires et spirituels de la Bible.

Dans beaucoup de traditions archaïques, le vin est le symbole de la jeunesse et de la vie éternelle : dans le culte de Bacchus, le vin est la boisson de l'immortalité (cf. *Bacchus et Ariane* de Roussel). Comme la musique a été obsédée par la mythologie pendant deux siècles au moins, il faut s'attendre à voir sur scène Jupiter, Junon, Vénus, Neptune, Diane, Apollon, Pluton, Orphée, Mercure, Hercule etc. sans oublier nymphes et satyres, et le dieu du vin, Bacchus. Né de la cuisse de Jupiter comme chacun sait. Contentons-nous de citer quatre œuvres : *Le Festin d'Alexandre* de Haendel (*Bacchus ever fair and young*), le ballet bouffon *Platée* de Rameau (« Chantons, Bacchus » « Charmant Bacchus ») et *L'Enlèvement au Sérail* de Mozart (« Vivat Bacchus ! » que chante Osmin le gardien du sérail, eunuque musulman qui loue Bacchus avec une voix de basse...) et *The First Choral Symphony pour soprano solo, chœur et orchestre op.41* de Gustave Holst (1874-1934) surtout connu en France pour *Les Planètes*. Il y met en musique des extraits de l'*Endeymion* de John Keats :

« Bacchus, jeune Bacchus ! Qu'adviennent le bien ou le mal,
Nous dansons devant lui à travers de vastes royaumes :
Pour le vin, nous suivons Bacchus par toute la terre ;
Grand Dieu des coupes à perdre haleine et de la joie sémillante !
Nous suivons Bacchus ! En vol pour conquérir »

Les Celtes et les Gaulois, qui inventèrent le tonneau, avaient une haute opinion du vin, boisson sacrée et conviviale. Cette tradition fut transmise de génération en génération en Bourgogne, où l'on aima toujours festoyer. Les Ducs de Bourgogne furent les précurseurs de la « grande bouffe » et annoncèrent Rabelais. Citons *Le Banquet du Vœu du Faisan* que commande Philippe le Bon en 1450 pour inciter ses barons et capitaines à l'accompagner en croisade. « Tréteaux en un jardin secret, sous belle feuillade autour d'un rempart de flacons, de jambons et pâtés. Ah ! la saveur d'une carpe au sang de seiche ! » (pour plus de détails : *L'Automne du moyen-âge* de Huyzinga). C'est dans cette tradition que se situent les « chapitres » ou banquets fabuleux du Clos de Vougeot et les intronisations aux grades chevaleresques du Tastevin. Rien d'étonnant à ce que le vin et les prestiges de la table aient inspiré poètes et musiciens au cours des siècles dans tous les pays d'Europe.

Il n'y a pas de banquets ni de noces sans musique (Je signale que *Le Vœu du Faisan* a fait l'objet, récemment, d'un Cd consacré à la musique des Ducs de Bourgogne). Orazio Vecchi, disciple de Monteverdi, termine son *Amfiparnasso* par une noce aussi bien chantée qu'arrosée. Un autre vénitien et padouan, Banchieri, écrit une parodie musicale (ancêtre de l'opéra bouffe) pour célébrer le Jeudi Gras, car à Venise au XVIe siècle, on revenait aux agapes après le Mercredi des Cendres afin d'éviter une rupture brutale dans la consommation ; le Carême commençait ainsi le vendredi. Il est d'usage, même en Allemagne, de composer des « Bancheti Musicali ». Le grand J.S. Bach ne répugne pas à écrire des œuvres profanes : sa *Cantate des Paysans* n'oublie pas les libations. Et son ami Telemann publie trois « Produktionen » de sonates, suites et concerti pour instruments divers sous le titre de *Musique de Table* (Tafelmusik). Après les vendanges, le vin doux coule à flots et favorise les siestes : citons *l'Automne* dans *Les Saisons* de Vivaldi et, plus tard, de Joseph Haydn (chœur célèbre « La liqueur coule dans la joie »). On boit beaucoup dans le *Don Juan* de Mozart (l'air du Champagne est plus connu que le canon à quatre voix *Essen und Trinken*), même avant l'arrivée fatale du Commandeur et dans *L'Enlèvement au Sérail*. Mais c'est chez Rameau que nous trouvons la plus étonnante fête de la vigne et du vin, dans le prologue de *Platée* (que l'auteur a appelé *La Naissance de la Comédie*). Le sujet de ce grand opéra bouffe, le seul de cette importance en France avant *La Belle Hélène* et *Orphée aux Enfers* d'Offenbach est la punition de l'infatigable coureur de nymphes, Jupiter, qui doit faire la cour à Platée, horrible et burlesque naïade des marais au milieu des grenouilles et crapauds qui coassent. Le théâtre représente une vigne de Grèce : on voit plusieurs allées de grands arbres qui soutiennent des treilles : entre les troncs de ces arbres et au pied des coteaux, des chariots pleins de raisins, de grandes cuves et des pressoirs d'où coule le vin dans des baignoires antiques. Thespis, inventeur de la comédie, paraît sur le devant du théâtre, endormi sur un lit de gazon : plusieurs vendangeurs sont occupés dans le fond à porter la vendange dans les cuves. Un satyre :

« Le ciel répand ici sa plus douce influence,
Bacchus a comblé mes désirs,
Coulez, jus précieux, coulez en abondance
Vous êtes l'âme des plaisirs » (Repris par le chœur)

Mais c'est dans les tavernes que les compères attaquent chansons à boire ou canons à plusieurs voix. On connaît aux XVe et XVIe siècles l'importance de la musique franco-flamande (et pourquoi pas bourguignonne ?) qui abonde en chansons vineuses. Avec l'humanisme de la Renaissance, le génie de François Rabelais (1494-1553) en particulier, se manifeste une réelle joie de vivre, voire une santé morale et physique où le vin et la musique tiennent une place de choix. Au chapitre V de *Gargantua* dans « Les propos des bien ivres », Rabelais fait l'éloge du « bien boire » : « Du blanc ! verse tout, verse de par le diable ! Verse deçà, tout plein, la langue me pelle... ». Et plus loin, au chapitre XXVII, il fait dire à Frère Jean des Entommeures qui défend vigoureusement la vigne de son abbaye : « Jamais homme noble ne hait le bon vin » et il met en déroute les pillards de Picrochole. Jean Françaix a illustré magistralement cette scène hilarante. Les musiciens, contemporains de Rabelais, nous ont laissé maint chefs-d'œuvre pour la joie des chorales ; Robert de Visée (le célèbre luthiste) avec *Je gage de boire autant qu'un suisse ;* Roland de Lassus (le grand Orlando vénéré par Ronsard) avec *O vin en vigne, gentil joli vin en vigne, vignon, vigna, vigne sur vigne ;* Jacob Arcadelt avec *Nous boirons du vin claret par aventure s'il est froid* et Gabriel Bataille avec *Qui veut chasser une migraine n'a qu'a boire toujours du bon et maintenir la table pleine de cervelas et de jambon.*

Couperin le Grand en a écrit, et, avant lui, Purcell (*Venez, buvons ; Une, deux, trois, cul sec*) et aussi – je devrais dire surtout – un bourguignon méconnu mais qui connut la gloire, Jean-Baptiste Drouhart de Bousset (1662-1725), natif d'Asnière près de Dijon, chanteur, organiste et compositeur pour la Sainte Chapelle du Palais des Ducs. Il fut vite remarqué à Paris où il fut nommé musicien du roi et de la Chapelle du Louvre. Il publia quarante volumes de musique sérieuse (des motets à grands chœurs) et d'airs profanes dont plus de six cents airs à boire – on vient d'en tirer un « opéra bachique » donné en juillet 2001.

L'un des grands moments dans *Carmina Burana* – à écouter absolument : Carl Orff, mais surtout la version médiévale redécouverte et enregistrée par Clemencic – est un chœur d'hommes « In Taberna quando sumus », dans lequel s'expriment avec vigueur et verdeur de jeunes clercs contestataires, bien que futurs porteurs de bure ; c'est une hymne panorgiaque pour toute l'humanité buvante :

Bibit hera, bibit herus
Bibit miles, bibit clerus...

La dame boit, le seigneur boit ; le soldat boit, le clerc boit. Le valet boit avec la servante ; le blanc boit, le noir boit. L'ignare boit, le docte boit… Cent boivent, mille boivent…[2] – Schubert en fera un chœur pour voix d'hommes D.867 en l'intitulant *Chanson à boire du XVIe siècle* (sic).

Les chansons à boire vont se multiplier au XIXe siècle et au XXe siècle : Schubert, Mendelssohn, Rossini [3], Gounod, Berlioz, Saint-Saëns, Lalo, Moussorgski, Verdi, Puccini, Roussel, Ravel, Poulenc, Chostakovitch… Kodaly a écrit une chanson à boire pour *Hary Janos* (Acte I, scène 8), hâbleur qui prétend avoir fait les guerres napoléoniennes, avoir rencontré l'impératrice Marie-Louise etc.…Hary aide le carrosse impérial à franchir la frontière russe en faisant boire le cocher qui chante à tue-tête l'éloge du vin hongrois et de la cuisine hongroise grâce aux bons poissons du lac Balaton.

Buvons tout notre soûl, mon ami.
Pendant qu'il en reste encore…
Faut battre le fer pendant qu'il est chaud
S'il n'y en a plus dans le tonneau, ne tarde pas,
Remplis le tonneau d'abord, mon brave
Si tu veux calmer ta soif, fais-le aujourd'hui
Hourrah ! ah ! ah ! ah !

Mais c'est le *Falstaff* de Verdi qui fait l'éloge le plus joyeux du vin, du bon vin qui engendre le chant et entraîne le globe dans ses trilles et ses vocalises :

Versons un peu de vin dans l'eau de la Tamise…
La douce chose ! Le bon vin dissipe les sombres pensées ;
Il monte au cerveau où il réveille le forgeron des trilles,
Noir grillon qui chante dans l'homme éméché.
Chaque fibre du cœur trille ; l'éther joyeux frémit à ce trille
Et le globe joyeux bascule dans une démence trillante !
E il trillo invade il mondo !

Le *Don Quichotte* de Ravel lui fait écho avec « Je bois à la joie » (mais il s'empresse d'ajouter « qu'il faut verser de l'eau dans l'ivresse »). Car l'ivresse guette le buveur (ou la buveuse) imprudent ou impudent, comme le poète de *La Reine des Fées* de Purcell – Les fées le châtient en l'obligeant à jouer à colin-maillard afin de mieux le pincer de tous côtés. Ou *La Périchole* d'Offenbach : « Je suis un peu ivre, un peu ivre, mais chut ! faut pas qu'on le dise. Chut ! faut pas ».

L'ivresse est le refuge des mal aimés, des malchanceux, de tous ceux que la vie malmène, que le mal agresse, que l'absurdité ou l'injustice écœure. Tous boivent pour oublier : « Le vin met en fuite tous nos soucis secrets », nous chante Violetta au début de *La Traviata ;* la musique aussi :

Toucher le luth et vider les verres
Sont choses qui vont de pair

nous dit Mahler dans le Trinklied de son *Chant de la Terre*, qui devait s'intituler *Chant de la douleur de la Terre :* « Sombre est la vie, sombre est la mort » pour le poète de l'œuvre musicale la plus sombre qui soit.

Certes, il y a la beauté éphémère pour l'homme qui sait qu'il est mortel mais qui aspire au repos éternel lorsque le soleil de l'amour ne brille plus pour lui, qu'il pleure dans la solitude. Le refuge et l'oubli, c'est le vin qui nous fait signe dans la coupe d'or. Le *Chant de la Terre* se compose de six lieder de Bethge d'après des poèmes chinois du VIIIe siècle. « L'ivrogne au Printemps » boit toute la sainte journée, rêve sa vie dans le vin et n'a que faire du printemps – Li Tai Po (699-762) périt noyé un jour d'ivresse alors qu'il voulait pêcher le reflet de la lune dans un étang ! Il eût mieux fait de s'enivrer du clair de lune, comme le *Pierrot Lunaire* de Schönberg :

Le vin, celui qu'on boit des yeux,
Nuitamment la lune le verse à flots.
Le poète, mû par la piété
S'enivre de ce saint breuvage.
Vers le ciel, il tourne extasié la tête
Et, chancelant, il lampe et lape
Le vin, celui qu'on boit des yeux. (« Mondestrunken »)

La grande œuvre musicale du XXe siècle est, pour notre sujet, *Der Wein* d'Alban Berg sur des poèmes de Baudelaire. On peut se demander si le poète cherchait dans le vin l'oubli et l'évasion, s'il avait déjà songé aux « Paradis Artificiels ». Mais il nous semble que ces poèmes expriment plutôt le réconfort, ayant été composés avant le plan et le titre définitif des *Fleurs du Mal* – Baudelaire fréquentait alors Proudhon et Courbet et partageait l'espoir des révolutionnaires de 1848 en un monde meilleur. Berg n'a retenu que trois poèmes : *L'Ame du Vin* , *Le Vin des Amants* et *Le Vin du Solitaire* . On aime à se rappeler ces strophes inoubliables :

Tout cela ne vaut pas, o bouteille profonde,
Les baumes pénétrants que la panse féconde
Garde au cœur altéré du poète radieux.
(Le vin du Solitaire)

J'allumerai les yeux de ta femme ravie ;
A ton fils je rendrai sa force et ses couleurs
Et serai pour ce frêle athlète de la vie
L'huile qui raffermit les muscles des lutteurs.

En toi je tomberai, végétale ambroisie,
Grain précieux jeté par l'éternel semeur,
Pour que de notre amour naisse la poésie
Qui jaillira vers Dieu comme une rare fleur !
(L'Ame du Vin)

Ce qui nous amène à une troisième sorte d'ivresse : après le vin et la musique, la Femme. Déjà, dans *La Cantate des Paysans* de J.S.Bach, la boisson, la danse, et l'amour jouent les rôles principaux. *Aimer, boire et manger* est la valse la plus enivrante de Johann Strauss ; le titre viennois est plus exactement *Femme, Vin et Chanson* (*Weib, Wein und Gesang*). Ce qui explique que la musique lyrique à son sommet soit plus concernée par l'ivresse amoureuse que par l'ivresse bachique. « Verse-moi l'ivresse », chante Dalila à Samson, un des plus beaux airs que Saint-Saëns ait jamais écrits. N'oublions pas surtout l'ambroisie mystérieuse du philtre de *Tristan et Isolde* de Wagner (La jeune Adina a bien eu tort de s'en moquer dans *L'Elixir d'Amour* de Donizetti !). Rappelons les cinq dernières minutes du drame, le célèbre « Liebestod » : Isolde regarde le corps de Tristan avec une émotion croissante. Et la voix d'Isolde (Inoubliable Kirsten Flagstad !) rivalise alors avec les houles orchestrales, paroxysme de l'art wagnérien, où Tristan devient vague et musique. Ce n'est plus le vin de Falstaff versé dans la Tamise, c'est la petite fiole dérisoire et invincible du philtre qui tombe à la fois dans l'encrier du maître et dans l'océan pour que les éléments enivrés deviennent MUSIQUE. Comme si la musique pouvait naître ... De la coupe aux lèvres ! (4)

Les Éléments

Les Quatre éléments (Symphonie de F.Martin)

Vous avez fondé la TERRE sur des bases solides
Vous l'avez recouverte du manteau de l'OCÉAN
Les MONTAGNES s'élèvent, les VALLÉES se creusent.
Les ARBRES du Seigneur sont pleins de sève
Là vont nicher les oiseaux.
Vous faites des VENTS vos messagers
Et des FLAMMES de l'ÉCLAIR vos servantes.

Psaume 103, musique
de Goudimel et Le Jeune

La Terre

« Ah ! « Le culte de la terre » à l'émergence du printemps !
Barbarie sublime avec son orgie rythmique, son effroi sacré et ses tremblements devant une dignité mythique ; secousse tellurique dans la magie des sons ! »

A propos du *Sacre du Printemps ;*
1913, de C. Höweler

« Les collines et les rochers apparaissent,
Le sommet des montagnes surgit ».

La Création, air de RAPHAËL

Dans la Genèse, Dieu crée les arbres et la verdure mais semble avoir oublié les montagnes et les abîmes. Toutefois, l'arche de Noé échoue sur le mont Ararat et plus tard, bien plus tard, Moïse recevra les tables de la Loi sur le Mont Sinai (1).

Autrement, c'est surtout le rocher qui est évoqué métaphoriquement pour signifier la solidité et la constance de Dieu le père ; surtout dans les psaumes dont une douzaine furent souvent mis en musique dans leur version latine, la Vulgate. Les protestants mirent en musique presque la totalité des cent cinquante psaumes à la Renaissance dans la traduction de Marot et de Théodore de Bèze ; les plus belles réussites musicales et spirituelles sont celles de Claude Lejeune et Lestocart.

La montagne peut être un beau décor sur scène. Le deuxième acte de *la Walkyrie* de Wagner s'ouvre sur un paysage de montagnes sauvages et rocheuses. Tel est le décor qui s'impose pour un dialogue entre Wotan en tenue de guerre, lance à la main, et sa fille préférée Brünnhilde, en walkyrie, elle-même armée.

La montagne, avec ses joies sportives, ski et alpinisme, est un avatar récent de la civilisation. Au moyen-âge et à la Renaissance, la montagne était plutôt un obstacle à la circulation, un repaire d'animaux dangereux ou de pillards redoutés et, géographiquement, une excroissance tellurique plus ou moins monstrueuse. Le poète Pétrarque fut peut être le premier personnage illustre à faire une ascension mais, arrivé au sommet, il se repentit de son péché d'orgueil et redescendit humblement dans la vallée. Sentiment bien inconnu de nos jours où l'on s'enorgueillit de « vaincre » la montagne et d'ailleurs les autres éléments. A l'époque classique, Goethe emmena son ami l'archéologue Winckelman en Italie et lorsque la diligence franchit les Alpes, le savant tira les rideaux pour ne pas voir les effrayants reliefs (2). Goethe, lui, est poète et remarquable dessinateur. Donc les montagnes l'intéresse pour leur géologie, leur beauté et leur valeur symbolique. Il sait, en bon lecteur de Rousseau, que sur les hauteurs « les passions s'épurent » ; les romantiques le savent aussi et Liszt mettra en musique *Über den Gipfeln ist die Ruhe* (c'est sur les cimes que règne la paix) et *Ce que l'on entend sur la montagne.*

Les rochers, escarpements, falaises sont plus intéressants que les sommets car ils offrent un promontoire naturel pour admirer la plaine et ses panoramas (rivières, forêts, lacs, villages), ou bien laissent tomber l'eau des chutes et cascades (cf. *Chant des Esprits sur les Eaux*, Goethe et Schubert).

Avec le Romantisme, les excursions et escalades vont être de plus en plus courantes. C'est en lisant un poème de Körner, *Auf den Riesenkoppe*, que Schubert en mars 1818, revient au genre du lied après l'avoir délaissé depuis novembre. *Sur le Mont des Géants* sera son lied *D.611* avec une joie intarissable au clavier :

« Tout en haut sur les sommets
De tes montagnes
Je contemple avec admiration
Montagne sainte
Qui prend le ciel d'assaut ...

Sa dernière œuvre, terminée en octobre 1828, sera *Le Pâtre sur le Rocher D.965* (Der Hirt auf dem Felsen D. 965), plus un air de concert qu'un lied, et une innovation car il introduit pour la première fois la clarinette dans l'accompagnement. En mars, le cor soutenait le piano dans *Auf dem Strome D.943*. Une cantatrice, Anna Milder, lui avait écrit en 1825 pour lui parler du succès qu'elle avait obtenu à Leipzig avec *Le Roi des Aulnes* et *Suleika*, et surtout pour lui commander une scène ou petit acte musical. Schubert réagit donc avec trois ans de retard et retient son texte, à moitié de Wilhelm Müller (le poète de *La Belle Meunière* et du *Voyage d'Hiver*) et de Helmina von Chézy (la poétesse de *Rosamonde*) :

Quand je me trouve sur le plus haut rocher,
Je plonge mes regards dans la vallée
Et chante.

De la profonde et sombre vallée
L'écho se soulève et monte
De l'abîme.

Plus ma voix porte loin,
Plus claire elle me revient,
D'en bas.

Ma bien-aimée habite si loin de moi
Que je soupire passionnément
Vers elle.

Je me consume de chagrin,
Ma joie s'en est allée,
L'espoir m'a quitté sur cette terre,
Je suis seul ici.

Le chant retentissait avec nostalgie dans les bois,
Avec nostalgie il traversait la nuit,
Attirant les cœurs vers le ciel
Avec une force merveilleuse.

Le printemps approche,
Le printemps, ma joie
A présent je m'apprête
A partir sur les routes.

Une longue introduction est consacrée aux deux instruments avec une clarinette qui déploie ses volutes avec délices. Puis, intervient la soprano (Ah ! Elly Ameling ou Kathleen Battle !) à laquelle la clarinette répond en écho ; fraîcheur et grâce tyrolienne. Soudain, le sentiment de l'absence d'une sublime mélancolie, si schubertien – le musicien fait siens les vers « L'espoir m'a quitté sur cette terre / Je suis si seul ici ». La veille de sa mort il confie à son frère Ferdinand : « Est-ce que je ne mérite pas une place sur cette terre ? » ; c'est alors un changement de tempo et de mesure (on passe du 3/4 au 2/4) et le chant léger de la clarinette s'envole dans une félicité printanière. Que de voyages ratés mais que de voyages rêvés chez Schubert ! Il a trente et un ans et ne connaîtra plus de printemps.

Comment supposer qu'il songe à la mort en octobre ? Le 2 octobre, il annonce à son éditeur Probst qu'il vient de terminer trois grandes sonates qu'il aimerait dédier à Hummel. Il compose un « second benedictus » pour la *Messe en ut majeur D.961*, un *Tantum ergo D.962*, un *Offertoire D.963*, *l'Hymne au Saint-Esprit D.964* (pour chœur d'hommes, quatre solistes et instruments à vents que Diabelli publiera en 1847 !).

Le rocher pour le pâtre est signe de solitude et de sombres pensées mais c'est aussi le belvédère pour survoler la plaine et contempler l'avenir. Dans *Manfred Op.115* de Robert Schumann, le héros de Byron voit l'abîme à ses pieds comme un moyen de disparaître avec la nuit tombante. Il invoque la nuit secrète et demande aux esprits de l'infini d'apparaître ; ils sont quatre comme les quatre éléments et lui demandent ce qu'il attend d'eux :

« Que veux tu de nous
Fils de poussière ? Parle !
....
L'oubli ! Je veux oublier, m'oublier. »

Mais, quand la fée des Alpes lui apparaît et lui demande ce qu'il désire : « Seulement contempler ta beauté » et il s'évade dans son mystère.

Pour l'amateur de musique descriptive (ou touristique) la frustration est grande car comment suggérer l'altitude sinon avec des sons aigus ou des crescendos ou une mélodie discontinue ? Une musique de sports d'hiver pourrait-elle se contenter de glissandos ? Quel ennui ! Mais c'est une gageure pour un musicien de talent et, mieux encore, de génie. Richard Strauss (1864-1949) termina en 1915 une symphonie projetée en 1911 qui devait être le prototype d'une musique à programme déterminée par la peinture sonore – dans le dessein à peine avoué de rendre furieux les puristes, les snobs et les cuistres – *Eine Alpensinfonie* (Une Symphonie Alpestre), une, comme s'il pouvait y en avoir d'autres ! Richard Strauss, c'est avant tout pour l'Allemagne le musicien d'opéras de la première moitié du XXe siècle, le plus grand après Wagner, qu'on aime ou qu'on n'aime pas. Ce qui me remet en mémoire cette remarque à la fois douce et redoutable de Fauré à une dame qui pestait contre *la Mer* de Debussy : « Vous n'avez pas aimé, Madame, mais ça n'a pas d'importance, ça n'a pas d'importance ». Que le mélomane ou petit musicien enrage, ça n'a pas d'importance ; Wagner et Strauss sont indéboulonnables, même si un autre génie comme Debussy ne les aime pas (avec certes des raisons esthétiques personnelles et défendables). Revenons un peu en arrière. Suivant l'exemple de Liszt, le pionnier dans le genre, Richard Strauss écrivit des poèmes symphoniques – forme romantique libre, comme la fantaisie, le prélude, le nocturne, l'impromptu et le moment musical – *Don Juan*, *Till Eulenspiegel*, *Mort et Transfiguration*, *La Vie d'un Héros*, *Ainsi parlait Zarathoustra*, *La Symphonie Domestique* pour citer les plus célèbres. La neuvième œuvre sera une symphonie à programme (comme le fut la première : la *Symphonie Fantastique* de Berlioz) mais comme tout poème symphonique, en un seul mouvement. Même si on porte sur cette musique un verdict esthétique sévère, un auditeur sérieux, à l'oreille exercée, devrait ressentir de l'admiration, voire de la fascination, pour une « peinture » (mais y-a-t-il peinture ?) réalisée avec tant de maîtrise, tant pour les sonorités de l'orchestre que pour la délicatesse des mixtures (pour employer un terme d'organiste), et les valeurs de timbres. Pour l'oreille exercée et imaginative, la venue des ténèbres est un exemple de haute « technique poétique ». Anticipant sur des techniques sonores qui devaient naître à un stade avancé du XXe siècle, Strauss fait tomber un voile sonore tissé de secondes mineures et majeures qui donne l'impression d'un dense et impénétrable assemblage de sons (3). Richard Strauss pousse la provocation en nous assénant vingt-deux titres descriptifs qui courent d'une nuit à la suivante : Nuit – Lever de soleil – Ascension – Entrée dans la forêt – Marche à côté du ruisseau – A la cascade – Apparition – Vers les prairies fleuries – Sur le pâturage – A travers fourrés et taillis – Sur le glacier – Périls – Au sommet – La vision – Les nuages montent – Le soleil s'obscurcit peu à peu – Elégie – Calme avant la tempête – Orage et tempête ; descente – Coucher de soleil – Epilogue – Nuit. Une telle œuvre eût découragé, en son temps, Cherubini qui aima les cîmes au point d'écrire *Eliza ou le voyage aux glaciers du Mont Saint-Bernard*.

Les montagnes peuvent abriter de fausses transcendances. Par exemple, Vénus, dans le *Tannhauser* de Wagner, détourne les pèlerins de leur pèlerinage. Les montagnes abritent parfois des sorcières, comme *Une Nuit sur le Mont Chauve* de Moussorgski ou sont, avec les forêts, l'endroit idéal pour d'horribles sabbats, les *Nuits de Walpurgis* (Mendelssohn, Gounod). Le paradoxe de ces déviances, c'est que sur des hauteurs, on peut connaître les abîmes du mal.

Un abîme, un gouffre, un canyon, des gorges sont des montagnes à l'envers, avec la même puissance de vertige ou d'attrait. Aux USA, nombreux sont les canyons, dont le plus célèbre est celui du Colorado. L'orchestrateur de Gershwin, Grofe, a composé une suite, *The Grand Canyon*, dont le mouvement le plus spectaculaire est la descente à dos d'âne jusqu'au fleuve. Le départ est donné par un braiment au violon, un caprice asinien à la Paganini [(4)]. Il y a aussi les gouffres et les grottes. Didon et Enée dans l'opéra de Purcell s'abritent dans une grotte pendant l'orage ; la même scène est reprise par Berlioz dans *Les Troyens*. Dans le poème que Coleridge écrivit pendant un rêve, *The Pleasure Dome of Kubla Khan*, le fleuve Alphée coule sous le dôme et descend à la mer ; le compositeur américain Griffes en a fait un poème symphonique qui se souvient de l'orchestre debussyste. Mais c'est dans les évocations mythologiques, dont on fut friand de la Renaissance à l'âge baroque, que les entrailles de la Terre, les Enfers, sont le plus souvent évoqués. Orphée descend chercher son Eurydice – que ce soit chez Lully, Gluck, Telemann ou Haydn – et il y démontre le pouvoir de la musique en charmant, non plus les animaux féroces, mais les argousins qui surveillent les malheureux Tantale et Sisyphe. Les supplices et le temps s'arrêtent aux accents de sa voix et de sa lyre. Le dieu Pluton règne aux Enfers et se laisse supplier par Orphée et aussi Admète qui veut revoir sa chère *Alceste* (Gluck). Pollux est inconsolable d'avoir perdu son jumeau Castor et désire pour lui l'immortalité (*Castor et Pollux* de Rameau). Pluton est sévère pour les belles coquettes et dédaigneuses qui ont fait souffrir leurs soupirants dans *Le Bal des Ingrates* de Monteverdi. Bien que régnant sur les morts et les damnés, Pluton a de bons moments avec sa belle épouse Perséphone – mais seulement en automne et en hiver car il doit la rendre à sa mère Demeter au printemps.

Des créatures magiques et souvent maléfiques habitent grottes et cavernes (le roi des montagnes dans *Peer Gynt* de Grieg et le magicien dans *Lulu* de Kuhlau) sans parler de la *Téralogie* de Wagner où Erda joue un rôle si important. Dans une œuvre de Steve Reich *The Cave*, l'effet sonore est tel que le parlé et le musical réverbérés ne se différencient plus. Helmut Lacherman (né en 1935), dans *Musique pour Léonard* reprend un texte de Vinci : « Bientôt montèrent en moi deux choses, la peur et le désir ; peur de la grotte terrifiante et sombre ; désir de voir s'il y avait là rien de mystérieux ».

Mais il y a plus profond encore : le Tartare, le fond de l'univers dans les mythes grecs, placé au-dessous des Enfers (à une distance égale à l'espace qui s'étend entre la Terre et le Ciel). Les Titans et les Cyclopes y furent précipités par Zeus (ou Jupiter) après sa victoire. Le Tartare est devenu synonyme des Enfers où sont châtiés les grands criminels.

Le lied le plus important que Schubert ait écrit en 1817 fut *Gruppe aus dem Tartarus D.583* (Groupe surgi du Tartare) sur le poème de Schiller écrit en 1782 (époque du « Sturm und Drang », « orage et passion ») . Cette composition déborde d'inquiétude, de dramatisme, de contrastes violents, laisse une impression de terreur paralysante. La description furieuse des hommes bannis dans le Tartare annonce déjà Wagner et Wolf. Elle n'a plus rien à voir avec un lied traditionnel au point que Brahms entreprit une instrumentation de l'œuvre pour grand orchestre.

Dans le Tartare, selon certaines versions, et aux Enfers selon d'autres, coulent les deux grands fleuves de la mort : le Léthé qui rejoint les Champs Elysées (fleuve de léthargie où se désaltéraient les âmes des morts pour oublier les circonstances de leur vie), et le Styx dont les eaux noires et glacées avaient des propriétés divines et magiques. Le nom de Styx invoqué dans un serment rendait ce dernier inviolable. Phaëton le prononce devant son père Apollon dans le *Phaëton* de Lully. Dans une aria qui est devenue la plus célèbre de l'opéra *Alceste* de Gluck, l'héroïne, suivant les oracles, veut éviter la mort de son mari Admète en se sacrifiant à sa place ; elle s'adresse alors aux dieux du monde souterrain – « Divinités du Styx ». L'idéal de « simple beauté » que Gluck énonçait dans sa préface de 1767 avait conquis Berlioz dès sa jeunesse ; aussi regrettait-il que la traduction française du texte italien ait tout gâché. Quoi qu'il en soit, l'aria d'*Alceste* fut souvent un modèle pour les lyriques du XIXe siècle (Spontini, Cherubini et Berlioz) qui y virent une noble et touchante supplique, digne des grands tragiques grecs. Les Enfers n'ont pas cessé d'inspirer les musiciens.

Forêts

« T'es-tu promené dans la forêt lorsque les murmures obscurs l'envahissent ? »

Le Pèlerinage de la Rose de SCHUMANN

Les bois et les arbres inspirent les artistes depuis toujours à cause de leur beauté mystérieuse et parfois mythique. D'anciennes monodies grégoriennes nous chantent la création (*Cantique des créatures*). Des chants de bénédictins et de cisterciens évoquent avec fierté et gratitude leurs forêts sans lesquelles ces moines n'auraient pu édifier leurs abbayes et vivre dans le silence et la contemplation.

La forêt inspire le musicien à cause des oiseaux qui la hantent – et qui pour les anciens seraient source de musique ; Lucrèce en était persuadé. Que d'œuvres du moyen-âge à nos jours, de John of Fornsete à Olivier Messiaen et Michel Levinas (Cf. Le chapitre sur le Catalogue des animaux). Certaines sont des mélodies (*Dans un bois solitaire* de Mozart ; *Le Rossignol* de Schubert ; *Raconte Naniouchka* de Moussorgski [1], des chœurs (*Le chant des oiseaux* de Janequin), des opéras (*Les oiseaux* de Bauernfeld ; *Siegfried* de Wagner avec *Les murmures de la forêt ; St François d'Assise* de Messiaen), des pièces pour le clavier (*Scènes de la forêt* de Schumann ; *St François parlant aux oiseaux* de Liszt ; *Le rappel des oiseaux* de Rameau et aussi de Messiaen ; *La conférence des oiseaux* de Levinas), des pages symphoniques (*Scènes de grues* de Sibelius ; *La Forêt* de Ciurlonis ; *Les Pins de Rome* de Respighi ; la symphonie n°1 *La Forêt* de Roussel ; *Les Oiseaux exotiques* de Messiaen...). Les « citations » de chants d'oiseaux sont fréquentes dans les opéras baroques (*La Reine des Fées* de Purcell, *Acis et Galatée* de Haendel), les oratorios (*La Création*, *Les Saisons* de Joseph Haydn) et même des symphonies qui ne se veulent pas descriptives (*La Symphonie Pastorale* de Beethoven, la *Quatrième Symphonie* de Bruckner, *La Troisième*... de Mahler.

Après les oiseaux, c'est la chasse qui, dans les bois, inspire le plus un musicien, ne serait-ce que pour mettre en valeur le cor et le galop des chevaux. Au moyen-âge, les passe-temps recherchés par les chevaliers sont le tournoi et surtout la chasse. La chasse permet de développer une connaissance approfondie des animaux, de leur comportement (animaux chassés et animaux chasseurs), donc les sciences naturelles. Et les traités de chasse apparaissent, signés par des aristocrates (parfois de réputation douteuse) : le *De arte venandi cum avibus* (L'art de chasser avec des oiseaux) de Frédéric II, ou *La Vènerie* de Gaston Phoebus. Les musiques les plus intéressantes nous viennent d'Italie avec, entre autres pionniers du madrigal, Francesco Landino (né vers 1330) – fils d'un disciple de Giotto – qui écrit une *Chasse* (caccia), canon à deux voix avec double sens érotique et Giovanni da Firenze pour son *Con bracchi assai* (avec de nombreux chiens et faucons) qui se termine à cause de la pluie diluvienne dans les bras d'une petite bergère. Dès la Renaissance, le clavecin se risque à l'évocation des chasses à courre (*La Chasse Royale* de Bull). Mais c'est l'orchestre qui, à l'âge baroque, profitera de la moindre apparition sur scène de Diane pour se donner des allures de chasse ; à l'opéra dans *Hippolyte et Aricie* de Rameau ou la cantate *Diane et Actéon* du même Rameau. Les cordes seules évoquaient la chasse dans *L'Automne* de Vivaldi mais combien plus convaincants sont l'orchestre et les chœurs de Haydn dans *L'Automne* de ses *Saisons*. Les Taïauts et l'hallali du marquis de Dampierre entrent, dès le règne de Louis XV, dans le répertoire rituel et traditionnel des chasses à courre – et fournissent la musique des trompes qui célèbrent Saint Hubert.

Avec le Romantisme et Carl-Maria von Weber pour commencer, la forêt n'est plus seulement un milieu naturel où les oiseaux chantent, où l'on chasse ; la forêt devient une « atmosphère » avec sa magie primitive et fantastique, voire viscérale, des premiers âges. Il n'y aura pas d'autres *Freischutz* mais la leçon aura été donnée. Connaissez-vous *La Chasse Royale* avec orage dans *Les Troyens* d'Hector Berlioz ? Page symphonique luxuriante qui, pour Dukas, aurait été conçue comme intermède « à la Weber » (2).

Malgré notre admiration, voire notre culte pour Schubert, nous passerons sur les lieder consacrés à la chasse – *Chant de chasse D.521*, *Chant nocturne du chasseur D.368*, *Le chant d'amour du chasseur D.909*, *Le chasseur D.795* – Ce dernier, qui est le n° 14 de *La Belle Meunière*, est le moins intéressant du cycle ; quant au chant d'amour, il présente au piano des imitations de cor qui sont pittoresques mais sans grande originalité. *Le Chasseur Maudit* de César Franck est musicalement un poème symphonique digne des meilleurs de Franz Liszt et, poétiquement, il s'inspire d'une ballade du « Sturm und Drang » ; assurément la plus fantastique de Bürger avec Lénore. Bürger a dû lui-même s'inspirer de légendes populaires, courantes en Europe, dans lesquelles un seigneur commet le sacrilège de quitter la messe pour suivre le démon dans les bois où erre, dit-il, un énorme sanglier. Quelle que soit la variante, le seigneur disparaît à jamais (3).

Les *Gurrelieder* (1911) d'Arnold Schönberg participent du même climat médiéval avec, en plus, un poème historico-légendaire de Jacobsen (1847-1885), que Rilke admirait et tenait pour son mentor spirituel. La légende est fondée sur un fait historique : l'amour secret du roi de Danemark Waldemar IV pour la jeune Tove (petite colombe). La reine Helwig, jalouse, serait responsable de sa mort. La composition, tant sur le plan vocal qu'orchestral, est somptueuse et rapproche cet oratorio profane du *Das klagende Lied* de Malher ou de la symphonie chorale *Kul-*

lervo de Sibelius. L'histoire se déroule au château danois de Gurre, d'où le titre de l'œuvre. A la mort de Tove, Waldemar s'en prend à Dieu puis, dans la troisième partie, la « chasse sauvage » s'ébranle. La représentation de ce sortilège de minuit remonte à de vieilles traditions germaniques. Le chant nocturne de Waldemar semble surgir de tombes oubliées, dans un grondement de tubas wagnériens :

« Debout , vassaux chers au roi Waldemar !
Ceignez votre glaive de rouille taché,
Allez dans l'église chercher les écus
Peints de figures sauvages et horribles,
Tirez de vos chevaux les cadavres puants,
Recouvrez-les d'or, piquez leur paresse,
Vous êtes appelés à guerre :
Aujourd'hui c'est le départ des morts.

Suit alors un furieux postlude orchestral, le plus puissant sans doute depuis la scène des vassaux du *Crépuscule des Dieux* de Wagner. Dans un bref épisode apparaît un paysan qui voit passer la chasse sauvage : reflet du surnaturel dans la terreur impuissante de la créature. Le sortilège s'interrompt. La voix de Waldemar retentit. Les cordes entonnent le motif de Tove, un des sommets du lyrisme germanique fin de siècle depuis *La Walkyrie* et *Tristan et Isolde*. Les arbres de la forêt deviennent des harpes éoliennes :

« La voix de Tove bruit dans le bois,
Les yeux de Tove sont sur le lac
Et son sourire est sur les étoiles,
Son sein blanc, c'est ce nuage...
Les sens sont en lutte pour la saisir,
Les pensées courent vers son image ;
C'est que Tove est ici et Tove est là,
Tove est tout près et Tove est si loin.
Tove, est-ce toi, par un sortilège
Enchaînée à la beauté du lac et de la forêt ?
Vois, mon cœur, bien que mort s'agite et se gonfle,
Tove, Tove, Waldemar te désire.
(Tove, Tove, Waldemar sehnt sich nach dir !)

La voix de la femme aimée envahit les bois puis rayonne dans le cosmos, amour passionné et d'un érotisme panthéiste. Pour compléter l'allégorie, il ne manque plus que le feu. Or, nous l'avons dans *La Forêt Enchantée* (1754) de Francesco Geminiani (1687-1762), musicien italien qui se fixa en Angleterre, joua du violon devant George Ier et fut accompagné par Haendel. Il s'agit d'un ballet pantomime tiré de *La*

Jérusalem délivrée du Tasse (1544-1595) et centré autour de la magicienne Armide (version Renaissance de l'antique Circé). Armide a inspiré des musiciens pendant trois siècles : Lully d'abord, puis Gluck ; à l'époque classique Haydn ; au XIXe siècle Lekeu, Dvorak et au XXe siècle, Tcherepnine, dans un ballet, lui aussi. Sans les musiciens, qui se serait intéressé au chef-d'œuvre du Tasse, mis à part quelques universitaires spécialisés ou auteurs de thèses ? Le sujet évoque surtout les amours d'Armide et du chevalier Arnaud (en italien Rinaldo) devenu son prisonnier. Lorsque celui-ci, délivré des sortilèges qui le retenaient loin de ses compagnons, se dispose à la quitter, Armide ensevelit sa douleur sous les ruines de son palais enchanté. Dans *La Forêt Enchantée*, nous avons une variante car il s'agit d'un autre chevalier, Tancrède (mort à Antioche en 1112), dont Le Tasse fit le modèle du héros. Nous sommes dans la fameuse forêt de la magicienne Armide. Le poème débute par une description de ces lieux mystérieux, situés non loin du campement des chevaliers chrétiens devant Jérusalem. Chaque nuit, sorcières et démons s'y rencontrent pour célébrer de terrifiantes orgies. Le Roi des Démons, Démogorgon, a juré de chasser les Croisés en les accablant de chaleur et de sécheresse.

Lorsque le héros Alcaste s'aventure seul dans la forêt, il se heurte à une citadelle en flammes, dont les remparts sont défendus par des griffons et des dragons. Enfin, Tancrède, quittant son lit de souffrances (il vient de tuer sa bien-aimée Clorinde au cours d'un duel, à la suite de la tragique méprise immortalisée par Monteverdi dans son *Combattimento*), affronte à son tour la citadelle en flammes. Mais les flammes s'écartent devant lui, et il parvient à une clairière au centre de laquelle se dresse un unique cyprès en forme de pyramide. Alors qu'il commence à l'abattre, du sang jaillit de l'écorce tandis que la voix de Clorinde l'accuse de double meurtre.

A présent, la chaleur suscitée par Demogorgon augmente de plus en plus, accablant jour et nuit les Croisés, desséchant les rivières, flétrissant arbres et plantes, faisant périr de soif les animaux. Devant tant de fléaux, une partie de l'armée chrétienne se mutine et prend la fuite. Sur l'injonction d'un pieux anachorète, Godefroi de Bouillon implore la pitié divine. Enfin, la pluie tombe, mettant fin à la terrible sécheresse et éteignant du même coup l'incendie maléfique de la Forêt Enchantée.

Tel est l'épisode fantastique qui sut enflammer l'imagination de Francesco Geminiani, et auquel nous devons l'une des partitions les plus singulières et les plus attachantes du XVIIIe siècle, heureusement ressuscitée aujourd'hui (depuis 1967).

Un conte de chasseur peut devenir une allégorie politique si le contexte s'y prête. C'est le cas d'une cantate que Bela Bartok écrivit en 1930, *Cantata profana* ou *Les Cerfs ensorcelés* que Serge Moreux nous fit découvrir il y a un demi-siècle. Un père avait neuf fils ; ils habitaient ensemble dans un district forestier de la montagne et ne savaient que chasser. Un jour ils partent sur les frayés d'une troupe de cerfs et tombent bientôt sur le chef de harde, lequel est enchanté ; ils tirent sur lui, le manquent et, pour punition de leur sacrilège, sont changés en cerfs ; ils n'en ressentent que de la joie puisqu'ils peuvent aller et venir maintenant en toute liberté. « Nos larges ramures veulent les vallées... nous buvons aux sources ». Ils sont heureux car ils sont libres.

Le compositeur traite ce premier panneau dans un style ample de symphonie avec chœur où l'écriture par imitation est aussi inextricable et harmonieuse que les forêts des Carpathes où se passe la scène. Le père, inquiet de l'absence prolongée de ses fils, prend son fusil et va à leur recherche. Soudain, il aperçoit les bêtes, épaule, mais l'une d'elle s'écrie :

> « O père ! Garde-toi de tirer car de nos bois nous te percerions et te rejetterions au loin, de prairie en prairie.
> « Revenez ô mes fils, votre mère vous attend, elle est seule, revenez, le festin est servi.
> « Non, nos ramures ne passeraient pas la porte. Désormais nos pieds fouleront le thym, désormais nous ne boirons plus dans un verre mais aux sources pures ; nos corps élancés sont faits pour marcher nus ».

Certains éléments sont d'un art frappant : le rythme propulsant l'introduction et manifestant la quête du père angoissé, la fugue qui suit, la progression surveillée de l'extrême grave à l'extrême aigu de la voix de ténor à partir des mots : « Ne tire pas » jusqu'à : « nous te rejetterions de prairie en prairie », le sentiment dramatique du dialogue.

Dans la troisième partie les chœurs, tantôt ensemble tantôt séparément, reprennent les phrases importantes qu'a chantées le frère aîné et l'œuvre se conclut sur la phrase clé : « Désormais nous boirons aux sources pures ».

Cette cantate est politique dans son dessein secret : le Maître, en écrivant son poème, protestait contre les limitations que faisait subir à la liberté le pouvoir personnel du Régent Horthy, limitations insupportables pour le démocrate intraitable que Bartok fut toujours. C'est un hommage à la liberté d'où cette expression des musicologues hongrois contemporains : « Notre cantata profana à nous ». On comprend maintenant pourquoi la *Cantata Profana* fut très rarement exécutée et pourquoi notre compositeur en parlait avec une tendresse particulière.

« Cette œuvre étonnante par sa densité, son pathétisme si sourd, si profond qu'il semble calme, son écriture serrée et sans défaillance, nous montre les conséquences des récentes méditations du Maître sur les « Passions » de Jean-Sébastien Bach. » (Serge Moreux dans *Bela Bartok* – 1955)

Le conte sylvestre le plus merveilleux qui soit dans l'histoire de la musique – en tout cas, unique dans la littérature d'opéra – est *La Petite Renarde rusée* de Leos Janacek (1884-1928). Le forestier fait la sieste.

Des animaux et des insectes dansent ; un blaireau fume la pipe ; une libellule bleue exécute une danse aérienne ; les mouches valsent autour du forestier. Une grenouille, effrayée par la renarde, saute sur le nez du dormeur. Réveillé en sursaut, le forestier réussit à attraper la petite renarde et s'en va avec elle sur son bras. L'entrelac des thèmes de la forêt, les rythmes contrasté des danses, l'invention orchestrale d'une géniale diversité en font un conte musical qui n'a d'égal que *L'Enfant et les Sortilèges* de Ravel.

La forêt peut être un labyrinthe qui peut ensevelir, voire dévorer le promeneur égaré comme un ogre s'il ne fait pas sa provision de cailloux blancs ! Isabelle Aboulker, en songeant aux mini-opéras de Britten, a écrit *Le Petit Poucet* (dans le cadre du Festival des Forêts de Picardie), un pur chef d'œuvre salué par le Monde de la Musique.

Parmi les pages d'orchestre énumérées en début de chapitre, nous choisirons les plus rares et les moins connues. Tout d'abord Albert Roussel (1869-1937) qui, à trente sept ans, écrivit son *Poème de la Forêt*. Il est vrai que cet officier de marine suivait encore les cours de Vincent d'Indy. Ce poème est en fait sa 1ère Symphonie. Les teintes hivernales sont rendues par un cor anglais, une clarinette chante sa plainte mélancolique. Puis c'est le renouveau et, pour conclure, un soir d'été avec faunes et dryades. C'est donc une symphonie sur les quatre saisons en forêt.

Un titre suffit à Sibelius pour évoquer les vastes forêts sombres émaillées de lacs. Valse triste des lacs sous les nuées de nacre. Les seize mille vers de l'ancienne légende finnoise du Kalevala nourrissent cette musique nationale. Près de la Finlande, nous avons découvert un compositeur estonien, Tormis, mais la Lituanie a eu, elle aussi, son compositeur et son peintre, Mikalojus Konstantinas Ciurlonis (1875-1911), dont le Musée d'Orsay a accueilli quelques toiles – quatre cents autres étant restées au musée de Kaunas qui porte son nom et lui est consacré. Ce peintre, ami de Kandinsky et de Diaghilev, est un symboliste qui, en musique comme en peinture, sait créer « une atmosphère de rêve ». Le musicologue Landsbergis – qui est aussi Président de la République de Lituanie ! – a écrit plusieurs ouvrages sur ce créateur à l'esprit faustien (passionné par les langues vivantes et mortes, la géologie, la chimie, l'astronomie, les courants philosophiques anciens et modernes). Il a dit de ce Mozart lituanien : « Ciurlonis avait le don rare de concentrer des idées multiples et très variées dans très peu d'espace pictural et très peu de temps musical ». Dans son poème symphonique *Dans la forêt* qu'il écrivit en 1900-1901, Ciurlonis donne le ton d'une sensibilité nationale à travers une évocation de la forêt. Les accords feutrés du début doivent être, selon sa définition, « aussi doux que le murmure de nos pins ». Pas de programmes mais une musique d'atmosphère, partagée entre la paix éternelle de la nature et l'univers interne, plus tourmenté, de l'humain. Ciurlonis nous confie : « O, qu'elle est belle notre Lituanie, belle de sa modestie, de sa loyauté, de sa peine. Il n'y a ici ni montagnes soutenant les nuages, ni cascades tonnantes. Regardez vous-même l'élégiaque simplicité tout autour de vous. La plaine, tel un soyeux tapis bigarré de couleurs vert sombre et clair, traversée d'un chemin serpentant joyeusement pour se perdre plus loin en fossé. Au bord de la route, une croix, à côté du plaintif bouleau. La forêt bleutée, très loin à l'horizon. Approchez-vous d'elle et vous entendrez dans son bruissement secret une vieille, vieille légende. Et ses murmures retracent d'une voix ténébreuse les antiennes des pleureuses ». (Traduction par Madame Vaicaitis, directrice de la Maison des Pays Baltes à Champigny).

Plaines et Steppes

« Que la terre produise de la verdure, des herbes portant semences »

(Genèse, 11)
Aaron COPLAND dans *In the biginning*

Dans le premier récit de la création, Dieu fit le firmament, puis sépara la terre des eaux afin de la couvrir d'arbres et de verdure dès le troisième jour, alors que le soleil et la lune sont l'œuvre du quatrième jour, ce qui choque notre logique ! Mais le livre sacré n'est pas – Dieu soit loué – un manuel de sciences naturelles. Comme tout promeneur, Dieu ne put se contenter longtemps de paysages en noir et blanc ; il eut le divin désir de se mettre au vert en créant plaines et forêts verdoyantes, arbres dont les fruits sont seulement des semences colorées puisqu'il faudra attendre les cinquième et sixième jours pour que des créatures y goûtent.

Le musicien, avant de composer, est un promeneur, un contemplatif qui admire les spectacles de la nature ; spectacles qui, directement ou indirectement par le biais de la littérature, lui inspirent des musiques ou des chants. Profanes ou sacrés ? Qu'importe ! Le beau est sacré. Une abbesse du mont Sainte Odile chantera devant un jardin fleuri, réplique du jardin d'Eden, un « hortus deliciarum » (Jardin des Délices). Après les paradis terrestres de Verlaine, sept siècles plus tard, Gabriel Fauré nous offre un paradis céleste avec *La Chambre d'Eve :* « Dans ma prière du matin, il est un grand et beau jardin... ». Jardin entouré par une haie d'aubépines blanches et fermé par une porte d'or. Si le jardin de Ravel à la fin de *Ma Mère l'Oye* est un jardin des enchantements, celui de Fauré est « un nocturne jardin tout rempli de silence », un jardin de délices, « hortus conclusus » – jardin clos – auquel le *Cantiques des Cantiques* compare la fiancée et qui est une miniature du Paradis, verger de musique et poésie.

Un clerc ou jeune moine paillard chantera la vertu d'une herbe tendre pour qu'une belle soit tentée d'y perdre la sienne (*Carmina Burana*). Les amoureux ont toujours su que le « bonheur est dans le pré » et nos chansons populaires s'y émoustillent ; telle *Chanson limousine* de Maurice Ravel, ou un berger invite sa Jeannette à profiter de l'ombre d'un pré enclos, « il ôte son manteau et fait seoir Jeannette et Jeannette a tellement joué qu'elle s'y est oubliée ». Le poète s'y prend plus élégamment, *Mignonne allons voir si la rose*, et un Guillaume Costelet en fait un madrigal raffiné – d'autant que Ronsard ne pouvait envisager un poème sans musique. Ah ! Les promenades au bord des ruisseaux chez Schubert ou chez Beethoven (dans l'andante de sa *Symphonie Pastorale*), voire au bord du « torrent qui grondait près de moi » (Brahms, Op. 35), ou d'un *Beau Danube Bleu* (Johann Strauss, ou Brahms, Op. 52), ou de *La Moldau* (Smetana) ou du Dniepr (Moussorgski)... Cueillir des fleurs au bord d'un ruisseau peut être périlleux ; pensez à la fiancée d'Hamlet ! Les poètes pleureront la douce Ophélie, pâle comme un lys, les peintres raphaélistes la feront flotter parmi les nénuphars, un bouquet sur la poitrine, et Hector Berlioz composera *La Mort d'Ophélie* sur ses propres vers. Bizet mettra sa musique sur les vers de Lamartine et ce sera *Chant d'Amour :*

« Laisse-moi parsemer de roses
La tendre mousse où tu t'assieds,
Heureux le gazon que tu foules
Et le bouton dont tu déroules
Sous tes doigts les fraîches couleurs.

La rose est la fleur qui exprime le mieux la splendeur circulaire, centre de mysticité (cf. *Le Nom de la Rose*, d'Umberto Ecco). Aussi en trouve-t-on beaucoup chez Fauré : *La Rose*, *Les Roses d'Ispahan* et, sur les poèmes de van Lerberghe, les *Roses ardentes* et les *Roses Blanches* de la *Chanson d'Eve :*

« O beau rosier du Paradis
Beau rosier aux milliers de roses...
beau rosier du jardin clos !

Les romantiques ont souvent célébré la reine des fleurs mais c'est Berlioz qui, dans *Le Spectre de la Rose* (*Nuits d'Eté*, sur des poèmes de Théophile Gautier) a écrit une mélodie que Jankélévitch eût qualifiée d'ineffable. Une énumération serait fastidieuse mais citons tout de même *Le Pèlerinage de la Rose* de Robert Schumann et *Le Chevalier à la Rose* de Richard Strauss.

Les jardins, les prairies, les champs nous jouent une symphonie du printemps, symphonie sacrée pour les grecs et les romains. La fille chérie de Déméter (ou Céres), Perséphone, cueillait des fleurs des prairies lorsqu'elle fut ravie par Pluton, roi des Enfers, qui en fit sa femme. Déméter menaça d'assécher la terre si Pluton ne lui rendait pas sa fille six mois par an. Stravinsky a écrit une cantate peu connue, *Perséphone*, sur un long poème d'André Gide :

« Reste, reste avec nous, reste avec nous,
Princesse Perséphone.
Reste avec nous, ta mère Déméter,
Reine du bel été
T'a confiée à nous parmi les oiseaux et les fleurs,

Les baisers des ruisseaux, les caresses de l'air ;
Vois le soleil qui rit sur l'onde !
Reste avec nous, reste avec nous,
Princesse Perséphone,
Reste avec nous dans la félicité.
C'est le premier matin du monde ».

Moissons, récoltes, cueillettes, vendanges sont les « fruits de la terre et du travail des hommes » et nous sont décrites et vantées par les poètes anciens Hésiode et Virgile, dans *Les Travaux et les Jours*, *Les Eglogues*, *Les Bucoliques*, etc. Les hommes sont suivis dans leurs travaux d'une saison à l'autre par les poètes, les chroniqueurs, les peintres, les sculpteurs (cf. les signes du Zodiaque et les travaux correspondants sur le tympan de Vézelay) et bien sûr les musiciens, de l'époque du chant grégorien aux trouvailles insolites de John Cage sous le titre de *Saisons*. Les *Saisons* de Vivaldi, celles en latin de Marc-Antoine Charpentier, celles de Haydn. Puis des versions pour piano, *Les Saisons* de Tchaïkovski, pour orchestre, *Les Saisons* de Glazounov, *Les Saisons* de Koechlin pour voix et piano. L'œuvre la plus intéressante est sans conteste l'oratorio de Joseph Haydn (1801) sur un texte de Thomson (1730) auquel s'attela notre compositeur après *La Création*, à son retour de Londres où il avait découvert le génie de Haendel. Chaque saison est une longue cantate pour solistes (paysans, paysannes), chœur et orchestre qui décrit, parfois avec pittoresque, les travaux de la campagne et se termine par une action de grâces. Dans « Le Printemps », la nature s'éveille. Simon va semer et sa fille Anna chante que les champs sont beaux. Dans « L'Eté », le berger fait sortir son troupeau, le chœur célèbre le lever du soleil dans un crescendo magistral. Il fait très chaud et un orage se déclenche (prototype de l'orage de *La Symphonie Pastorale* avec les éclairs à la flûte et le tonnerre aux timbales). « L'Automne » récompense le labeur de ses nombreux fruits, célèbre les vendanges et le plaisir de la chasse. « L'Hiver » est plus intimiste ; les récits au coin du feu, les brouillards, l'hospitalité pour les chemineaux...

Il serait intéressant de suivre les saisons dans la musique occidentale. Le printemps a la faveur des poètes et des musiciens depuis le moyen-âge, où la voix féminine et le reflet du désir amoureux dans la nature sont la source même du lyrisme roman. Au XIIIe siècle, la voix féminine exprime d'abord l'invitation à aimer qui émane de la nature et des chants d'oiseaux au printemps. Le printemps, c'est le réveil de la nature, l'éclosion et l'épanouissement des fleurs éphémères qui nous renvoient à notre précarité – l'un des thèmes récurrents de la poésie à la Renaissance en France, en Italie, en Angleterre ; *Les Amours* de Ronsard tentent des musiciens de haut niveau comme Costelet et surtout Antoine de Bertrand. Le printemps va littéralement envahir la musique au XIXe siècle de Schubert à Mahler ; que de lieder sur le « Frühling » ou le « Monat Mai » chez Schubert (au moins dix !), Schumann, Mendelssohn et

Brahms... Debussy célèbre le renouveau dans une cantate de jeunesse *Salut Printemps ;* Britten musique une anthologie de la poésie anglaise dans sa *Spring Symphony* (Symphonie du Printemps) et Stravinsky révolutionne la musique en 1913 avec l'orgie mythique, rythmique et orchestrale du *Sacre du Printemps.*

L'été sera surtout l'occasion de fêter les ardeurs du soleil (cf. le chapitre sur le Feu) et les sons et lumières des orages (cf. le chapitre sur le Tonnerre).

L'automne sera chez les classiques, épris de poésie antique, la saison des récoltes, fruits du mariage de la terre et du soleil (cf. à nouveau Charpentier, Vivaldi et Haydn).

Dans les campagnes avant la seconde guerre mondiale, on demandait à Dieu de protéger les récoltes ; c'était les rogations. Pendant les trois jours qui précédaient l'Ascension le curé du village, assisté de deux ou trois enfants de chœur, allait bénir les champs et emblavures ; parfois des membres de la Confrérie Saint-Isidore – patron des laboureurs – faisaient procession derrière la statue du saint. Dans les pays saxons et anglo-saxons, on préférait remercier Dieu après les moissons et les récoltes et ainsi rendre grâces. Thanksgiving Day n'est-il pas une fête nationale aux Etats-Unis ? Schubert a écrit une mélodie presque folklorique *Erntelied D. 434*, dansant et joyeux avec son accompagnement en staccato mais qui n'a rien de commun avec l'énergie spirituelle de Haydn dans *Les Saisons*. Il nous faut sauter un siècle et aller en Nouvelle Angleterre, dans le Connecticut, pour découvrir le génie – peut-être le seul – de la musique américaine, Charles Ives (1874-1954) qui, dès avant 1918, anticipa tous les langages nouveaux du XXe siècle pour exprimer un pays et une culture. Toutes ses œuvres marquantes ont été enregistrées, *Trois Paysages de la Nouvelle Angleterre*, *Washington's Birthday* et la *Holidays Symphony* dont les quatre parties (consacrées aux quatre grandes fêtes chômées américaines) reconstituent le cycle des saisons ; on peut y ajouter ses mélodies, sa musique de chambre, sa monumentale *Sonate Concord* pour le piano, ses *Psaumes* n° 24, 67, 90, 100 et 150 et ses *Harvest Home Chorales* (« Hymnes familiers pour les moissons) qui, dès 1898, ont la saveur, la densité, l'audace harmonique et rythmique de Milhaud ou Honegger [(1)].

A l'époque romantique, l'automne aura des couleurs de deuil ou de désespérance (*L'automne D.945* de Schubert), d'incurable mélancolie chez le *Solitaire en automne* (*Chant de la Terre* de Gustave Mahler) et de tristesse diffuse chez Verlaine et ses musiciens Fauré et Debussy (« Les sanglots longs des violons », « Il pleure dans mon cœur... »). L'Hiver sera effectivement l'absence de Perséphone, le sommeil de la terre et le symbole de la mort (cf. *Le Voyage d'Hiver* de Schubert) mais aussi l'évocation de Noël [(2)].

Après ces remarques sur les saisons, il nous faut revenir au musicien impatient de chanter la nature, de l'exalter, de la prendre pour confidente ou consolatrice :

« Ce matin je suis allé à travers champs,
La rosée était encore suspendue aux brins d'herbes,
Le joyeux pinçon me lança :
« Hé toi là ! Bonjour ! Hé toi là ! N'est-ce pas vrai ?
Le monde n'est-il pas beau ? N'est-il pas beau le monde ?
Claironne le ! Joliment et lestement !
Ah ! comme j'aime le monde ! »
(Zink ! Zink ! Schön und flink !
Wie mir doch die Welt gefällt !)

Gustav MAHLER – *Chants d'un compagnon errant*

Mahler se retirait dans une cabane, dans le silence des bois, pour écrire ses symphonies. Il eut l'idée de consacrer sa *Troisième Symphonie en ré mineur* (1895) à la création, l'appelant d'abord « Mon gai savoir » en hommage à Nietzsche puis « Rêve d'un matin d'été ». Les sous-titres des mouvements auraient été : 1 – Pan se réveille, l'été fait son entrée ; 2 – Ce que me racontent les fleurs des prés ; 3 – Ce que me racontent les animaux des forêts... Mais il supprima tout programme qui aurait pu détourner l'auditeur de la musique même. Il est certes plus facile de partir de poèmes ou de livrets lorsqu'on veut exprimer la réalité avec des sons, mais un titre évocateur suffit à diriger notre imagination. La peinture musicale de la nature se contente d'impressions, d'harmonies, de rythmes, de timbres devant des vues panoramiques de plaines verdoyantes ou fleuries, traversées de ruisseaux ou émaillées de lacs, séparées par des forêts. Cela nous suffit, à moins que ces vues ne servent de cadre à un récit, à une légende, à une histoire particulière.

Le sujet est si vaste qu'il faut éviter le risque de lasser avec de nombreuses citations, forcément arbitraires et lacunaires. Il est sans doute plus intéressant d'explorer les plaines et vastes étendues d'Europe Centrale, d'Asie et des Amériques afin d'y découvrir des musiques typiques et topiques.

A la surface du globe nombreux sont les déserts que le prophète a omis dans les desseins de Dieu ; le désert serait-il un non-sens, un vide dans la Genèse ? Le désert n'est présent en musique que dans des livrets d'opéras ou d'oratorios, à titre symbolique car on ne saurait le représenter avec des sons : *Les Israëlites au Désert* de C.P.E. Bach, *Mathis le Peintre* d'Hindemith (avec les ermites Paul de Thèbes et Saint Antoine), *Moïse et Aaron* de Schoenberg... *Déserts* de Varèse pour grand orchestre, percussions et bande magnétique se veut évocation de solitudes immenses et inhumaines. Dans *Des Canyons aux Etoiles,* Messiaen nous invite au voyage dans les merveilles du monde américain, les canyons de l'Utah ; de ces splendeurs nous nous élançons vers les étoiles du ciel visible et par-delà jusqu'à la vision du ciel chrétien. Ce voyage commence dans le « désert », symbole de silence et d'isolement, conditions indispensables pour la contemplation du mystère suprême : l'homme au sein de la créa-

L'été

Hommage à KOECHLIN

MONTAGNES

Sur les Montagnes est le repos

Hommage à LISZ

tion [3] « comme une mère pour son enfant, le désert doux et muet m'accueille en son sein » (*Psaumes de Pénitence* de Schnittke, 1934-1998).

Dans *Les Voiles du Silence* de Chamouard, l'unité de l'être se révèle dans le silence du désert, « le Sphinx de Giseh dit : le grain de sable est un désert, le désert est un grain de sable. A présent, regagnons le silence ». Il en va autrement pour celui qui n'a pas une âme d'ermite ; le vieux tzigane dans *Aleko* de Rachmaninov (composé à dix-neuf ans !) se lamente : « Nos tentes nomades ne peuvent éviter le malheur même au fond du désert ».

Comme la savane et le désert, la steppe a fait rêver les savants des sciences humaines – géographes, climatologues, ethnologues, folkloristes, historiens... – avec ses étendues monotones à l'herbe drue, aux arbres rares, et ses populations le plus souvent mouvantes (du moins à l'origine). Mais comme « la musique est la suprême butée des sciences humaines » pour Levi-Strauss, on peut se demander s'il est bien sérieux d'oser parler de la musique des steppes. En fait, nous sommes plus au courant de l' « Art des Steppes », terrain vaste mais bien « débroussaillé » par les spécialistes. On peut trouver un point commun entre l'art et la musique des steppes, dans la mesure où une population nomade se déplace aussi naturellement avec des chants qu'avec des bijoux ou des parures de guerriers.

Ayant choisi de privilégier la musique savante occidentale, je m'étendrai peu sur le folklore ethno-musical qui en est la source plus ou moins lointaine. Le folklore anonyme des régions steppiques ou semi-steppiques nous aurait obligé à constituer une anthologie savante et très spécialisée des expressions vocales, dont la plupart ont un registre, une intonation, une phonation et un timbre en marge de nos systèmes musicaux. Citons quelques exemples seulement car leur description phonétique, linguistique et leur mode d'émission sont d'une grande complexité et n'aident en rien notre imagination auditive ; il faut écouter (cf. *Les Voix du Monde*, enregistrées par Chant du Monde et le CNRS). Nous avons choisi la Hongrie, la Géorgie, la Mongolie et la Terre de Feu.

La Hongrie maintient fièrement sa musique tzigane et élit son roi selon une antique tradition – citons au passage le plus prestigieux, Toki-Horvath et sa « banda » de la puszta –. Le cymbalum, qui inspira souvent le piano de Franz Liszt, y joue un rôle aussi important que le violon avec son lyrisme spontané de rhapsodie. Depuis longtemps, la musique tzigane a conquis le monde du spectacle, du cabaret et du disque ; c'est à dire que sa commercialisation lui fait souvent perdre son authenticité. Allons plutôt chercher le vrai folklore du folk pour le folk à l'est et en Amérique latine.

Dans la partie steppique de la Géorgie on peut encore entendre des polyphonies étranges pour les enterrements, avec des cris de douleur, alors que des pleureuses surgies de la nuit des temps s'adressent aux morts et transmettent leur parole aux vivants. En Mongolie, où la flûte

« limbe » est utilisée par les bergers qui paissent leurs troupeaux dans la steppe, les chanteurs ont de tout temps imité cet instrument avec une technique acrobatique de la voix dite « le jeu de la flûte par le nez ». On y rencontre aussi – comme dans la République Russe de Tuva – « le chant diphonique » qui consiste à faire ressortir une mélodie pentatonique avec des harmoniques. (La cavité pharingo-bucale sert de caisse de résonance à volume variable, permettant de sélectionner des harmoniques afin d'obtenir une mélodie). Cette diphonie a tenté certains compositeurs américains contemporains en mal d'ingéniosité à tout prix. Dans la partie semi-steppique de l'Argentine, en Terre de Feu, les chants de chamane font alterner une phonation vocalique qui accentue l'expiration avec des syllabes parlées-chantées dénuées de toute signification.

Avec l'histoire de la musique, le problème se complique car il faut distinguer la musique folklorique et la musique savante, même si celle-ci peut s'inspirer de celle-là. La musique est, pour ainsi dire, une sécrétion naturelle dans un environnement steppique, à quelque époque que ce soit. La musique savante occidentale – depuis le XIXe siècle avec l'évolution de l'orchestre, de l'harmonie et la recherche de certaines couleurs nationales – va utiliser la steppe comme prétexte à des évocations, à des tableaux sonores, ou comme le décor d'opéras, dans lesquels on évoque un personnage mythique ou la déréliction.

Nous allons faire un tour du monde en musique, en nous arrêtant sur des steppes qui ont sécrété ou suscité une musique originale : Asie Centrale, Sibérie, Ukraine, Syrie, Roumanie, Hongrie et, de l'autre côté de l'Atlantique, la Pampa et la Prairie. Pour ne pas surcharger notre propos, nous passerons rapidement sur les Tziganes, venus vraisemblablement des steppes occidentales de l'Inde. Leur musique s'est intégrée à la musique de Hongrie et de Roumanie (steppe de Baragan). Leurs homologues espagnols, les Gitans, se retrouvent dans les marismas. Tziganes et Gitans se rencontrent annuellement en Camargue aux Saintes-Maries-de-la-Mer et y échangent leurs mélopées, leurs danses et chants d'amour et de mort. Citons aussi pour mémoire la Syrie. Des musicologues y ont exhumé des musiques anciennes mais ils les ont malheureusement arrangées, sans doute pour les besoins commerciaux du disque, au point de les défigurer, car il en est de la musique naturelle comme des ailes d'un papillon dont les couleurs collent aux doigts du collectionneur indélicat.

Comme le mot steppe est russe, il nous faut tout de suite parler de l'œuvre la plus célèbre, avec *Le Prince Igor* d'Alexandre Borodine (1833-1887) : *Dans les Steppes de l'Asie Centrale*. Dans une région d'Asie Centrale retentit pour la première fois une chanson russe. On entend l'approche d'une caravane, puis une mélopée orientale. Un convoi d'indigènes passe, escorté par un détachement russe. Leurs chants s'unissent avant de se perdre dans le lointain. Tel est en résumé le programme joint à la partition. Les paraphrases alternées des deux mélodies sur un fond rythmé, traduisant la marche de la caravane, suivent un crescendo couronné par une superposition contrapuntique aussi grandiose qu'habile. Cette union du monde russe et du monde oriental est le reflet de la personnalité de Borodine, fils naturel d'un prince caucasien et d'une mère russe, éduqué à Saint-Petersbourg et également attaché aux traditions musicales de ses deux origines. Signalons que Borodine composa peu car ce musicien, d'une importance comparable à celle d'un Moussorgski ou d'un Rimski-Korsakov, fut professeur de chimie à l'Académie de Médecine.

Quand on parle des steppes de l'Asie Centrale, l'historien pense inévitablement à ces deux grands conquérants que furent Gengis Khan et Tamerlan. Ce dernier n'a guère tenté que Haendel pour l'un de ses grands opéras.

Franz Liszt (1811-1886), créateur du poème symphonique, admirait Borodine au point de diriger ses œuvres à Weimar en première audition. Liszt fit du piano un immense cymbalum pour glorifier la musique tzigane mais n'écrivit pas à proprement parler de la musique des steppes. Par contre, il a célébré deux héros d'épopée : Mazeppa et Attila dans *La Bataille des Huns*, prétexte à musiquer des chevauchées, avant celles de son illustre gendre Richard Wagner. Il y a toujours eu, depuis le moyen-âge, de la musique descriptive, chorale ou instrumentale ; il y a même eu de la musique à programme – juste avant Liszt, *La Symphonie Fantastique* de Berlioz et, bien qu'il s'en défendît, *La Symphonie Pastorale* de Beethoven – mais ce fut Liszt qui introduisit les compositions pour orchestre en un seul mouvement désignées sous le titre de poèmes symphoniques, œuvres en aucun cas purement figuratives et qui ne sont valables musicalement que si elles peuvent être appréciées sans le programme – tel était l'avis de Liszt et de Richard Strauss qui entra dans la gloire avec ce genre d'œuvre. D'ailleurs, Liszt ne mit jamais en avant une série d'événements particuliers que l'auditeur était sensé identifier ; chacun de ses poèmes a pu être suggéré par un autre art, peinture ou littérature. Tel est le cas de *Mazeppa* – célébré par Byron, Pouchkine, Hugo [(4)] et peint par Géricault. Ce Hetman des cosaques sous le règne de Pierre le Grand, fut ligoté par ses ennemis à un cheval sauvage qui lui fit traverser les steppes de l'Ukraine. Tchaïkovsky en fit un opéra (un happy-end toutefois : Mazeppa vainquit ses adversaires et épousa une princesse !). Dans un poème symphonique, il faut un titre qui laisse vagabonder l'imagination au gré des sons, « la musique exprimant tout en général et rien en particulier », nous dit et redit Schopenhauer. Le musicien se laisse guider par une lecture et écrit la musique de « son » cinéma : des actions rythmées dans une prose imagée, par exemple. C'est le cas pour *La Bataille des Huns* [(5)].

L'origine des Huns a suscité et suscitera sans doute toujours d'âpres controverses entre spécialistes, nous confie Kirchner dans le prologue du *Maître des Steppes*. Les Huns seraient une branche des Hioung-Nou, peuplade turque qui avait fondé en Haute-Asie un immense empire, écrasé aux environs de notre ère par les chinois de la dynastie Han. Les Huns nomadisaient alors dans les steppes du nord de la mer d'Aral. Ils les quittèrent vers l'an 375, pour faire irruption en Ukraine où ils détruisirent l'empire Goth. Ce fut cet événement qui, par carambolages successifs, provoqua les Grandes Invasions, comme chacun sait. Trois quarts de siècle plus tard, les Huns sont installés dans la plaine hongroise. L'instinct nomade de ces Asiates répugnait à la vie sédentaire et puis leurs pérégrinations étaient une nécessité. Car malgré les trésors que beaucoup avaient amassés dans les pillages, la plupart des Huns continuaient à être tributaires, pour leur existence quotidienne, des troupeaux de moutons noirs, de yacks, de chameaux et surtout de chevaux ! De ces chevaux mongols, descendants directs de l'équidé primitif (cf. l'exposition du Museum de Dijon, 1996), des chevaux doués d'une résistance leur permettant de courir de longues distances sans faiblir et de vivre dans des conditions où eussent péri tous leurs congénères. Rien d'étonnant à ce qu'un musicien puisse être inspiré par un récit de la bataille des Champs Catalauniques (451) où les frères ennemis Attila et Aetius s'affrontèrent : « Ils atteignaient le sommet arrondi de la colline, lorsque devant eux surgirent des tresses flottant dans le vent comme des queues de comètes, des têtes de chevaux et des lances. Attila, en effet, considérant ce relief comme la clé de la bataille, avait ordonné à des escadrons huniques de l'occuper dès le début des opérations. Les deux groupes en plein élan n'eurent ni la possibilité d'esquisser une manœuvre, ni même de ralentir leur course. Elles s'abordèrent de front dans un vacarme de cris, de hennissements et de métal froissé. Les hargneux petits chevaux mongols mordaient au poitrail les bêtes romaines qui se cabraient pour essayer de s'en débarrasser à force de ruades... » – Des peintures comme les célèbres batailles d'Issos et de San Romano auraient pu inspirer la même musique.

Un autre Hetman, chef élu des Cosaques Zaporogues (c'est à dire Cosaques au-delà des rapides) Tarass Boulba, fut célébré par Tolstoï, Cholokov et surtout Gogol en 1835. Les Cosaques – du turc kazakh ou hommes libres – étaient à l'origine des paysans d'Asie Centrale qui, fuyant toute sujétion militaire, occupèrent les steppes de la Russie méridionale au XVe siècle. Le « Tarass Boulba » de Gogol a inspiré au musicien tchèque Leos Janacek (1854-1928) son œuvre la plus populaire au concert. Résumons l'histoire. C'est un épisode de l'histoire des guerres entre Polonais et Cosaques. Le chef de ces derniers Tarass Boulba a deux fils Andréj et Ostap. Pendant le siège d'une ville polonaise, Andréj apprend que la jeune fille qu'il aime y demeure. Ils se rencontrent et la Polonaise, fille du commandant militaire, abuse de son pouvoir sur Andréj et l'attire dans les rangs ennemis. Les assiégés font une sortie et le fils se trouve face à face avec son père qui lui commande : « Reste immobile ; je t'ai engendré, je te tuerai ». Le fils attend avec calme le coup fatal qui l'abat. Son frère Ostap est fait prisonnier et condamné à mort par les Polonais. Tarass se déguise pour assister à l'exécution capitale. Sous les tortures, Ostap s'écrie : « Mon père, où es-tu ? Me vois-tu ? » Et au milieu du silence général, un cri : « Je te vois ! Je te vois ! » . Toute la foule en frémit d'émotion et Tarass parvient à s'enfuir. Il meurt peu de temps après dans la bataille. Cette œuvre de Janacek est plus une rhapsodie qu'un poème symphonique à trame continue et serrée. Elle comprend trois morceaux de genre, baignant au milieu d'une atmosphère barbare. Ils traitent, l'un de la mort d'Andréj, l'autre du supplice d'Ostap, le troisième de la mort de Tarass sur le champ de bataille. Œuvre émouvante, âpre et captivante par ses motifs mordants, dont l'allure est encore avivée par le lyrisme de certaines de ses parties.

Ne quittons pas la Russie avec sa steppe où l'on déportait les dissidents politiques bien avant les goulags. On sait que Dostoïevski fréquentait, vers le milieu du XIXe siècle, le groupe libéral de Petrachevski et fut condamné à mort. Mais à la dernière minute, au moment où la salve allait être tirée, arriva la grâce du tsar. Déporté au bagne d'Omsk, il y resta deux ans, de 1847 à 1849. De ce bagne en Sibérie témoigne son œuvre la plus célèbre de son vivant, « Souvenirs de la Maison des Morts ». Soixante dix ans plus tard, Leos Janacek en tira son dernier opéra. Le deuxième acte commence sous un ciel livide au bord de l'Irtysh, dans la steppe kirghise. Un chant s'échappe d'une yourte (hutte mongole depuis Attila). Certains prisonniers réparent un bateau, d'autres maçonnent. On entend le bruit métallique des outils, des pioches et des pelles. De longues tenues d'harmoniques des violons dessinent la ligne d'horizon. Les flûtes, en quintes parallèles – évocatrices d'espace, de vide – scandent de petites notes détachées. C'est l'immensité, dans la clarté très blanche des étés nordiques [(6)].

Quittons l'Europe et l'Asie pour les Amériques où nous attendent les immenses plaines de la Pampa et de la Prairie – il s'agit bien sûr, comme précédemment, des terres originelles qui se sont révélées d'une haute fertilité au cours des siècles – l'une avec ses gauchos, l'autre avec ses cow-boys. Aux Etats-Unis, comme en Argentine, le folklore est riche ; les poètes s'en emparent, puis les musiciens.

Pour le mélomane français, la musique d'Argentine, c'est celle des villes, de Buenos-Aires surtout, avec les tangos de Gardel, de Piazolla et Beytelman et des pianistes de stature internationale – Arrau, Barenboim, Argerich, Gelber... Mais comme le Brésil avec Villa-Lobos, l'Argentine a son maître incontesté, déjà un classique en son propre temps, Alberto Ginastera (1916-1983) dont la première période nationaliste (1938 à 1947) comporte une série d'œuvres qui s'inspirèrent du folklore : *Deux chansons op. 3* sur les poèmes de Ferman Silva Valdes, *Cinq Chansons Populaires op. 10* sur des poèmes de Silvana Ocampo et *Pampeana op. 16* » Prenons un exemple dans l'opus 11, *El Mediodia* (Midi) qui nous transporte dans une estancia de la Pampa (je donne ma traduction) :

« Je n'oublie pas l'orage vénérable, ni les oiseaux, ni les innombrables espèces botaniques.

Mais je peux endormir la brebis, fatiguée par les vers, avec un fil noir attaché à l'oreille.

La monotonie m'est toujours fidèle, les heures qui s'écoulent lentement sont remplies d'entretiens discrets.

Tout en remplissant des paniers de fruits, avec des voix sentencieuses à l'ombre et une mélancolie qui m'étreint.

Les sombres casoars et les porches me craignent. Je commence le rituel de la sieste ; elle m'attend doucement emplie d'amour et d'éloquence. »

Avec l'immense Prairie américaine – au sud du Canada, entre le Mississipi et les Rocheuses – c'est la légende de l'Ouest qui nous est familière par la littérature et surtout le cinéma : les convois de chariots, les indiens, les ranchs, les cow-boys, ces rois du lasso, du rodéo et aussi de la gâchette qui ont fait la gloire du western. Les amateurs ne peuvent oublier la musique de film (celle de Young, par exemple pour « Johnny Guitar » est un modèle du genre ainsi que celle de « Rio Bravo »). Mais n'oublions pas non plus les ballets d'Aaron Copland, *Rodéo* et *Billy the Kid* qui ont enthousiasmé l'Amérique d'avant-guerre. Dans les aventures et épreuves de la « frontier », la chanson anglaise ou irlandaise garde parfois sa musique mais les paroles doivent s'adapter. Un exemple frappant : *The Streets of Laredo*, qui est à l'origine un air anglais sur un pauvre hère mort de la syphilis dans un hôpital de Londres.

Dans ce monde darwinien où s'impose la loi du plus fort, l'homme, plus éphémère que jamais, est seul dans les immensités d'une Prairie qui n'est pas faite pour lui. Les premiers pionniers ont la vie dure, jusqu'au désespoir parfois. La loi de préemption de 1841 prévoyait que tout chef de famille ou célibataire de plus de vingt et un ans pouvait prétendre à une concession de cent soixante acres (environ soixante cinq hectares) de domaine public. Vivant dans des habitations de fortune – cabanes en tourbe qui s'écroulaient parfois sous les orages diluviens – beaucoup avaient la nostalgie de l'Est qu'ils regrettaient d'avoir quitté, ainsi qu'une jeune fille qu'ils aimaient mais avaient abandonné par goût du gain et de l'aventure. Tandis que le fermier sédentaire faisait halte dans sa marche vers l'Ouest, les pionniers exploraient les grandes plaines et découvraient qu'elles constituaient un excellent pâturage ; ils y établissaient de vastes ranches pour l'élevage du bétail et c'est ainsi qu'un immense territoire devint le royaume du légendaire cow-boy. C'était le plus souvent un homme jeune et célibataire qui, sans cesse à cheval, menait vendre son troupeau au Mexique. Voici un vieux succès de Peter Seeger, *Greer County Bachelor :*

Le célibataire de Greer County

Mon nom est Tom Hight, je suis un vieux célibataire,
Vous me trouverez là-bas dans l'Ouest, dans ce fameux pays,
Vous me trouverez là-bas dans l'Ouest tiré à quatre épingles
Crevant de faim sur ma concession gouvernementale.

Hurrah pour Greer County ! Pays prodigue
O pays des punaises, des sauterelles et des puces
Je chanterai ses louanges. Je dirai son éloge,
Tout en crevant de faim sur ma concession gouvernementale.
Mes vêtements sont en loques, mon langage rude,
Mon pain de la fouace bien dure et coriace,
Pourtant je suis heureux et je vis à mon aise,
De sorgho, de mélasse et de fromage.

Ma bicoque est bâtie de la tourbe nationale,
Ses murs sont érigés à la va comme J'te pousse,
Son toit n'a pas de faîte, il est plat et sans pente,
Je suis trempé quant il se met à pleuvoir.

Hurrah pour Greer County !...

Comme je suis heureux quand je me glisse au lit !
Un crotale vient tout près me siffler un air,
Un joyeux petit mille-pattes pas du tout effarouché
Folâtre sur mon oreiller et s'aventure dans mon oreille.

Alors vous tous qui tenez une concession, tenez bien le coup
Rongez votre frein jusqu'à ce que vous soyez édenté et chauve,
Quant à moi, je ne resterai pas plus longtemps
A crever comme un chien sur ma concession gouvernementale.

Hurrah pour Greer County ! là où soufflent les blizzards,
Où le soleil jamais ne se couche et les puces jamais ne crèvent,
Je chanterai ses louanges ...

Adieu Greer County ! Adieu à l'Ouest,
Je m'en retourne à l'Est vers la fille que j'aime tant,
Je m'en retourne à l'Est pour prendre femme,
J'ai mon compte de fouace pour le restant de mes jours.

Peter Seeger chante ces vielles ballades en s'accompagnant du banjo mais dans les années 60, stimulés sans doute par l'enregistrement stéréo et la musique de studio des westerns sur écrans panoramiques, des arrangeurs modernisèrent l'accompagnement pour lui donner plus d'expressivité ; il faut reconnaître – si l'on n'est pas un puriste – que le résultat est convaincant lorsque le chanteur a une belle voix et du style. Le représentant le plus populaire de cette époque fut Johnny Cash qui sortit une série de disques noirs légendaires qui font à présent la joie des collectionneurs. Johnny Cash voulut devenir un vrai pionnier de l'Ouest en s'identifiant historiquement et physiquement au paysage :

« Comment me suis-je préparé ? J'ai suivi des pistes à pied. J'ai dormi sous des buissons de bouteloue et dans des creux. J'ai entendu les coyotes, cherché des pépites dans les vieux torrents, resté des heures assis dans un ancien cimetière indien, respiré le vent d'ouest, et écouté les histoires qu'il raconte à ceux qui l'écoutent. J'ai remplacé une stèle de bois sur la tombe d'un type qui n'avait pas réussi à atteindre l'Arizona... J'ai été secouru un jour par des rangers, mourant de faim ; j'ai appris à lancer le couteau et à tuer un lièvre à quarante mètres, pas pour le sport mais parce que j'avais faim. C'était une obsession : j'ai appris la façon de vivre du Far West, même si les gens que je chante ont disparu. C'est le même ouest, sauvage, brûlant, inimaginable tant que vous ne l'avez pas parcouru à pieds. »

Les écrivains ont chanté *La Prairie*, de Fenimore Cooper (que le romantique Franz Schubert lisait peu de temps avant sa mort, à la grande surprise de ses amis) à Pénélope Williamson dans son dernier roman récemment publié *Le Cœur de l'Ouest*. Mais aussi les poètes, entre autres Carl Sandhurg (1878-1967) dont *La Prairie* inspira le compôsiteur Léo Sowerby (1895-1968). Cet organiste et compositeur de musique sacrée – le premier musicien américain qui eut les honneurs du Grand Prix de Rome en 1921 et du Prix Pulitzer – sut exprimer dans un poème symphonique richement orchestré, la poésie des grandes plaines. Je donne la traduction d'une partie seulement du long poème de Sandhurg :

« Je suis né dans la Prairie, et le lait de son blé, le rouge de son trèfle, les yeux de ses femmes, m'ont donné un chant et un slogan.

Ici, les oies grises parcourent cinq cents miles et reviennent en cacardant, le vent sous les ailes, à la recherche d'un nouveau foyer.

Ici, je sais que ne désirerai rien d'autre qu'un lever de soleil ou une lune de feu redoublée par les eaux d'un fleuve.

La Prairie chante pour moi avant midi et je sais que la nuit je me repose à l'aise dans les bras de la Prairie, sur le cœur de la Prairie...

O fille de la Prairie, celui qui te quitte n'a que des coquelicots à qui parler, celui qui pose un baiser d'adieu sur tes lèvres et ne revient pas.

Il y a un chant aussi profond que les cenelles d'automne, aussi long que la terre noire où nous allons,

L'éclat de l'étoile du matin sur les maïs, la ligne ondulante de l'aube sur le val des froments...

O Mère Prairie, je suis l'un de tes enfants ; j'ai aimé la Prairie comme un homme au cœur criblé de douloureuses amours.

Ici, je sais que je ne désirerai rien d'autre qu'un lever de soleil ou une lune de feu que redoublent les eaux d'un fleuve. »

Le seul intérêt du sujet traité, pour insolite qu'il soit, et aussi exigu que la steppe est illimitée, est de permettre au mélomane de découvrir ou redécouvrir des chefs-d'œuvre le plus souvent négligés. Pour le reste, on ne peut que constater une mélogénèse qui demeure un mystère. Toutefois, nous avons pu distinguer deux sortes de musiques des steppes. Il y a celles qu'inspirent un poème, un roman, une œuvre d'art, un personnage, une légende ou une page d'histoire ; en bref, une chiquenaude de l'inspiration pour le compositeur qui doit ensuite jouer le jeu et s'y conformer avec la maîtrise du genre musical qu'il a choisi : pièce instrumentale, poème symphonique, mélodie, cantate ou opéra. Il y a les musiques « natives » – si le terme nationaliste paraît trop fort – de musiciens culturellement et physiquement concernés par leur steppe dont les horizons illimités lancent un appel ancestral aux aèdes de l'errance ; par leur steppe qui est pour eux une nature musicalement naturante avec ses chants sécrétés dans les temps les plus lointains, dont ils se font l'écho. En fait, dans leur originalité au sens premier du terme, ils sont les cas particuliers d'une tendance générale dans l'histoire de la musique et rejoignent une cohorte de musiciens dont le modèle est la nature, source toujours renaissante de musique – nature, nation, natif, naître ne sont-ils pas mots de même famille ? Certes, l'art ne se contente pas, pour Debussy, d'imiter la nature et la musique qui est l'art le plus libre doit chanter les correspondances mystérieuses de la nature et de l'imagination. Pour Olivier Messiaen, le compositeur face à la nature oublie la complexité de son langage et se met à parler, tant son amour est grand, comme un rêveur et promeneur solitaire :

« La nature, c'est là que réside pour moi la musique : la musique libre, anonyme, improvisée pour le plaisir, pour saluer le soleil levant, pour séduire la bien-aimée, pour crier à tous que la branche et le pré sont à vous... pour bercer sa fatigue et dire adieu à telle portion de vie quand descend le soir. »

Dans ce cas, nul besoin d'intermédiaire littéraires, historiques ou artistiques , si exaltants qu'ils soient. Les oubliés des folklores des steppes ont pensé comme Messiaen, tout comme Borodine, Copland, Ginastera et... Johnny Cash.

Un des mystères de la musique, c'est de nous tirer et attirer vers des « ailleurs » [1] ou de nous ramener vers les « ailleurs » qui ne sont le plus souvent qu'en nous-même. La définition de saint Augustin est bien connue « Musica est ars bene movendi », dans laquelle il faut voir un jeu de mots fécond : « émouvoir » et « mettre en mouvement ». [2] La musique, art du temps, est aussi l'art du mouvement et de l'émotion. Il n'est donc pas étonnant que musique et voyage « marchent » si souvent ensemble : voyages réels ou imaginaires, rêves ou désirs de voyage, voyages fabuleux ou héroïques, souvenirs de voyages ont inspiré les compositeurs depuis quatre siècles. Mais aussi pèlerinages, exils, aventures ponctuées de départs, d'adieux, de regrets et de retours. Mais encore d'errances et promenades pour fuir le monde, se fuir ou se retrouver. [3]

Comme nous terminerons dans le « grave », commençons dans l'allegro », dans la légèreté et l'inattendu. Un voyage prévu peut être interrompu ou ne pas avoir lieu, situation fâcheuse mais parfois source de divertissement. Je pense au *Voyage à Reims* de Rossini. Une quinzaine de V.I.P. se rendent au couronnement de Charles X et s'arrêtent à l'auberge de Plombières. Ils doivent y rester malgré eux à cause d'une panne de diligence. Ils se distraient comme ils le peuvent : en devisant, en buvant, en flirtant et en chantant leurs hymnes nationaux. Lorsqu'apparaît le chemin de fer, c'est l'enthousiasme pour certains [4] (le peintre Turner) mais c'est la déception, voire le dégoût pour d'autres comme Rossini. Le « Cygne de Pesaro » a composé une petite suite humoristique pour piano : un petit train de plaisir comico-imitatif qui figure dans ses albums *Péchés de ma Vieillesse :* montée en wagon, en avant la machine, sifflet satanique, déraillement, douleur aiguë des héritiers...[5]

Soyons sérieux. Il y a trois phases dans un voyage que les musiciens ont souvent traitées : le départ, l'éloignement et le retour. Le départ peut-être joyeux comme celui du chevalier de la *Belle Maguelonne* de Brahms pour qui les « voyages forment la jeunesse » ; ou celui du *Voyageur Amoureux* de Hugo Wolf sur un poème d'Eichendorf : il s'agit d'une lettre qui n'a pas dû combler de joie la bien-aimée ;

> « Je pars en calèche
> Tu es si loin de moi
> Là où elle me conduira
> Je serai toujours près de toi. »

Les adieux sont nombreux en musique instrumentale (la sonate *Les Adieux op.81* de Beethoven, la symphonie *Les Adieux* de Haydn, *Adieu* de Halffter...) mais surtout lorsqu'il y a un texte ou un livret (la musique peut aller au-delà des mots, nous dit Debussy, mais il faut que les mots y conduisent). Il peut y avoir de faux départs ; voici le plus génial qui soit : celui de Guglielmo et de Ferrando dans le *Cosi Fan Tutte* de Mozart. Ils feignent de partir à la guerre afin d'éprouver la fidélité de leurs fiancées Dorabella et Fiordiligi. Les deux couples échangent des adieux prolongés d'une grande beauté (« Tu m'écriras chaque jour ») commentés avec force sarcasmes par le philosophe sceptique Alfonso, instigateur du stratagème. Ce quintette est un des sommets de l'opéra mozartien.

Les adieux au pays natal sont dramatiques en cas d'exil. Dans le premier opéra moderne, *Le Couronnement de Poppée* de Monterverdi, Octavie, épouse répudiée de Néron fait ses adieux à Rome « Addio Roma ». Ces adieux sont plus connus que ceux du madrigal à 5 voix *Addio Florida Belle* du Livre VI. Ce lamento est aussi émouvant que celui d'Ariane.

L'exil est parfois volontaire, une fuite pour échapper à des lieux, à un être…par exemple « In der Ferne » (Au loin), « Abschied » (Adieu) dans *Le Chant du Cygne D.957* de Schubert.

« Plains le malheureux
Qui fuit de par le monde
Qui arpente les terres étrangères
Oubliant sa patrie, haïssant son foyer,
Abandonnant ses amis
Nulle bénédiction, hélas !
N'accompagne ses pas »

Au Loin, poème de Rellstab

Dans *Adieu*, le poète refuse à son cœur défendant toute tristesse, dans ses yeux comme dans ses chants et pour ne pas faiblir lance son cheval sans se retourner. Schubert, dans une de ces chevauchées dont il est maître, enfile les six strophes dans un esprit de ballade.

Adieu de Ludwig Rellstab

Adieu, ville animée et gaie, adieu !
Déjà mon cheval piaffe d'un sabot joyeux ;
Voici mon dernier salut, je pars.
Tu ne m'as encore jamais vu triste, n'est-ce pas ?
Eh bien ! je ne le serai pas en te quittant.

Adieu, arbres, jardins si verts, adieu !
Déjà mon cheval suit le ruisseau argenté,
Voici l'écho lointain de mes chants d'adieux.
Jamais vous n'avez entendu de triste chanson ?
Eh bien ! vous n'en entendrez pas pour mon départ.

Adieu, aimables jeunes filles, adieu !
Que regardez-vous par vos fenêtres fleuries et parfumées
De vos yeux espiègles et ensorceleurs ?
Comme de coutume je me retourne et vous salue,
Mais je ne ferai pas tourner bride à mon cheval.

Adieu, soleil bien-aimé, tu te reposes maintenant, adieu !
Déjà paraît au ciel l'or scintillant des étoiles.
Ah ! comme je vous aime, petites étoiles au firmament !
Vous et moi, nous parcourons le monde tout à l'entour,
Et partout vous nous montrez fidèlement le chemin.

Adieu, petite fenêtre à la lumière vacillante, adieu !
Tu m'éclaires si intimement de ta lueur timide
Et nous invites si amicalement dans la maisonnette.
Hélas ! j'ai si souvent chevauché devant la porte,
Serait-ce aujourd'hui la dernière fois ?

Adieu ! Etoiles, voilez-vous de gris, adieu !
Cette lumière triste et chancelante de la petite fenêtre,
Etoiles innombrables, vous ne pourrez jamais la remplacer
Allons ! je ne dois pas m'attarder, il me faut partir.
A quoi bon me suivre encore si fidèlement ?

L'exil politique est chose courante, malheureusement (*L'Exilé* de Rossini sur un poème de Torre et *L'Exilé* de Verdi sur un poème de Solera, « L'exilé est seul condamné aux larmes ») mais plus rare est l'exil de tout un peuple : dans la Bible, la captivité des hébreux à Babylone sous le roi Nabuchodonosor (cf. *Nabucco* de Verdi). Le psaume 136 *Super Flumina Babylonis* débute par un rappel de l'exil : les juifs sont assis, pensant à la patrie absente, pleurant le long des canaux qui sillonnent la Babylonie. Les harpes se taisent et sont suspendues aux peupliers de la rive. Les ennemis ont la cruauté de demander aux exilés de leur chanter un cantique de Sion. Ce psaume a inspiré un bon nombre de musiques, du grégorien à John Foulds, en passant par Goudimel, Lassus, Dumont et Giroust.

Sur les bords des fleuves de Babylone, nous étions assis tout en larmes
Au souvenir de Sion.

Nous avions suspendu nos harpes
Aux saules de ce pays.
Car ceux qui nous avaient déportés nous réclamaient un cantique,
Et nos oppresseurs exigeaient une hymne de joie :
« Chantez-nous donc un des cantiques de Sion ! »

Comment pourrions-nous chanter un cantique au Seigneur
Sur une terre étrangère ?
Si je t'oublie, Jérusalem,
Que ma main droite se paralyse !
Que ma langue reste attachée à mon palais,
Si je ne garde pas ton souvenir,
Si je ne mets pas Jérusalem
Au premier rang de mes joies.

Contre les fils d'Edom, souvenez-vous, Seigneur,
Du jour où tomba Jérusalem,
Quand ils s'écriaient : « Détruisez,
Détruisez-la jusqu'à ses fondements ! »
Fille de Babylone la dévastatrice,
Bienheureux celui qui te rendra le mal que tu nous a fait !
Heureux celui qui saisira tes petits enfants
Pour les écraser contre le rocher !

Dans les *Cantigas* (1953-1954) de Maurice Ohana – titre inspiré par les *Cantigas de Santa Maria* d'Alphonse Le Sage (XIIIe siècle) – on est frappé par le n° 2 *Cantique de l'Exilé ;* l'exilé est Jésus pendant la fuite en Egypte ; Marie console l'enfant qui pleure : « Tais-toi maintenant Seigneur ». Cantique de tendresse écrit au XVe siècle par Frère Montesino.

Les romantiques ont traité tous les aspects du voyage. Dans le lied allemand, le voyageur songe souvent à ceux qu'il a laissés : cf. les *Deux Chants de Voyage* (Reiselieder) de Mendelssohn [(6)]. Quant au retour, il se fait à bride abattue, de préférence dans le vent d'automne, pour retrouver la bien-aimée. Les deux retours les plus célèbres sont *Le Retour d'Ulysse dans sa Patrie* de Monteverdi et le même événement dans *Pénélope* de Gabriel Fauré (et pour les amateurs de musique nordique le retour de *Peer Gynt* de Grieg). La fin de l'opéra de Monteverdi est la plus belle musique pour le plus beau texte qui soit. Pénélope remercie les cieux, invite les vents et les oiseaux à l'allégresse « Car en ce jour béni, mon Phénix adoré, est rené de ses troyennes cendres ». Le duo d'amour scelle les retrouvailles des deux époux mythiques sans mièvrerie, sans mélodrame convenu mais dans la vérité des cœurs et la sublime union de la poésie et du chant (poésie d'un poète inconnu à ce jour) :

PENELOPE
Resplendissez, ô Cieux,
Reverdissez, prairies, soufflez joyeusement, ô, brises !
Que le ramage des oiseaux
Et le murmure des sources célèbre en fin l'allégresse !
Que cette végétation verdoyante
Et ces flots enchanteurs soient enfin consolés

Car, en ce jour béni, mon Phénix adoré
Est rené de ses troyennes cendres.

PENELOPE

Illustratevi, o Cieli
rinfioratevi, o pratri, aure, gioite !
Gli augelletti cantando,
i rivi mormorando or si rallegrino
Quell' erbe verdeggianti.
quell'onde sussuranti or si consolino,
già ch'è sorta felice
Dal cenere troian la mia fenice.

PENELOPE, ULYSSE

O, mon soleil adoré,
Ma lumière retrouvée,
Hâvre de paix et de repos.
Je t'ai tant désiré(e)
Que j'apprends à bénir
Les souffrances enfuies si longtemps endurées.
Que les tourments
Soient oubliés.
Car tout n'est plus que plaisir
Oh, ma vie !
Que les affres passées
Désertent nos cœurs
Car la joie doit régner.
Oh, mon cœur !
Le jour est venu de s'aimer et d'en jouir.
Oh, ma vie !
Oh, mon cœur !

ULISSE e PENELOPE

Sospirato mio sole,
rinnovata mia luce,
Porto, quiete e riposo
bramato, si, ma caro,
pet te gli andati affani
A benedir imparo.
Non si rammenti
Più de' tormenti :
tutto è piacer.
Si, vita, si !
Fugan dai petti
dogliosi affetti :

Tutto è goder.
Si, core, si !
Del piacer, del goder venuto el'di.
Si, vita, si !
Si, core, si !
Traduction Claudio Mancini (Acte V, scène 10)

Passons au voyage proprement dit. Tout d'abord et c'est un paradoxe, les gens du voyage (7), tziganes et gitans, évoquent leurs pérégrinations dans leurs poèmes mais rarement dans leurs musiques ; ils pratiquent le chant d'amour, genre qui a inspiré Liszt, Brahms et Dvoràk pour n'en citer que quelques-uns : *Zigeuner Lieder*.

Sans l'appui ou le tremplin d'un texte (poème ou livret), le musicien a besoin de titres ou d'un « programme » et c'est par le « jeu » des rythmes, des timbres et des contrastes qu'il va évoquer voyages et errances. Même quand elles se veulent descriptives, ne boudons point ces musiques car nombreux sont les chefs- d'œuvre (à condition, disait Messiaen et, avant lui, Liszt, orfèvre en la matière, que la musique puisse s'imposer sans le programme en tant que bonne musique !). Citons quelques œuvres au passage : *Les Hébrides*, *Calme de la M*er et *Heureux Voyage* de Mendelssohn, une *Symphonie Alpestre* de Richard Strauss (où une ascension nous est décrite avec un orchestre fastueux en vingt-deux tableaux) (8), les *Escales* de Jacques Ibert (Palerme, Tunis, Nefta, Valencia). La *Grand Canyon Suite* de Grofé (orchestrateur méconnu de Gershwin) nous fait descendre la plus belle gorge du monde à dos d'âne ; l'œuvre commence par un morceau de bravoure pour violon seul, véritable caprice à la Paganini imitant le braiment !

L'exotisme est tentant car on peut s'inspirer d'autres gammes ou échelles de sons ou même marier les instruments d'Orient et d'Occident, comme l'ont fait Cowell dans *Homage to Iran* et Meyer dans son *Quintette de la Paix* (9) (avec sitar). Dans certains opéras baroques, seule une mise en scène complexe ou des ballets permettent au spectateur de s'évader vers de lointains climats sans recherches spéciales sur le plan musical. Citons comme exemple *La Reine des Fées* (The Fairy Queen) de Purcell – qui n'a rien à voir avec le poème célèbre de Spencer et s'inspire, de très loin, du *Songe d'une Nuit d'Eté* de Shakespeare. On y voit danser des singes, on y entend chanter des chinois dans un décor de rêve : « la scène s'illumine soudain et découvre un jardin chinois dont l'architecture, les arbres, les plantes, les fruits, les oiseaux et les animaux sont tout autres que ceux que nous connaissons dans la partie du monde qui est le nôtre. La perspective se termine par une arche… Au-dessus se trouve un jardin suspendu, limité de chaque côté par de charmantes tonnelles et divers arbres ; des oiseaux étranges volent dans les airs… (numbers of strange birds flying in the air) ».

Le musicien peut tout simplement se promener dans la campagne, au bord d'un ruisseau comme Beethoven dans le deuxième mouvement de la *Symphonie Pastorale* « plutôt expression de la sensation que peinture ; laissons à l'auditeur le soin de s'orienter ou un souvenir de la vie à la campagne ; plus grand est le ruisseau, plus profond est le ton ». Chez ce musicien dont « la musique est métaphysique », il s'agit d'une action de grâces. Souvent le compositeur réussit à exprimer le souvenir des instants où le « temps suspend son vol », alors qu'il est bercé par l'eau ou les vagues : *En Bateau* de Debussy, une *Barque sur l'Océan* de Ravel et les nombreuses barcarolles de Chopin à Fauré (10) (Bachelard nous dit que « l'eau nous invite au voyage imaginaire »). Ces errances deviennent parfois des échappées dans le temps et la mémoire : dans *Three Places in New England* de Charles Ives, un enfant erre dans les bois, se perd et se prend à rêver aux héros de la révolution qui ont hanté les lieux. Le pèlerinage à des lieux saints ou à des lieux chers a également fourni une abondante littérature : *Les Années de Pèlerinage* (en Suisse et en Italie) de Liszt, le « chœur des pèlerins » du *Tannhaüser* de Wagner, etc. N'oublions pas les voyages héroïques ou mythiques cf. la *Sinfonia Antartica* de Vaughan Williams, le plus grand des symphonistes anglais du siècle que l'hexagone chauvin découvre lentement mais, espérons le, sûrement. Et, bien sûr, le *Voyage de Siegfried sur le Rhin* de Wagner ainsi que son Hollandais Volant ou *Vaisseau Fantôme* (le Hollandais est condamné à errer sur les mers après un sacrilège jusqu'à ce qu'il soit racheté par l'amour).

Dans ces deux derniers exemples, il s'agit d'œuvres lyriques qui s'appuient sur des textes. Ce qui nous permet une transition facile avec l'union du Son et du Verbe dans la mélodie et le lied qui, au XIXe siècle, visent à une exploration plus subtile de la vie intérieure (*Musique et vie intérieure* J.Samson). Pour simplifier, nous distinguerons deux inspirations : voyage de rêve et voyage d'évasion. De Schubert à Fauré, nombreux sont les chants où l'on rêve de voyage, où l'on désire les « ailleurs ».

Schubert, Liszt puis Wolf ont mis en musique les poèmes de *Mignon*, « Connais-tu le pays où fleurit l'oranger » (Années d'apprentissage de Wilhelm Meister, de Goethe). Nos grands-mères chantonnaient l'air de *Mignon*, opéra d'Ambroise Thomas tombé dans l'oubli. Mendelssohn s'est tourné vers Heine et ses rêves dans *Sur les Ailes du Chant ;* Berlioz dans *Les Nuits d'Eté*, son plus pur chef-d'œuvre, s'est inspiré de six poèmes de Théophile Gautier, dont *L'Ile Inconnue* (11) (le symbolisme de l'île est riche). Et enfin Fauré, dans son *Horizon Chimérique* sur des poèmes de Jean de la Ville de Mirmont ; c'est son dernier cycle de mélodies et le plus beau (il en fut de même pour Brahms et R. Strauss).

> « La mer est infinie et mes rêves sont fous…
> Vaisseaux, nous vous aurons aimés en pure perte.
> Il vous faut des lointains que je ne connais pas…
> Mais votre appel, au fond des soirs me désespère,
> Car j'ai de grands départs inassouvis en moi. »

Le poème clé qui résume tout, est *L'Invitation au Voyage* (12) et la mélodie sublime qu'en a tiré Henri Duparc. La meilleure analyse (difficilement détachable de son contexte) du poème de Baudelaire est celle de Jean Brun dans son livre *L'Homme et le Langage*. En voici un passage : « ... Ni promesses ni menaces ne font taire l'appel que le langage adresse à l'Absence par-delà toutes ces « absences de » que l'homme a voulu combler afin de satisfaire tous ses manques... qu'en est-il de cette Absence ? « L'absence de », l'absence de ceci ou de cela, renvoie à une présence manquante parfaitement connue et définissable... »

Dans son *Invitation au Voyage*, Baudelaire chante cette Absence absolue qu'il appelle « là-bas » ; ce *là* où « tout n'est qu'ordre et beauté, luxe calme et volupté » est le *là* de L'Absence, jamais il ne pourra devenir un *ici* où Baudelaire et son amante pourraient aller vivre ensemble. Mais, si ce « là-bas » n'est d'aucun lieu ni d'aucun temps, il est l'*aura* qui nimbe celle qui, sans le savoir, lui a donné naissance, puisque Baudelaire parle du « pays qui te ressemble ». Dans la version en prose du même poème, Baudelaire insiste davantage sur cette idée : « Il est une contrée qui te ressemble, où tout est beau, riche, tranquille et honnête, où la fantaisie a bâti et décoré une Chine occidentale... ». De la présence de celle qu'aime le poète a jailli un univers éternellement voué à l'Absence : « Ces trésors, ces meubles, ce luxe, cet ordre, ces parfums, ces fleurs miraculeuses, c'est toi. C'est encore toi, ces grands fleuves et ces canaux tranquilles ». Baudelaire voit *un hémisphère dans une chevelure :* « Si tu pouvais savoir tout ce que je vois ! Tout ce que je sens ! Tout ce que j'entends dans tes cheveux ! [...] Tes cheveux contiennent tout un rêve, plein de voilures et de mâtures ; ils contiennent de grandes mers dont les moussons me portent vers de charmants climats [...]. Dans l'océan de ta chevelure, j'entrevois un port fourmillant de chants mélancoliques, d'hommes vigoureux de toutes nations et de navires de toutes formes découpant leurs architectures fines et compliquées sur un ciel immense où se prélasse l'éternelle chaleur ». Ce pays superbe, ce pays de Cocagne, n'est d'aucun lieu et pourtant c'est la présence d'une femme qui permet à Baudelaire de l'entrevoir et d'en parler, car ce pays est « l'analogie » et la « correspondance » de celle qu'il célèbre. Rimbaud évoque, lui aussi, ce « là-bas » d'où le poète ramène des formes ou de l'informe. Un tel « là-bas » n'est pas plus loin qu'ici, il est de l'autre côté de tous les ici.

Ya-t-il un compositeur qui ait songé à écrire son *Tour du Monde en quatre-vingts jours ?* En évoquant les musiques traditionnelles (ou folklore recréé) des pays traversés ? Et ceci avec un style personnel de musicien contemporain ? Un Darius Milhaud aurait pu s'y risquer mais nous ne connaissons qu'un musicien cosmopolite Mauricio Kagel, argentin né à Buenos Aires en 1931 et installé à Cologne dès 1957, musicien d'une vaste culture musicale, littéraire et philosophique, qui présente ses œuvres dans le monde entier mais aussi des films, pièces radiophoniques, causeries et livres sur son art (pour Claude Rostand, dans son dictionnaire de la musique contemporaine, « force de la nature, grand talent, imagination infatigable »). De 1988 à 1991, il écrivit cinq pièces pour orchestre de salon *La Rose des Vents,* 1 – Est ; 2 – Sud ; 3 – Nord-Est ; 4 – Nord-Ouest ; 5 – Sud-Est. A défaut d'un tour du monde, un compositeur et harpiste très romantique Elias Parish Alvars (1808-1849) s'est contenté du Proche-Orient. Né et formé en Angleterre, sa carrière s'est principalement déroulée en Europe Centrale où il fut nommé musicien de chambre de l'Empereur d'Autriche. Il se rendit dans des pays qui n'avaient jamais l'occasion d'entendre son instrument, la harpe. Il composa son *Voyage d'un harpiste en Orient,* recueil de mélodies populaires des Balkans qu'il joua lui-même en présence du Sultan. Programme exotique et nostalgique que nous a restitué la harpiste italienne Gabriella Dall' Olio : 1 – Danse Tzigane bulgare ; 2 – Souvenir du Bosphore ; 3 – Air hébreu de Philopopolis ; 4- Air Arménien ; 5 – Marche de la parade du Sultan ; 6 – Chanson grecque de Santorin (« L'air arménien » rendit célèbre Alvars comme virtuose ; le feu d'artifice de la *Chanson grecque* fit les délices du Sultan).

On peut imaginer un voyage organisé avec vingt-deux touristes qui parlent, chantent, crient, déclament, murmurent ou soupirent. Betty Jolas (née en 1916) remplace ces touristes par vingt-deux instruments qui se comportent comme des voix et nous donnent un opéra sans décors et sans livret, comme il y a des « romances sans paroles », modèle « opéra de voyage » pour gens pressés avec petites valises, et qui peuvent s'écouter n'importe quand et n'importe où.
L'âme tourmentée voyage aussi pour oublier (*Par les sentiers* et *Le journal d'un Disparu* de Janacèk), pour fuir ses souffrances : *Chant d'un Compagnon Errant* (*Lieder eines fahrenden Gesellen*) de Gustave Mahler.

> « J'allais ce matin sur les champs
> La rosée tremblait encore sur les herbes. »

En un mot, pour se réfugier dans la nature « qui est là et qui t'aime ».

A l'époque classique, le voyageur perdu dans les neiges se tournait vers ses frères humains et comptait sur l'âtre d'une chaumière hospitalière (*L'Hiver* des *Saisons* de Joseph Haydn). Rien de tel chez les romantiques. Pour revenir à la définition du début, ars bene movendi, la musique qui exprime mouvement et émotion de la manière la plus exemplaire est celle de Schubert : de la chevauchée tragique du *Roi des Aulnes* (écrite à l'âge de dix-sept ans) à sa dernière *Sonate en si bémol D.960,* composée deux mois avant sa mort, marche, errance et déambulation (Wandern) sont la clé de son œuvre. Le lied *Der Wanderer,* la fantaisie pour piano qu'il en a tiré, en sont les signes évidents mais il est facile d'y rattacher beaucoup d'autres œuvres (par exemple le *Trio op.100,* utilisé par Kubrick pour son film *Barry Lyndon*) ainsi que la *9ème Symphonie, La Grande.* Mais puisque c'est notre propos, il nous faut mentionner surtout l'avant-dernier cycle de lieder, *Le Voyage d'Hiver* (*Die Winterreise*) dans une nature et un environnement hostiles, allégorie du dernier voyage, allégorie de la mort. Le *Voyage d'Hiver* est un cycle de vingt-quatre poèmes de Wilhelm Müller, qui sont placés sous le signe du voyage et le signe de la mort. C'est en ré mineur, tonalité funèbre chez Schubert (comme chez Mozart), que s'ouvre le recueil. Rythme de marche obsessionnelle. Le cœur du voyageur n'est pas dépris de la bien-aimée qui l'a trahi et sa mise en route ressemble à une fuite à reculons. Dans le premier lied *Gute Nacht « Bonne Nuit »* (13), Schubert donne le ton dès le premier mot, « étranger » (fremd), puis la voix chute d'une octave. « Le voyage s'inscrit donc dans une trajectoire de chute, de désespérance » (B. Massin).

La mort, dernier voyage (14). Pour les dieux ou les demi-dieux, une descente aux Enfers s'impose. Pour Perséphone, la mission consiste à faire revivre la terre au printemps, ni plus ni moins qu'une résurrection (cf. *La Perséphone* de Stravinsky sur un poème de Gide). Il est naturel qu'Orphée ait inspiré tant de musiciens, de Monteverdi à Stravinsky et Milhaud. Sa descente aux Enfers symbolise « Le pouvoir de la musique » qui charme dieux et argousins infernaux. Le chant d'Orphée interrompt les supplices éternels des Danaïdes, de Tantale et de Sisyphe. Son voyage arrête, pour ainsi dire, le mouvement et le temps. Dans « che puro ciel » de l'*Orfeo* de Gluck, la mélodie d'Orphée, quasi-statique et hors du temps (15), est paradoxalement accompagnée et soutenue par les fluides mouvances (16) de l'orchestre (réduit et éthéré pour la circonstance). Il y a des musiques, selon Baudelaire, qui vous prennent comme une mer. Celle-ci nous prend plutôt comme une rivière, le mot français le plus beau pour Bachelard, « puisqu'il est fait avec l'image de la rive immobile et qui cependant n'en finit pas de couler ».

Comme tout voyage organisé, ce voyage en musique nous laisse sur notre faim mais il faut bien le terminer avec des « rêves inassouvis ». Après tout, ce n'est, pour citer Claude Ballif, que « Le voyage de mon oreille ».

L'Eau

« Roulant en des vagues écumantes
La mer s'agite impétueusement. »

La Création, air de RAPHAËL

« Les fleuves, Seigneur, ont élevé leur voix. »

Dominus regnavit, de MONDONVILLE

« Ce clair ruisseau qui aujourd'hui serpente malaisément sur le sol
Un jour sera un fleuve altier qui défiera la mer »

La Corona, de GLUCK

De la Renaissance à nos jours, les musiciens ont déployé tout leur savoir contrapuntique, harmonique et instrumental pour évoquer l'eau, autant pour l'œil intérieur que pour l'oreille : eaux pastorales (Beethoven), lacs consolateurs (Liszt, Schubert, Brahms...), fleuves mythiques (Wagner, Schumann, Smetana), vagues et houles (Monteverdi, Britten, Bridge...), jeux d'eau (Liszt, Ravel, Respighi), reflets, dialogues du vent et de la mer, villes englouties (Debussy), navigations, tempêtes et naufrages (Fauré, Vaughan-Williams), etc.

Personne ne sera surpris qu'il y ait connivence – j'allais dire intelligence – entre l'EAU (élément indifférencié) et la MUSIQUE, art qui n'exprime que le « général » (Schopenhauer, Stravinsky) et qui, comme la mer est INFINIE (Fauré), INEFFABLE (Jankélévitch). Depuis les Présocratiques, l'Eau et le Temps font bon ménage, et comme la musique est l'art du temps, il faut s'attendre à ce que la musique puise [(1)], épuise les images et symboles [(2)] de l'eau, de la mer. Je n'en retiendrai que quelques-uns : l'eau = symbole de la création ; l'eau = symbole du mouvement ; l'eau = symbole maternel ou matriciel ; l'eau = symbole ambivalent de vie et de mort ; la mer = symbole de l'âme. (Pourquoi pas ? Si l'on accepte le cliché « chaque âme est un univers », on doit accepter l'idée féconde pour l'imagination que « chaque âme est une mer ou chaque âme a sa mer » « [(3)].)

Je pourrais remonter au déluge (qui n'a guère inspiré que Saint-Saëns, Britten et Stravinsky, dans une œuvre fort inégale) ou *Aux Eaux de Babylone* (poème de William Blake qui a inspiré John Foulds). Je remonterai plus loin encore, au début de la Genèse qui commence par une évocation du chaos primordial, indifférencié et ténébreux : « La terre était informe et vide, les ténèbres recouvraient l'abîme et l'Esprit de

Dieu planait sur les eaux ». De ce chaos surgit la lumière et, le deuxième jour, Dieu créa la mer : « Que les eaux qui sont au-dessous des cieux se rassemblent en un seul lieu et que le sec apparaisse. Et il en fut ainsi. Dieu appela le sec TERRE et l'amas des eaux MER. »

C'est pourquoi, une œuvre musicale qui chante la création doit commencer par le chaos, occasion pour le musicien de violer l'harmonie de son époque. L'exemple de Joseph Haydn, dans son avant-dernier oratorio *La Création*, est connu de tous. Page stupéfiante que ce prélude orchestral qui s'achève sur « Et la lumière fut / Es war Licht », crié par les chœurs. Avant lui, Jean-Ferry Rebel, et bien avant les audaces de Rameau, avait scandalisé ses compatriotes par ses harmonies inouïes dans le chaos des *Eléments*. Chez Rebel, comme chez Haydn, la lumière surgit, puis la mer est évoquée. Ce qui nous frappe ici, c'est le paradoxe de l'artiste qui en vient à créer le chaos, c'est à dire, à créer un chaos « organisé » – contradiction dans les termes ! –, chaos qui en musique peut aussi bien évoquer la mer. La seule mise en musique littérale de la Genèse, dans un style liturgique sans effet descriptif, est *In the Beginning* du musicien juif américain Aaron Copland. Une voix de femme psalmodie le texte biblique en dialoguant avec un chœur a capella, aux harmonies denses et dissonantes. Etant création de Dieu, la mer doit lui être soumise : Dieu peut l'assécher pour faire passer Israël (*Israël en Egypte* de Haendel), ainsi que le Jourdain dans *Josué*, y provoquer ou y apaiser les tempêtes. On pourrait dire que la mer, comme la lumière, est le symbole de la création.

Lorsque Dieu créa les animaux, il n'oublia pas les baleines, qui ne sont pas des poissons mais des mammifères gigantesquement maternels (une baleine a pu transporter Jonas dans son ventre, sous-marin eschatologique pour prophète exclusivement ! Cf. *Jonas*, oratorio de Carissimi). Un compositeur américain, Hovhaness, a écrit *And God created great Whales* (verset de la Genèse). Musique élémentaire – au premier sens du terme – hors du temps, empruntant son langage à la fois à l'Orient et à l'Occident. En fait, c'est un concerto-collage pour baleine et orchestre ; on y entend les cris d'amour des baleines qu'a enregistré un institut américain.

Eaux en mouvement [4], la mer et l'eau symbolisent un état transitoire entre les possibles informels et les réalités formelles, une situation d'ambivalence qui peut se conclure en bien ou en mal. De là vient que la mer est à la fois l'image de la Vie et celle de la Mort [5]. Si Neptune est le Dieu de la mer déchaînée (cf. *Idoménée* de Mozart, ou *Hippolyte et Aricie* de Rameau), son épouse Amphitrite est la déesse de la mer d'huile (expression douteuse depuis le naufrage de l'*Amoco Cadiz,* ou celui de l'*Erika*...). Nue, Amphitrite s'ébat joyeusement, comme Thétis, entourée de Néréides et de dauphins [6]. Ces mammifères divinisés, qui voient tout et sentent tout, sont chez les Grecs symboles de fécondité et de régénérescence [7]. Le sujet a tenté Albert Samain dont le poème a été mis en musique par Charles Koechlin (1867-1951), *Le Cortège d'Amphitrite*.

Les eaux douces – rivières, ruisseaux, lacs – attirent le promeneur, et le musicien depuis qu'il a l'art de les évoquer et de les chanter. Citons, à la Renaissance, le madrigal de Goudimel *Etant assis aux rives aquatiques* et celui de Monteverdi *Ecco mormorar l'onda* que Nadia Boulanger enregistra pour la première fois sur 78 tours. Mais c'est surtout au XIXe siècle – marqué par les rêveries de Jean-Jacques Rousseau et les poèmes de Goethe – que nous rêvons au bord de l'eau avec l'andante de la *Pastorale* de Beethoven et les lieder de Schubert. Dans le cycle de *La Belle Meunière*, sur des poèmes de Wilhelm Müller, le ruisseau est obsessionnel d'un bout à l'autre des vingt lieder ; dans *le Meunier et le Ruisseau,* il devient le confident et dans *la Berceuse du Ruisseau,* l'amer consolateur.

Avec le piano « transcendant » de Liszt, ruissellent les sources (*Au bord d'une source*), jaillissent les jets d'eau (*Les Jeux d'eau à la villa d'Este*), méditent les lacs (*Le lac de Wallenstadt*, *La vallée d'Oberman*) et chantent les lagunes (*Gondoliera* et *Gondole funèbre*). En France, Gabriel Fauré est le musicien de l'eau avec *Eau vivante*, poème de l'eau et de la mobilité, eau bavarde qui glisse dans la lumière « simple et claire ». Comment oublier le chœur des femmes dans *Le Ruisseau.* Citons Jankelevitch dans son livre *Fauré et l'Inexprimable :* « Fauré s'est intéressé surtout aux rythmes oscillants des berceuses et à l'ondulation des barcarolles. Le vrai bergsonien, à cet égard, ce n'est pas Debussy, poète des mille gouttelettes irisées et des mille scintillements de la lumière impressionniste, c'est Fauré, musicien du flux temporel, Fauré qui écrivit *Au bord de l'eau*, *Le Ruisseau*, *Eau vivante* et treize *Barcarolles*. Fauré s'assoit volontiers au bord du cours d'eau qui passe comme s'il percevait dans le flux le rythme vital de la circulation du sang. (« S'asseoir tous les deux au bord du flot qui passe » dans *Au bord de l'eau*). L'eau est essentiellement le principe protéen et fugace du devenir ».

Moins connu que *Le lac de Wallenstadt* de Liszt, les *Reflets dans l'eau* de Debussy [8], ou *Regards dans l'eau* (concerto pour violon) de Marius Constant, *Le Lac Rose* de Michael Tippett (1905-1997) – certainement le compositeur anglais le plus influent avec Benjamin Britten et Ralph Vaughan-Williams – va retenir notre attention. En effet, *The Rose Lake* est non seulement l'œuvre d'un octogénaire mais marque la fin de l'un des plus féconds étés indiens dont ait jamais bénéficié un créateur dans l'histoire de la musique. Il acheva ce pur chef-d'œuvre en 1993 (à 88 ans !) après son cinquième quatuor et son opéra *New Year.* « Au cours de vacances au Sénégal, vers la fin de 1990, il nous fut conseillé d'aller vers un petit lac, le Lac Rose, où, à midi, l'impact du soleil était tel qu'il transformait sa couleur vert blanchâtre en rose blanchâtre. Cette vision déclencha en moi un trouble profond, le type de trouble qui me fit connaître que la gestation d'une nouvelle œuvre orchestrale avait commencé ». Il intitula les divers stades de composition : « Le lac commence à chanter » ; « Le ciel fait écho au chant du lac » ; « Le chant du lac s'épanouit » ; « Le chant du lac quitte le ciel » ; « Le lac chante pour s'endormir ». Composition continue en cinq parties et par essence un jeu de variations (on pense à une progression de l'aube au crépuscule). A remarquer que les timbales sont remplacées par des roto-toms, trois octaves de tambours accordés chromatiquement.

Il y a aussi « les eaux dormantes » dont a parlé Gaston Bachelard (*L'Eau et les Rêves*), mares dans les bois ou les prés, eaux stagnantes dans les grottes. Elles ont quelque chose de trouble, de malsain, et peuvent entrer dans une symbolique de mort, associées au sang. *Wozzeck*, l'opéra d'Alban Berg (1885-1935), trouve son issue tragique près d'une mare dans un bois. Wozzeck tranche la gorge de Marie, « belle comme le péché » ; au paroxysme de la jalousie, il ne voit que ce moyen de mettre fin à des amours dégradantes et fangeuses. Il revient près de la mare, ramasse le couteau qu'il jette dans l'eau. Le monde entier lui semble baigné de sang (comme pour Lady Macbeth dans la pièce de Shakespeare et l'opéra de Verdi), puis il se noie.

Dans *Le Château de Barbe-Bleue* de Bela Bartok (1881-1945) – qui est pour la Hongrie ce que *Pelléas et Mélisande* est pour la France – Barbe-Bleue accueille sa dernière femme Judith et celle-ci le prie d'ouvrir les sept portes de l'humide et sombre salle. Le sang est présent partout, sur les armes, les diamants, les pierreries, « du sang ruisselle des parures ; il y a du sang sur cette belle couronne » s'écrie-t-elle. Du sol d'un beau jardin, le sang coule ; un nuage rouge saigne sur le domaine. Malgré la supplication de son mari, Judith ouvre la sixième porte ; sous les voûtes d'un souterrain quelque chose luit faiblement.

Judith :	« Des eaux blanches, des eaux mornes, immobiles, Blanches, mornes ! D'où viennent ces eaux funèbres ?
Barbe-Bleue :	Des larmes, Judith, des larmes.
Judith :	Eaux dormantes, eaux dolentes ».

Puis elle ouvre la septième porte ; c'est là que sont les femmes que Barbe-Bleue a aimées et n'oubliera jamais. Morale de l'histoire ? La femme nouvelle doit être discrète ; les retraites du moi masculin lui sont interdites et, plus que toutes, celles où vivent, pompeusement parées par le souvenir, les amours passées. Une passion si définitive qu'elle se veuille ne supporte point leur exhumation.

La mer calme (ou « calmée ») est l'eau maternelle, l'eau propice à l'amour, à la libido... Pour les bardes irlandais, la mer était à l'origine de toute vie. C'est, à coup sûr, la croyance la plus ancienne de l'humanité : témoin un ancêtre du paléolithique supérieur, l'Homme de Menton, dont le crâne serti de coquillages fut découvert non loin de la mer. Cette sépulture indique que l'homme rejoignait par-delà la mort l'élément maternel, matriciel – le nom de la déesse Thétys, avec Y pour la différencier de la mère d'Achille, signifie MATRICE ou NOURRICE. Le docteur

Odent préconise l'accouchement aquatique ou naissance par l'immersion. En Bourgogne, les nourrices avaient leurs sources réservées où elles puisaient leur force pour allaiter et bercer ; et pour bercer, il faut chanter avec un tendre roulis). Que de barcarolles en musique qui ne sont rythmiquement que des berceuses ! [9]

Rien ne symbolise mieux la mer, source de vie, que son halètement sous la lune. La suite de Franck Bridge, *The Sea*, comporte un mouvement : *Clair de lune sur la mer* qui est dominé par la flûte, instrument sensuel et lumineux d'origine marine (cf. *La Flûte Enchantée* de Mozart, et aussi *Syrinx* de Debussy). On entend également la flûte dans l'interlude de l'acte III du *Peter Grimes* de Benjamin Britten. La lune contrôle tous les plans cosmiques régis par la loi du devenir cyclique : eaux, pluies, marées, menstrues. Astre des nuits, elle évoque la Beauté (cf. chapitre sur le firmament). Sa lumière étant le reflet du soleil, elle est l'eau par rapport au feu solaire. Astre féminin, elle est assimilée chez les Chinois aux eaux primordiales (cf. J.-Y. Cousteau, *La grande barrière de corail :* pendant la troisième nuit qui suit la pleine lune d'été, sur 200 kilomètres, les polypes libèrent une neige d'ovules qui se mêlent à des flocons de sperme, orgie sexuelle et créatrice qui dépasse le mythe !).

La Mer de Debussy, donnée le 15 Octobre 1905 aux Concerts Lamoureux, est une musique « élémentaire » au sens premier du terme, l'humain n'y a pas sa place : « Me revoici avec ma vieille amie la mer ; elle est toujours innombrable et belle. C'est vraiment la chose de la nature qui vous remet le plus en place » (lettre à J. Durand). C'est la plus grande œuvre orchestrale qu'ait écrit Debussy, un vaste paysage marin (conçu dans un petit village de l'Yonne !), orchestré avec une magie sonore. Quoique ses parties se coulent dans des formes libres, il est permis de la considérer – vu son unité, sa dimension, voire le détail – comme une symphonie déguisée, dotée d'un subtil aspect cyclique (souvenir sans doute de César Franck). Pour le compositeur américain Virgil Thomson, « *La Mer* est une vraie symphonie à proprement parler qui ne doit pas son unité à la passion ou au pathétique, ou encore à un récit, mais au bon fonctionnement de son propre système nerveux et musculaire ». C'est faire peu de cas du miracle à la Turner de ses trois mouvements : 1 – De l'Aube à Midi sur la Mer ; 2 – Jeux de Vagues ; 3 – Dialogue du Vent et de la Mer.

Le Musée d'Orsay nous a proposé, en début d'année 2001, une exposition consacrée au peintre lituanien M.K. Ciurlionis (1875-1911) qui a tout osé – ignoré de tout le monde, sauf de ses compatriotes – du symbolisme à l'abstraction – au point d'avoir peut-être devancé Kandinsky. Or, ce peintre et poète fut aussi un remarquable compositeur qui nous a laissé un quatuor, un *Poème de la Forêt* et *La Mer*, plus proche par son lyrisme de Sibélius que de Debussy. « Je voudrais composer une symphonie avec le murmure des vagues... avec nos chansons et ma nostalgie infinie ».

Mais la mer est aussi source de mort par sa violence et sa perfidie [10] . Je passe sur les musiques bien connues : *Les Hébrides* de Mendelssohn,

Le Roi d'Ys de Lalo ; la lutte inégale (physique ou métaphysique) de l'homme avec cet élément redoutable : *Le Vaisseau Fantôme* de Wagner, la *Sinfonia Antartica* de Vaughan Williams... La mer est alors cette étendue dont la traversée périlleuse conditionne (quand elle est possible) l'atteinte du rivage. Elle est le symbole des luttes et des naufrages de l'existence.

J'insisterai davantage, dans un autre chapitre, sur la perfidie et la monstruosité de la mer, sujet qui a tenté souvent les musiciens. Heine et Goethe ont, à la suite d'Homère, évoqué ces ondines qui séduisent rêveurs et pêcheurs et les attirent au fond de l'eau : je vous renvoie à Schubert, Liszt et Debussy entre autres. Les régions sous-marines semblent représenter les énergies inconscientes. Pour Ernest Aeppli [(11)] , « l'eau, symbole de l'esprit encore inconscient, renferme les contours de l'âme que le pêcheur s'efforce de ramener à la surface et qui devront le nourrir. Le poisson est un animal psychique ». La mer séduit et engloutit ses victimes comme la forêt séduit parfois et « mange », dirait Hugo, les siennes (cf. *Le Roi des Aulnes*).

Rien d'étonnant à ce que la mer soit aussi le symbole du rêve, des départs et des désirs inassouvis, puisqu'elle symbolise le cours de l'existence humaine, la fluctuation des sentiments – qui est ce que la musique rend le mieux, avec ou sans texte –. Que de ressacs, que de tempêtes, que de pieuvres sous un crâne ! Sous le titre *L'Horizon chimérique*, Gabriel Fauré a mis en musique quatre poèmes de Jean de la Ville de Mirmont – son dernier cycle de mélodies le plus accompli –. Le magicien des treize *Barcarolles* et de tant d'évocations maritimes (cf. ses mélodies et son opéra *Pénélope*) s'y trouve encore une fois face à son élément de prédilection – « *la mer est infinie et les rêves sont fous* » – que soulèvent les houles du cœur, fouettées d'embruns [(12)]. Ces houles que la raison ne veut et ne peut connaître nous invitent à une navigation vers des rives qui ne sont plus de ce monde. Symbole du monde psychique, la mer symbolise donc le cœur de l'homme (chez Descartes, le cœur est cavité, océan intérieur), siège des passions et tout naturellement les accompagne dans la mort : je songe à, ce qui est la plus belle page de Wagner : *La Mort d'Isolde*, le célèbre *Liebestod.* Isolde, étrangère à ce qui se passe autour d'elle, regarde avec une émotion croissante le corps de Tristan : « ...Comme ses lèvres exhalent tendrement un souffle suave ! Ne le sentez-vous pas ? Suis-je seule à entendre cette mélodie qui exprime tout, s'élève, me baigne de sons... ? Sont-ce des vagues... ? Comme elles s'enflent et m'encerclent de sons ! Vais-je me griser, m'immerger, me dissoudre dans la houle des vagues, dans les sons retentissants, dans le tourbillon de la respiration universelle, être submergée, m'engloutir, inconsciente ? Joie suprême ! » (Ertrinken, versinken, unbewusst, höchste Lust).

Tristan devient musique, devient vagues. La passion immortelle devient houle, respiration cosmique, devient mer. L'engloutissement dans une mer sonore est béatitude, joie quasi mystique. Comme si le petit flacon du philtre était tombé à la fois dans la mer et dans l'encrier du musicien pour transfigurer MER et MUSIQUE. Déluge orchestral. Raz de marée chromatique. Et pour certains, marée noire du lyrisme. La musique est mer et la mer est musique. On comprend que les âmes saines, exclusivement éprises de classicisme, de nationalisme ou de stochastique puissent bouder ou refuser cette musique d'une hystérie génialement contrôlée et d'un germanisme exacerbé. Je rappelle que Chabrier, Debussy et Ravel se sont déplacés pour écouter *Tristan et Isolde* et furent tous trois enthousiasmés et envoûtés. Chabrier se rendit à Munich et au dernier rang du poulailler, « chiala comme un veau » (dixit). Ce qui ne l'empêcha pas, une fois remis, d'écrire une parodie pétillante de Tristan : *Souvenirs de Munich.*

Et si l'eau était aussi, dans son étendue et sa mouvance, le symbole de l'âme tourmentée par l'infini (cf. *Sicut Cervus* de Palestrina), de l'âme en quête d'absolu ? (13) Voire, le symbole de l'Esprit à l'image de celui qui le créa ? « Les ténèbres couvraient l'abîme et L'Esprit de Dieu planait sur les eaux. » Schubert mit en musique en 1821 (pour la quatrième fois !) le poème de Goethe *Chant des Esprits sur les Eaux D.714.*

En octobre 1779, Goethe se rendit en Suisse pour admirer, aux alentours de Berne, les chutes du Staubbach. Il y composa un poème *Chant des Esprits sur les Eaux* (Gesang der Geister über den Wassern) qui, non seulement reflète l'acuité visuelle du dessinateur qu'il savait être, mais aussi l'amour quasi-mystique et panthéiste de la nature. C'est ce poème qui fascina très tôt notre musicien, dès l'âge de seize ans. Il lui consacra un lied. Puis quatre ans plus tard, en 1817, un *Chœur pour cinq voix d'hommes D.538*, et enfin en 1821 un chef-d'œuvre inégalé et unique dans l'histoire de la musique, *Le Chant des esprits sur les eaux D.714* (Gesang der Geisten über den Wassern).

Je résume. L'âme ressemble à l'eau, elle vient du ciel, y remonte, puis redescend sur terre dans un mouvement éternel. L'eau vient aussi du sommet d'une falaise sous la forme d'une chute avec son poudroiement et ses voiles d'écume et, en murmurant, dévale jusqu'en bas. Des rocs en saillie contrarient la chute. Alors le torrent écume et se précipite par degrés, par bonds et rebonds, tout en bas, un plan d'eau lisse et calme, un lac qui s'étale dans la prairie. Dans son miroir, les étoiles se repaissent de leur visage. L'eau agitée s'oppose donc à l'eau calme, le vertical à l'horizontal. L'eau est le miroir du ciel. Enfin, c'est l'air agité qui révèle l'invisible, le vent qui met la nature en mouvement. Le vent anime l'eau, il est son amant. Un amant tantôt charmant, tantôt passionné quand il soulève les vagues. L'âme de l'homme ressemble vraiment à l'eau dans ses rapports avec le ciel mais aussi dans ses bouillonnements, ses écueils et ses chutes. Le destin de l'homme ressemble vraiment au vent, l'élément invisible qui l'anime, le soulève et fait naître en lui des tempêtes. (14)

Cette œuvre est unique dans l'histoire de la musique : quatre voix de ténors, quatre voix de basses accompagnées par un quintette à cordes.

Elle n'obéit à aucun plan défini, erre très librement, comme l'eau, comme l'Esprit. Après un adagio molto murmuré par les cordes, le chœur murmure à son tour la proposition clé du poème : « L'âme de l'homme est semblable à l'eau. » Immobilité contemplative, gravité, recueillement. Puis les ténors et les basses symbolisent l'opposition du ciel et de la terre. Ensuite, par entrées successives, le chœur exprime les bondissements des eaux. Avec une puissance nouvelle, Schubert opère une véritable fusion cosmique entre les voix et les cordes pour mieux traduire l'inertie de la pierre en même temps que la liquidité de l'eau libre. La strophe s'achève dans la lumière et tout revient au statisme initial, religieusement. Correspondances étroites entre la musique et le poème.

Avant de conclure, je me permettrai une digression – ou plutôt une modulation –, en évoquant le plus spirituel et théologique des musiciens : Jean-Sébastien Bach, dont le nom signifie « ruisseau » (Bach était très fier de son meilleur élève Krebs, dont le nom signifie « écrevisse »). Le grand-père de Bach était meunier. Pour le meunier installé sur le « Bach », seul compte le cours d'eau, dont il ignore l'embouchure. Le ruisseau s'arrête, ainsi que le temps, au lieu même du « *moulin mystique* » (cher aux admirateurs de Vézelay). Or, la musique de Bach est à la fois mouvement et immobilité : dès qu'elle sort du silence, on a l'impression qu'elle n'a jamais commencé et ne pourra jamais finir. Je vous propose d'écouter, non pas un négro-spiritual, mais une *berceuse spirituelle* (des *Baches Wiegenlied*), dont la mesure décomposée est à la fois ternaire et binaire : il s'agit du sommet de la *Passion selon Saint-Matthieu*, le chant de miséricorde « *Erbarme mich* » qui est en quelque sorte le kyrie de l'œuvre. On y entend une voix d'alto au-dessus des cordes [(15)], une voix maternelle qui implore la miséricorde de Dieu, Dieu notre Mère, Dieu notre Mer.

Baudelaire nous a dit : « La musique parfois me prend comme une mer. » Et si la musique, en fin de compte, était symbole de l'Eau, de l'Eau-Elément, de l'Eau-Temps, de l'Eau-Mère, de l'Eau-Vie, de l'Eau-Ame ?

Après cette rapide ébauche d'un vaste sujet, je dois m'arrêter « la mer dans l'âme », convaincu, comme Novalis, que « seuls les poètes devraient s'occuper des liquides » [(16)].

Le Chant de la Sirène

Maintenant les rayons dansants du soleil jouent
Sur la verte mer miroitante ;
Viens, et je te montrerai le chemin
Où se trouvent les trésors de perles.
Viens avec moi, et nous irons
Là où croît le corail.
Suis-moi, suis-moi.

Viens, regarde quels trésors reposent
Loin au-dessous de la houle ondoyante ;
Des richesses, cachées aux yeux des humains,
Brillent discrètement dans les grottes de l'océan.
Le reflux des marées est inéluctable,
Les vents et tempêtes sont loin.
Viens avec moi, et nous irons...

Joseph Haydn
(Folklore écossais)

La seule manière convaincante de parler musique – cet autre langage, ce langage tout autre – serait de « parler la musique », c'est à dire de la jouer ou de la faire entendre. Mais nous sommes ainsi faits que nous aimons parler inlassablement de choses dont nous ne pouvons parler. Jankélévitch a écrit un livre remarquable de deux cents pages pour dire que la musique est « ineffable ». Selon lui (et Schopenhauer et Nietsche avant lui) la raison en est que, toujours significative en général et jamais en particulier, la musique est inapte au discursif, bien que puissamment expressive. Joseph Samson (1) nous dit que la formulation d'un sentiment exige un minimum de conceptualisation et que toute conceptualisation est étrangère à la musique. Récemment, Pierre Boulez (dont la musique a la réputation d'être plutôt neuronale) a confié au Figaro : « ce que la musique affirme n'est jamais un discours mais toujours un sentiment ». J'ajouterai : un « charme », au sens latin et fort du terme, celui de Valéry. C'est pourquoi les musiciens ont souvent été fascinés par les « Esprits sous les Eaux » et leur puissance envoûtante. Les amoureux de Schubert me pardonneront d'avoir inversé le titre d'un de ses chefs-d'œuvre : *Chant des Esprits sur les Eaux*, sur un poème de Goethe, dans lequel « l'âme ressemble à l'eau ».

Nous aurons donc, dans l'histoire de la musique, beaucoup de nymphes, de naïades, de sirènes, d'ondines ou d'océanides (toutes régies par Neptune ou Poséidon), voire de nixes et de Lorelei germaniques. A vrai dire, le titre mis à part, l'art des sons aura du mal à préciser. Le compositeur ne saurait avoir la démarche de Bachelard face à l'eau et ses mythologies : celles-ci donneront une chiquenaude, sinon un choc, à son imagination afin d'écrire une musique [(2)]. Le titre (parfois ajouté après coup), le programme, le livret, seront là pour le guider et nous guider. Debussy nous dit : « La musique peut aller au-delà des mots mais il faut que les mots y conduisent ». Mozart, plus radical, écrit à son père : « La musique doit régner en souveraine et faire oublier tout le reste ! ». C'est dire que « Les Esprits sous les Eaux » doivent servir l'opéra, le drame, le lied ou la mélodie, qu'ils doivent nous ensorceler par la magie d'un piano ou d'un orchestre.

Il nous faut commencer par Neptune, dieu de toutes les eaux, plutôt dieu de la mer soulevée que de la bonasse ; dieu des forces élémentaires, dieu terrible pour les humains qui osent l'affronter [(3)]. Quand nous parlons de Neptune, nous pensons au grave air de Neptune dans *Acis et Galatée* de Joseph Haydn, nous songeons aussi à Mozart et à son *Idoménée* mais oublions celui de Campra, musicien d'Aix-en-Provence dont la musicalité préramiste sut conquérir Versailles. Campra suit de près la pièce du Dijonnais Crébillon : Idoménée, roi de Crête, s'est engagé, afin que Neptune le sauve d'un naufrage, à lui sacrifier la première créature qu'il rencontrera sur le rivage. Or c'est son fils Idamante. Idoménée, tourmenté, veut échapper à cette épreuve et, après avoir consulté son conseiller Arbace, il décide d'envoyer son fils dans un pays lointain. Neptune se venge de cette ruse, doublée d'un parjure, en déclenchant une tempête dans le port. Panique et terreur dans la population [(4)]. Andromède est attachée à un rocher et livrée à un monstre marin car sa mère Cassiopée s'est crue la plus belle des Néréides et Neptune veut la châtier. *Andromède* a inspiré Benedetto Ferrari pour un opéra baroque et Mozart pour une scène dramatique *(K.272)*.

Deux siècles plus tard, un musicien moderne de grande culture puise chez Neptune [(5)] et les sirènes [(6)] l'inspiration d'un poème symphonique. Georges Enesco, violoniste et compositeur roumain, maître de Menuhin, est surtout connu pour ses suites d'orchestre inspirées du folklore. Il a enfin été « ré-évalué » avec des œuvres majeures : un opéra (*Oedipe*), des symphonies, musiques de chambre, et un poème symphonique, *Vox Maris* (1951). Les sirènes [(7)] paraissent au côté de Neptune et le sujet de l'œuvre n'est rien moins qu'une tempête orchestrale avec sirènes en quarts de tons. Un vent violent se met a souffler. Le capitaine entend une sirène au loin, avertissement inutile. Les éléments se déchaînent et la mer avale sa proie. Chant de sirène repris à la fin du poème pour montrer que le dieu de la mer a été apaisé [(8)]. Le programme dicte donc l'agogique de la pièce. Toutefois, il existe des sirènes moins redoutables ; Haendel en a introduit deux dans son opéra *Rinaldo, héros* que la reine magicienne Armide a détourné de sa mission de croisé (d'après la

Jérusalem délivrée du Tasse). Malgré le titre qui suggère une sirène, *La Fée de la Mer* de Schumann (*Die Meerfée op. 125*) n'est qu'une étincelante apparition, un mirage d'écume, un rêve de jeune mousse :

> « De lumineuses étincelles l'embrasent
> Dans un faisceau de brillantes volutes.
> Des senteurs, pareilles à des exhalations de roses,
> Se répandent du mât jusqu'à la quille ».

Il nous faut bien parler de la *Lorelei*, sœur germanique des sirènes. Juchée sur un rocher des rives du Rhin, elle attire les marins sur les écueils. C'est l'enchantement pernicieux des sens qui, en voilant la raison, conduit l'homme à sa perte. A mon sens, le meilleur lied sur le poème de Heine [9], avec la *Lorelei op. 53 n°2* de Schumann, est celui de Franz Liszt. De Liszt également *Le Petit Pêcheur* (Der Fischerknabe) qui apparaît au début du *Guillaume Tell* de Schiller. Il entend une musique tintinnabulante qui l'attire au fond de l'eau :

> « Le lac sourit, invitant au bain ;
> L'adolescent s'endormit sur la rive verdoyante.
> Voilà qu'il entend des sons doux comme les accents d'une flûte,
> Comme la voix des anges au Paradis.
> Et lorsqu'il s'éveille au comble de la félicité,
> Les eaux baignent sa poitrine.
> Et des profondeurs s'élève un appel : cher enfant, sois à moi !
> J'attire le dormeur, je l'entraîne vers le fond. »
> (Ich locke den Schläfer, ich zieh ihn herein).

Guillaume Apollinaire a imaginé une *Lorelei* hors norme. Sachant que les hommes sont fous d'une sorcière blonde, l'évêque la fait comparaître à son tribunal et il avoue être subjugué par sa beauté. La belle l'implore de la condamner au bûcher car elle sait que ses yeux sont de terribles feux ; de plus elle confesse qu'elle vit dans les ténèbres depuis que son amant l'a quittée. L'évêque l'envoie alors se repentir dans un couvent. Il demande qu'on la conduise sur la falaise afin de voir les reflets du château de son amant. Or un bateau apparaît sur le Rhin, elle croit y voir l'homme qu'elle aime et plonge avec ses yeux couleur du Rhin et ses cheveux couleur du soleil. Tel est le poème (parmi onze autres) que Dimitri Chostakovitch (1906-1975) a inclus dans sa *14ème Symphonie pour orchestre, soprano et basse ;* symphonie qui n'a rien à voir avec le « réalisme socialiste » mais symphonie du désespoir, de la révolte et de la mort. Dans cette mélodie, le glas des cloches introduit une lumineuse texture des cordes, avec vibraphone, célesta et carillon, qui annonce avec douceur l'apparition de l'amant en même temps que la mort de l'amante.

Il y a certes des sirènes paisibles, compagnes de Vénus, dans le *Tannhäuser* de Wagner ; des sirènes consolatrices dans *La Tempête*, musique de scène de Sibélius pour la pièce de Shakespeare (dans les deux cas, les sirènes profiteraient d'un contre-sens affectif : ce seraient des nymphes qui chantent). Dans *Les Océanides,* du même Sibélius, le musicien a manifestement voulu montrer sa fascination pour l'orchestre : doublement des instruments à vent , et pour évoquer les sirènes, l'emploi d'une clarinette aiguë, d'une harpe et d'un glockenspiel. Et là, nous touchons la préoccupation du compositeur moderne, comme chez Enesco : le « charme » par la musique. Dans *Sirènes* (3e Nocturne pour orchestre), Debussy peaufine *Le Prélude à l'après-midi d'un Faune* avec l'avènement de la forme mobile (rompant ainsi avec le développement traditionnel de la sonate et de la symphonie) et de l'alchimie grisante des timbres. C'est, en 1898, l'équivalent sonore des alchimies visuelles de Claude Monet.

Les nymphes [(10)], divinités des eaux claires, des sources, des fontaines, en bref, des « eaux maternelles » : naïades, néréides, sœurs de Thétys (qui signifie nourrice, matrice) consolent et engendrent parfois des héros. Elles consolent Daphnis dans *Daphnis et Chloé* de Maurice Ravel. Les Filles du Rhin dans la *Tétralogie* de Richard Wagner, sont des nymphes joyeuses qui se contentent de garder et, à la fin du *Crépuscule des Dieux*, de récupérer leur trésor [(11)].

Et puis il y a les ondines, que seul le titre musical peut différencier des autres dames des eaux et fontaines. Leurs cheveux de lin (et parfois leurs cheveux verts) qu'elles peignent ostensiblement, sont l'instrument de leur séduction malicieuse ou maléfique. « Il suffit, nous dit Bachelard, qu'une chevelure dénouée, tombe, coule sur des épaules nues pour que se réalise toute la symbolique des eaux ». Les ondines symbolisent en effet les sortilèges de l'eau et de l'amour liés à la mort, le danger d'une séduction à laquelle l'homme s'abandonne sans contrôle. Parfois la séduction échoue, comme dans l'*Ondine* de Ravel, première pièce de son *Gaspard de la Nuit*, qui lui fut inspirée par les poèmes en prose du très hoffmannesque Aloysius Bertrand. L'ondine chante tendrement, dans une indécision tonale créant l'envoûtement. Dans un crescendo passionné, elle supplie un mortel de la suivre dans son palais glauque mais ce dernier refuse de céder à ses charmes car il aime une mortelle. Alors « boudeuse et dépitée, l'ondine pleura quelques larmes, poussa un éclat de rire et s'évanouit en giboulées ». L'*Ondine* de Debussy, sensuelle compagne d'Amphitrite, est moins virtuose : « ruisselante, tentatrice et nue » (A. Cortot) sur le sable, elle s'évanouit en écume [(12)].

En Bohème, les amours entre ondines et mortels se terminent mal. *Russalka* de Dvorak aime et épouse un prince. Le prince se lasse vite de son silence et finit par la tromper. Elle l'attire un soir au bord du lac et l'entraîne au fond des eaux. Même titre et même sujet pour *Russalka* de Tchaïkovski. Dans *Vodianik* (l'Ondin), poème symphonique du même

Dvorak, l'ondin est le génie maléfique des eaux. Une jeune fille va laver du linge au lac malgré les avertissements de sa mère. Elle tombe à l'eau, l'ondin s'empare d'elle et en fait son épouse. La malheureuse se lamente et chante une berceuse à l'enfant aux cheveux verts qu'elle a eu de l'ondin. Elle lui demande avec insistance à retourner voir sa mère et il finit par la laisser partir pour une journée. Le retour chez la mère n'est que pleurs et lamentations. Soudain, l'ondin frappe à la porte, exigeant le retour de son épouse. La mère le congédie ; une tempête se lève alors, et l'ondin, par vengeance, dépose sur le pas de la porte l'enfant, la tête séparée du corps. Légende atroce que la musique pure ne cherche pas à rendre et ne pourrait rendre. L'histoire sert à construire l'œuvre musicale et permet au musicien d'user des charmes de sa palette orchestrale (déjà moderne à l'aube du XXe siècle).

Tous ces Esprits des Eaux sont en fait des inversions ou perversions d'*Orphée*, le grand harmonisateur et pacificateur. Mais le musicien résoud ces oppositions et, par le vague et les vagues de son langage expressif, manifeste le pouvoir envoûtant et magique de la musique. En bref, il *orphise* les divinités marines dans l'unique dessein de « musiquer », c'est à dire de hausser le pouvoir des sons, à travers les sens, jusqu'à « l'ineffable sens ».

L'Air

Au commencement était le SOUFFLE

F. CHENG

Le sage Liézi était célèbre pour sa capacité à chevaucher le vent.

ZHUANGZI

« Réveiller le sentiment de la nature caché en nous »

TAKEMITSU, *Slow is the wind*

Il y a de nombreuses raisons de douter des rapports de l'image et du son – je renvoie à *La Correspondance des Arts* de Souriaux. Mais ne soyons pas puriste. En écoutant *Le Dialogue du Vent et de la Mer* de *Debussy* ou *Le Langage des Oiseaux* de Sibelius qui les fait chanter dans le vent au dessus des lacs de Finlande, nous nous faisons un petit cinéma intérieur. Ceci étant dit, un musicien privilégie-t-il un élément dans son œuvre ? Bachelarder sur la musique peut paraître une gymnastique intellectuelle aussi vaine que prétentieuse, même s'il est difficile d'y échapper toujours. D'ailleurs, dans ses quatre livres indispensables sur les Eléments, Bachelard s'est appuyé sur la philosophie, la psychanalyse et surtout la littérature ; il n'a guère cité qu'une seule fois, dans *L'Air et les songes*, une œuvre musicale, *Le Sacre du Printemps* de Stravinsky.

Variations sur l'air

Il est pourtant facile – trop facile peut-être – de montrer que le musicien, consciemment ou non, est un artiste de l'Air. En effet :

— L'air est invisible comme la musique et a besoin de nous être révélé : par les oiseaux, les nuages, le mouvement ou la chute des feuilles, la tempête, les bruits, les sons, les odeurs.

— L'air est l'élément invisible que nous respirons ; il donne la Vie comme l'Esprit saint. Nous l'inspirons à l'intérieur de nous-même, d'où la belle métaphore de l'inspiration. Il est à notre source. La *Genèse* nous parle du souffle de Dieu. D'ailleurs, affirmer que « l'esprit souffle » est un pléonasme sacré puisque esprit, respiration, inspiration sont mots de même racine : *spirare, spiritus.*

— L'air est porteur de sons. Les ondes (même mot pour les liquides) sont des sons ondulant dans l'air, ce qui implique mouvement et durée. La musique n'est elle pas le jeu et l'art des sons dans le Temps ?

— Le souffle anime les instruments à vent – bois et cuivres – ainsi que l'orgue, le roi des instruments que célèbre la légende de sainte Cécile.

— Enfin, l'air est si bien l'élément musical par excellence que, dans presque toutes les langues européennes, on dit « un air » pour désigner un chant, une mélodie. Air et mouvement sont deux termes constamment utilisés en musique. Et comme sans l'air, il n'y a ni vol, ni envol, ni « verticalité » (pour citer Bachelard), la musique à son sommet revendique son pouvoir d'élever l'âme, de rendre les mouvements ou émotions (mots de même racine !) de l'âme ; en bref, de rendre l'âme en mouvement. Il est temps d'illustrer ces remarques générales par des œuvres exemplaires.

Rien d'étonnant à ce que les anciens, et aussi les romantiques, aient imaginé des Esprits des Airs, dans les cultures méditerranéennes et nordiques : Eole, Borée, Luonnotar et bien sûr le plus connu, Ariel, blasphématoirement imité par une marque de lessive ! Ariel, c'est l'esprit de l'air opposé au monstre Caliban dans *La Tempête* de Shakespeare. C'est dire qu'on le retrouve dans tous les hommages à Shakespeare, de Purcell à Sibelius. Ariel est repris par Goethe dans le second *Faust*. Il mobilise les esprits des airs pour bercer Faust au sein de la nature avant qu'il accède, à la fin de la pièce, au chœur mystique : « Posez d'abord sa tête sur des coussins frais, puis baignez-le dans la rosée de la source du Léthé. Son corps roidi deviendra vite plus souple et retrouvera ses forces... Accomplissez votre plus belle tâche et rendez-le à la Sainte Lumière. » Robert Schumann songea à Faust pendant vingt ans ; il voulait en faire un opéra mais il se résigna à en faire un oratorio. Il se concentra sur la dernière scène, qu'aucun musicien n'avait encore mise en musique. L'œuvre fut terminée en 1849 pour le centenaire de Goethe.

L'un des plus beaux poèmes de Goethe est sans conteste l'ascension du bel éphèbe Ganymède, emporté au ciel de l'Olympe par l'aigle de Jupiter, qui en fit l'échanson des Dieux pour remplacer Hébé. Schubert avait vingt ans lorsqu'il en fit un lied en 1817 *(D.544)* et l'un des plus grands ! Sa traduction musicale le recrée, en le prolongeant dans le temps et l'espace et atteint le sommet de l'extase schubertienne. On est saisi par ces halètements fiévreux sur les mots « Mir ! Mir ! .. Aufwärts ! » (Vers moi ! Vers moi !... Je monte) et sur cet admirable « Umfangend umfangen ! » (enlaçant, enlacé !) qui va déboucher sur la communion dans le sein du Père, « Alliebender Vater » (Père, universel amour). Cette « verticalité » est bien une ascension.

Passons à un personnage mythologique moins connu. Luonnotar est au cœur de la création dans les légendes finlandaises qu'à illustrées Sibélius. Luonnotar est la déesse vierge suprême et superbe des Airs ; elle fréquente aussi les eaux dans ce pays aux nombreux lacs qui émaillent les forêts sombres. La légende raconte qu'une cane, désespérée de ne pouvoir bâtir son nid sur le vent et les nuages, lui demanda de lui prêter un de ses beaux genoux. Un œuf y fut pondu et se sépara en deux : la coque inférieure fut la terre, et la coque supérieure, le ciel.

Les oiseaux

Les oiseaux manifestent l'air invisible. Prototypes des anges, les oiseaux sont les créatures du ciel, spécialistes du vol, de l'essor, et ils chantent. Les légendes et mythes sur les origines de la musique en font des inspirateurs naturels.

Tout aurait commencé par des chants d'oiseaux. Les anciens philosophes et le poète Lucrèce le croyaient fermement ; pour eux, le chant était un art d'initiation. Le musicologue Louis Laloy (dans *Comment écouter la musique*) n'en juge pas autrement, car étant sinologue, il sait que les Chinois accouplent pour la graphie du mot « chant » les symboles de « bouche » et « oiseau ». Ecoutez les oiseaux, dira encore Paul Dukas. Et pour suivre ce conseil, il y aura Olivier Messiaen, Jacques Ibert qui dialoguait avec un rossignol de la Villa Médicis, et Mâche qui nous fait entendre des *Inventions* à deux voix d'oiseaux. (Nous sommes loin de la *BWV 772 !...)*

Dans *Les Oiseaux* d'Aristophane, vers 400 av. J.C., le rossignol devient un flûtiste virtuose et la gent ailée s'y gargarise de « popo, popo, poï » et de « toro, toro, toro » qui fleurent déjà ce cher Janequin et son *Chant des Oiseaux*. Respighi et Ibert, dans son opéra *Le Roi Yvetot*, font entendre au-dessus de l'orchestre un enregistrement de rossignol.

Messiaen voyage sur tous les continents pour noter des chants d'oiseaux et en faire des œuvres musicales, avec des rythmes complexes d'Orient et des sons justes ; car des oiseaux ne chantent pas dans notre système et notre diapason. Et comme il a cette merveilleuse anomalie de voir la couleur des sons – que les psychologues appellent synesthésie – , il s'offre le luxe d'entendre les lapis lazuli des oiseaux-lyres et les soleils noirs des toucans d'Amazonie.

Dans son essai intitulé *Du Goût,* Debussy nous dit avec humour : « Quand le dieu Pan assembla les sept tuyaux de la syrinx, il n'imita d'abord que la longue note mélancolique du crapaud se plaignant aux rayons de lune. Plus tard, il lutta avec le chant des oiseaux. C'est probablement depuis ce temps que les oiseaux enrichirent leur répertoire. Ce sont là des origines suffisamment sacrées, d'où la musique peut tirer quelque fierté et conserver une part de mystère. » Prenons deux exemples dans le répertoire infini qui s'étend du moyen-âge à Mâche et Messiaen. *L'Air* (opus 8) de Charles Koechlin, composé en 1895, présente une tournure mélodique qui annonce les mélodies de Messiaen plutôt que celles de Ravel. Grand pédagogue au courant de tous les styles, Koechlin resta toutefois en dehors de toutes les écoles. Grâce à des orchestres allemands, nous avons redécouvert récemment ce musicien original – son œuvre symphonique inspirée du *Livre de la Jungle.* Dans un récital de ses mélodies enregistré au Canada, l'air et les ailes vont naturellement de concert :

« Dans l'air s'en vont les ailes,
Par le vent caressées
Mes errantes pensées
S'envolent avec elles
Aux cieux pleins d'étincelles
Vers la nue élancées.
Dans l'Air s'en vont les ailes
Par le vent caressées

Vers des terres nouvelles.
Sur les rayons bercées,
Vous fuyez, dispersées,
Ô blanches colombelles.
Dans l'Air s'en vont les ailes. »
de Banville

Une preuve que sur un poème gentillet on peut écrire une belle mélodie car la musique peut aller au-delà des mots, dit Debussy, qui ajoute que « le poète qui dit des choses à demi me permettra de greffer mon rêve sur le sien ».

Stravinsky et Respighi n'ont pas hésité à utiliser des enregistrements de chants de rossignols. On a même reproché cette facilité à Respighi dans ses *Pins de Rome* alors qu'il y fallait une certaine audace en 1924 !

Les nuages

Les *Nocturnes* de Debussy commencent par « Nuages » (suivis de « Fête » puis de « Sirènes »). Le meilleur commentaire est celui de Paul Dukas – célèbre pour son *Apprenti sorcier* inspiré par Goethe : « Le décor se compose du lent déroulement des nuages sur un ciel immuable, de leur marche lente s'achevant en une agonie grise doucement teintée de blanc (on croit entendre Whistler !). La musique n'a pas pour objet l'expression sensible d'un tel phénomène météorologique, comme bien on pense. Elle y fait allusion, il est vrai, par le continuel flottement d'accords somptueux, dont les progressions montantes et descendantes, dès les débuts de la musique instrumentale, évoquent l'analogie au moyen des architectures aériennes... Il traduit l'analogie par l'analogie dont les éléments sont volatilisés dans l'éther du symbole. »

A partir de chants runiques, le compositeur estonien Veljo Tormis (né en 1930) a écrit ses *Chants de la Mer Ancienne* (1979). Les mélodies des chants runiques sont de brefs récitatifs merveilleusement répétitifs, qui s'interprètent sur le mode « responsorial », entre voix principale et chœur :

« Des vents violents s'élèvent à l'est,
D'autres s'élèvent au sud-est,
D'autres encore au sud.
Quand ils se rencontreront
Ils brasseront la pluie,
Des nuages berceront les vagues
Des nuages terreux donneront la pluie
Des nuages de plomb, le grésil
Des nuages noirs, l'épouvante ».

La musique de Tormis est proche de la nature et des éléments, la plus proche en Scandinavie depuis Sibélius.

Le vent

Le Vent, c'est l'air agité, le mouvement de l'air que la musique, dès les débuts de la musique instrumentale, exprime avec des glissandos, des traits de virtuosité ou d'amples mélodies en legato. On se souvient de Monsieur de Sainte Colombe dans le film *Tous les Matins du Monde* qui révéla au grand public le maître de Marin Marais et surtout la viole. Sa *28ᵉ suite* pour deux violes s'intitule *Bourrasque*, coup de vent plutôt sage chez ce janséniste mélancolique de la fin du XVIIᵉ siècle, mais l'âge baroque ira plus loin dans la musique descriptive . Deux siècles plus tard, l'évocation du vent est tout aussi réservée dans la *Berceuse spirituelle* que Brahms fait chanter à la Vierge pour l'enfant Jésus, afin que son sommeil ne soit pas gêné par le vent. Un des rares lieder de l'histoire du chant avec accompagnement d'alto.

Dans une œuvre de jeunesse, Arnold Schoenberg chante *La Chasse sauvage du Vent d'été* sur un poème du danois Jacobsen. Pas de chasse fantastique ni de chevauchée chez Schubert, Franck, Liszt, Duparc ou Wagner, sans le vent – déplacements d'air dans les lieder et poèmes symphoniques inspirés par les ballades de Goethe ou Burger : *Le Roi des Aulnes* (Schubert, Tomasek, Loewe...), *Léonore* (Raff, Duparc), *Le Chasseur Maudit* (Franck) et ... *Variations sur une porte et un soupir* de Pierre Henry !) Là, le vent se déchaîne avant de se reposer au bord d'un lac. Pourquoi ? Il est à la recherche du Printemps perdu : « Le vent d'été en tempête souffle et creuse dans le lac des sillons d'argent, les moucherons tournent autour du buisson, les grenouilles plongent. Comme tout remue et tout chante ! Le champ d'été gémit et l'araignée voit détruire la toile qu'elle vient de tisser ; les papillons s'affolent dans les haies. Que peut bien vouloir le vent ? Quand il agite les feuilles séchées, il recherche ce qui a trop tôt fini : les fleurs du printemps et les rêves fugitifs de la terre. Il finit par se bercer dans la danse éternelle des vagues, puis sur le lac qui mire la pâleur des étoiles. »

Pour l'imagination aérienne, le vent est l'Elément idéal auquel elle s'identifie. Shelley en est le chantre romantique dans son *Ode au Vent d'ouest* que Bachelard a magnifiquement commentée et que Henze a mis en musique :

> « Fais de moi ta lyre, pareil à la forêt.
> Par tes lèvres, sois pour la terre endormie
> La trompette d'une prophétie. Esprit farouche,
> Sois mon esprit, sois moi, impétueux ! »
> (« Be thou, spirit fierce, my spirit !
> Be thou me, impetuous one ! »)

« Ce romantisme aérien et volant donne des ailes, nous dit Bachelard, à toutes les choses de la terre. Le mystère passe de la substance à son atmosphère. Au temps où j'écoutais mûrir les mirabelles, je voyais le soleil caresser tous les fruits, dorer toutes les rondeurs, polir toutes les richesses. Le vert ruisseau, dans sa légère cascade, ébranlait les cloches de l'ancolie. Un son bleu s'envolait. La grappe des fleurs lançait sans fin des trilles dans le ciel bleu... L'univers s'emplit d'une harmonie des couleurs. Les anémones aux couleurs si diverses colorent les quatre vents du ciel. »

Le thème du Vent d'ouest a été repris en 1820 par Goethe dans *Suleika II* que Schubert mit en musique l'année suivante *(D. 717)*. *Suleika I (D. 720)* est une ode au vent d'est et c'était pour Brahms « le plus beau lied du monde ». Ces poèmes que Goethe inclut dans *Le Divan occidental-oriental* furent écrits en fait par une jeune femme qu'il aimait alors, Marianne von Willemer (qu'il appelait lui-même Suleika). *Suleika I* est un poème extatique de communion mystique dans l'amour et la véritable connaissance du cœur révélée par le souffle du vent :

> « Que signifie cette agitation ?
> Le vent d'est m'apporte-t-il de bonnes nouvelles ?
> Son haleine fraîche et frémissante
> Adoucit les profondes blessures du cœur.
>
> Il joue tendrement avec la poussière
> Qu'il fait voler en légers nuages,
> Il pourchasse le joyeux essaim d'insectes
> Jusqu'au sûr abri des pampres.
>
> Il apaise l'ardeur du soleil,
> Rafraîchit aussi mes joues brûlantes,
> Effleure encore de baisers, au passage, les vignes
> Qui resplendissent sur champs et coteaux.
> ....
> Ah ! Le Véritable message du Cœur,
> L'effusion amoureuse, la fraîche palpitation de la vie
> Me parviennent seulement par ses lèvres,
> Ne peuvent être données que par son souffle. »

N'oublions pas un des plus immenses poètes de notre temps, Saint-John-Perse, et son long poème *Vents* (1947), qui a inspiré un *Concerto pour orchestre* à Eliot Carter, peut-être la plus grande figure de la musique américaine après Charles Ives.

Dans ce concerto dans la mouvance d'Alban Berg, des cellules rythmiques ou mélodiques sont triturées et semblent renaître constamment, les exécutants participant à l'ensemble comme des personnages dans un

« scénario auditif ». Que nous dit le poète ? Que l'œuvre ne naît pas à un moment déterminé, qu'elle existe de tout temps comme le vent et qu'elle renaît tout au plus selon un rite ancien. « Accepter le Vent, c'est accepter une vie qui ne se mesure pas et c'est renoncer à toute existence limitée à sa propre biographie, son pays, son siècle... Et si un homme auprès de vous vient à manquer à son visage de vivant, qu'on lui tienne de force la face dans le vent ! »

La tempête

La tempête se déchaîne vraiment à partir de Rameau dans *Les Boréades* (1764), dernier opéra que le musicien, agonisant, ne pourra jamais entendre. Le livret est mythologique, comme chez Lully – l'obsession mythologique a duré deux siècles ! – où de petits dieux du vent disputent une séduisante mortelle à son malheureux amant. Tempête magistrale au dernier acte. Il faudra attendre Berlioz pour un tel son et lumière dans la musique française. Pas d'opéra au XVIIIe siècle sans orage ou tempête, mais là, Rameau démontrait, une fois de plus, que la musique l'intéressait plus que le livret.

L'orage le plus vacarminesque – et pourtant après Haydn, Beethoven, Rossini et Wagner ! – est celui de La *Symphonie alpestre* de Richard Strauss, œuvre cyclopéenne avec hyperorchestre, orgue et soufflerie. Strauss y décrit une ascension des Alpes en vingt-deux étapes du lever du jour au coucher du soleil. Franz Liszt, son maître en musique à programme, disait que ce genre devait être musicalement parfait et pouvoir s'écouter sans le programme. Ce que Karajan a magistralement démontré à la tête de la Philharmonie de Berlin. La symphonie *Ouessant* de Charles Tournemire nous semble bien classique en comparaison et l'héritière de *La Grotte de Fingal* de Mendelssohn (cf. chapitre sur le Tonnerre).

Le souffle et l'esprit

Pas de chant, pas d'air dans ce sens, sans la respiration, l'art de « l'émission », sans le Souffle. Et les amateurs de bel canto, glottomanes invétérés, admirent trop souvent en sportifs les notes tenues à la limite de l'humain. Rossini les satisfait dans tous ses opéras et en particulier dans l'air célèbre de Figaro du *Barbier de Séville*, avec son humour inimitable – « Ah ! laissez-moi reeeeeeeeeeeeespirer ».

Le souffle divin inspire l'orgue de sainte Cécile dans l'Ode de Haendel :

> « Mais quel art peut enseigner
> Quelle voix humaine peut atteindre
> La sonorité sacrée de l'orgue ?

Ses notes inspirant l'amour divin,
Ses notes qui s'envolent à travers les voies célestes
Pour rejoindre le chœur des anges...
Orphée savait apprivoiser les bêtes sauvages
Et les arbres, déracinés du sol
Se déplaçaient pour suivre les accents de sa lyre.
Mais sainte Cécile accomplit un plus grand miracle :
Lorsqu'elle donna à l'orgue haleine et voix,
Un ange l'entendit et apparut aussitôt
Prenant la terre pour le Ciel. »

Quand la respiration, sous le coup des passions, de la tristesse ou de l'ennui, se fait plus longue, plus forte, on parle de « soupir » – terme musical qu'on ne peut ignorer en solfège. Que de soupirs en musique ! Même dans la musique instrumentale, chez Liszt par exemple dans *Sospiro*. Quant à l'air bien connu de Chérubin dans *Les Noces de Figaro* de Mozart, « Mon cœur soupire la nuit et le jour », rappelons qu'il s'agit d'une traduction très libre de « Voi che sapete » ! (Vous qui savez).

Nous allons conclure par un événement musical exceptionnel qui nous fut proposé au Festival de Beaune en juin 1996. Nous y retrouvons des voix, le vent des cuivres et le souffle de l'orgue dans un envol de l'esprit, dans ce que Bachelard appelait un dynamisme vertical de l'esprit. Pour le couronnement du doge Grimani en 1595, la Sérénissime exulta sur la lagune avec ses vaisseaux d'opéra, puis les chœurs de Gabrieli dans le motet très catholique *Omnes gentes,* lancèrent leurs voix, les cuivres et l'orgue lancèrent leurs envolées, leur « *spiritus* », vers le ciel d'or des coupoles de San Marco. Et le ciel de gloire resplendit et retentit. A cette époque, le ciel chantait pour les mystiques et les astronomes. Dans son *Harmonie du Monde*, le grand Kepler entendait des anges qui chantaient sur les sept planètes et y faisaient retentir leur polyphonie céleste à la gloire de Dieu. A l'octave inférieure de Dieu, il semblait tout naturel que le souffle et l'inspiration de tout le genre humain –*Omnes gentes* – s'envolent vers les mosaïques d'or.

Le Feu

« La musique peut aller au delà des mots à condition que les mots y conduisent »

Debussy

« La musique doit régner en souveraine et faire oublier tout le reste »

Mozart

Pour exprimer le feu ou évoquer le feu, le musicien a besoin d'un titre ou d'un programme qui puisse diriger son imagination et celle de l'auditeur. Sinon, il devra se contenter dans la musique pure d'animer le tempo avec des indications expressives ou métaphoriques du genre : « avec feu », « avec flamme », « avec passion », le plus souvent en italien. Même s'il se laisse prendre, comme tout autre artiste, au jeu de l'imitation (*mimésis*), peut-il rendre la chaleur, la couleur et la violence du feu avec des sons ? La célèbre *Danse du Feu* de Manuel de Falla n'évoque le feu que dans la trame du ballet *L'Amour sorcier*, musique trépidante fondée sur le rythme et l'incantation – comme dans les *Danses roumaines* de Bartok ou d'Enesco, sans titre – et qui pourrait tout aussi bien convenir à un autre contexte dramatique. *Les Feux d'artifices royaux* de Haendel sont de la même veine que sa *Water Music ; Les Feux d'artifice* de Debussy sont pianistiquement proches de son *Ondine* (titres donnés après coup de deux Préludes du Deuxième Livre) et Peter Benoît aurait pu intituler « Ode au Rossignol » ses *Feux follets* ou tout simplement « Poème symphonique avec flûte ».

De même que tout autre artiste et chacun d'entre nous, le musicien rêve la matière et les Eléments. Mais force est de reconnaître que la musique est davantage fille de l'air et fille de l'eau que fille du feu : fille de l'air car elle est mouvement ; fille de l'eau car elle est art du temps et que l'eau, depuis les Présocratiques, est symbole de l'écoulement inexorable. C'est dire que « bachelarder » sur le feu dans la musique serait une vaine gymnastique intellectuelle. D'ailleurs, les sources de l'incontournable Bachelard, pour les Eléments, sont littéraires, philosophiques, psychologiques et parfois mythiques, mais jamais musicales et pour cause... A ma connaissance, il ne cite dans ses quatre ouvrages essentiels qu'une seule œuvre : *Le Sacre du Printemps* de Stravinsky.

N'empêche que les musiciens ont épuisé tous les thèmes possibles du feu, qu'ils soient mythologiques, sacrés, métaphoriques, allégoriques voire psychologiques. Le compositeur cherche son inspiration dans la nature mais surtout dans sa culture ou la mode : par exemple l'obsession mythologique qui dura deux siècles. Il ajoutera à un texte – poème, drame ou livret – l'INEFFABLE, pour citer Jankélévitch ou l'INEXPRIMABLE, pour citer Debussy « car la musique peut aller au delà des mots à condition que les mots y conduisent ». Oublions la boutade de Stravinsky, détachée à tort de son contexte, qui veut que la musique n'exprime rien [(1)], et revenons plutôt à Schopenhauer pour qui la musique exprime tout en général mais rien en particulier. Heureusement que la musique occidentale a cru à son pouvoir expressif pendant des siècles ! Elle a cru bon – et elle vit que cela était bon – d'évoquer l'âtre, la forge, le feu de Iahvé, le feu druidique, le feu des Dieux (Zeus, Apollon, Phaéton, Prométhée, Vesta...), les épreuves du feu, (purification, châtiments, Enfer, immolation), le culte solaire et les feux de l'amour. Sujet inépuisable dont nous exposerons quelques aspects dans ce modeste essai.

De l'âtre à la forge

Le feu de l'âtre ou chaleur du foyer a tenté peu de musiciens, sauf pour évoquer *L'Hiver*, chez Vivaldi, dans l'andante rêveur de son quatrième concerto des *Quatre Saisons*. Dans l'Oratorio *Les Saisons* de Joseph Haydn, un voyageur solitaire se réchauffe dans une chaumière hospitalière puis rend grâce à Dieu. « Dans la salle chaude il voit alors les gens du voisinage... Près du poêle, les vieux bavardent du temps de leur jeunesse... » (Haydn). *Le Solitaire D.800* (der Einsame) de Schubert jouit des lueurs de l'âtre avant d'aller se coucher : « Quand les grillons crissent au soir, quand le foyer chauffe encore, alors je m'assieds, l'âme comblée, en confiance, près de la flamme, si léger, sans souci, une petite heure, très chère, très tranquille ; comme on reste volontiers au coin du feu... »

C'est plutôt le feu de la forge qui incite le compositeur à imiter le marteau qui frappe le fer porté au rouge. Qui ne connaît *L'Harmonieux Forgeron* de Haendel dans *la cinquième suite pour le clavecin ?* Ou l'épisode de *Siegfried* où Loge, le dieu germanique du feu joue un rôle si important ? Siegfried (Acte I, Scène 1) : « Forge moi donc ces morceaux, j'aurai alors mon épée...Mime. « Du perfide acier, joindre les morceaux ? D'aucun poêle la flamme ne peut les forger » (Accompagnement du marteau sur l'enclume). Il y a aussi dans *L'Or du Rhin* (Acte I, Scène 2) un concert de dix-huit enclumes, dirigé par Loge, Dieu du feu., ou le chœur de l'enclume dans *Le Trouvère* de Verdi où les gitans martèlent au rythme de leurs chants. Ou encore la forge de vrais Gitans, ceux-là, dans *La Vie brève* de Manuel de Falla. Des ethnologues américains ont même enregistré, à l'époque du 78 tours, des « *hammer songs* » (« chants du marteau ») dans une prison de Caroline du Sud. Même Brahms a composé un lied sur un poème de Uhland, *Le Forgeron*, dont l'accompagnement au piano est un rythme martelé :

> « J'entends mon bien-aimé
> Brandir son marteau
> Il frappe, il sonne.
> Et son martèlement se répand au loin
> Telles des sonneries de cloches
> Sur la place et de par les ruelles »

C'est bien la preuve que le mythe de Vulcain, forgeron des Enfers, est resté présent dans l'imaginaire.

Le feu de la forge arme les guerriers et les héros. Vulcain et Mars sont donc complices quand ils ne sont pas rivaux en amour.

Le feu dans la guerre, les combats, les révolutions et les répressions, a inspiré les musiciens au XXe siècle :

La première Guerre Mondiale : Britten (*Le Requiem de Guerre*) Isabelle Aboulker (*L'Homme qui titubait dans la guerre*) ; Léningrad, Stalingrad : Chostakovitch entre autres ; la Deuxième Guerre Mondiale : les *Symphonies de Guerre n°2,7,8,9*, de Chostakovitch, *LesThrènes pour Hiroshima* de Penderecki ; et récemment Sarajevo : la *Symphonie n°2* et *Halabja* (détruit en 1990 par Sadam Hussein avec des bombes toxiques) de Philippe Chamouard.

Le vol du feu

Mais ce feu, d'où venait-il ? Il fallait bien qu'un titan, Prométhée, l'eût volé pour les hommes, quitte à expier ce larcin. On connaît l'histoire : Prométhée (« le prévoyant », à l'opposé de son frère Epiméthée, « celui qui réfléchit trop tard » et ouvrit la boite de Pandore) remarqua que, parmi les créatures vivantes, pas une seule ne pensait ni utilisait les forces de la nature ; il prit alors du limon et façonna l'homme. Minerve fut la seule divinité à admettre la beauté de son ouvrage et à l'encourager. Elle accepta, sur sa requête, de lui montrer les régions célestes. Prométhée en profita malicieusement pour dérober le feu au char du soleil en le dissimulant dans un bâton creux. Irrité d'un attentat si audacieux et sacrilège, Jupiter fit enchaîner le voleur au sommet du Caucase et lâcha sur lui un aigle qui lui déchira le foie ; mais chaque nuit le foie se reformait. Au bout de trente années, Hercule abattit l'aigle d'une flèche et délivra ainsi le condamné. C'est ainsi que la légende se retrouve dans mainte œuvre baroque oubliée. Prométhée apparaît dans le prologue d'un opéra, récemment découvert, de Mondonville : *Aurore et Titon*. Mais il faudra attendre la fin du siècle des Lumières pour que Prométhée devienne le symbole de l'humanité en marche, de la révolte des sens et de l'esprit contre les dieux, puis arriver au XIXe siècle pour que cette interprétation du mythe fascine les compositeurs de lieder. Il y a certes des sceptiques comme Lefranc de Pompignan pour qui Prométhée (1771) incarne l'impie, le raisonneur et l'esprit fort, c'est à dire Voltaire et les Encyclopédistes. Il est vrai que pour les adeptes des Lumières, les partisans du vol du feu, Jupiter représente l'Eglise.

Curieusement, le jeune Beethoven avait là un sujet en or qu'il n'a pas exploité ; il s'est contenté de suivre sagement la légende de l'épitomé dans son unique ballet *Les Créatures de Prométhée* (1801). C'est Schubert qui, dix-huit ans plus tard, exprima avec véhémence la révolte du jeune Goethe de 1773, en plein « Sturm und Drang ». L'œuvre sur l'ode *Prometheus* ne fut jamais exécutée car Metternich, qui jugulait les intellectuels décret par décret, se sentit visé. Prométhée, ainsi que la race des hommes, revendique également la souffrance et la joie de la vie sans daigner accorder la moindre attention à ce Zeus qui est soumis aux mêmes maîtres que lui : « le Temps tout puissant et le destin éternel ». Une affolante montée chromatique au piano accompagne le défi : « Moi, t'adorer ? Pourquoi ? ». Richard Wagner et Hugo Wolf ont été sollicité par le même poème. Prométhée n'est-il pas « ce héros qui aima assez les hommes pour leur donner en même temps le feu et la liberté ? » (Albert Camus dans *Prométhée aux Enfers*) Le héros enchaîné maintient dans la foudre divine sa foi tranquille en l'homme. Au début du siècle, Scriabine a surtout vu en lui le prototype de l'artiste. Son *Prométhée* émerge d'un calme originel pour accéder à une créativité conquérante et totale. Musique, couleurs et parfums devaient concourir au succès de cet art total.

Le culte du feu

Depuis la Guerre du Feu, depuis que le feu du ciel fut capté, cet élément a valeur divine. Le feu sacré était entretenu et gardé par des vierges consacrées, de Rome à Angkor. Vesta, sœur de Jupiter, avait à Rome un temple en forme de globe que desservaient six vestales – déjà chez les Sabins. Les vestales, choisies dès l'âge de sept ans dans les plus honnêtes familles, devaient rester vierges pendant trente ans, puis avaient droit au mariage. Si elles laissaient s'éteindre le feu, elles étaient fouettées, mais si elles perdaient leur virginité on les enfermait vivantes dans un sépulcre (2). Quel beau sujet d'opéra que voilà ! Napoléon s'enthousiasma pour *La Vestale* de Spontini que ressuscita la Callas dans les années cinquante.

Le feu de Dieu

Quittons momentanément la mythologie et le paganisme pour la Bible. Si le feu et la foudre sont les attributs de Zeus, ils le sont aussi de Iahvé. L'éclair n'est-il pas le « Big Bang » de la création qui surgit du chaos ? Une secte musulmane du Maroc, descendants d'esclaves éthiopiens affranchis par Mahomet, les gnawas, célèbrent la création avec des tambours. Le même mot hébreu désigne la lumière et l'éclair : C'est au début de *La Création* de Haydn qu'éclate le « Es werde Licht » (« Fiat lux ») avec le plus d'intensité – beaucoup plus convaincant que dans le *In the Beginning* de Copland qui a rituellement musiqué la *Genèse* –.

Tout bon catéchiste sait que Iahvé se manifesta à Moïse dans un « buisson ardent » – « Je suis Celui qui suis » –, pour lui ordonner de délivrer les hébreux captifs du pharaon. Et l'on pense naturellement à maint chefs-d'œuvre. Citons entre autres *Israël en Egypte* de Haendel et un autre oratorio moins connu, *Les Israélites au Désert* de C.P.E. Bach, sans oublier l'opéra de Rossini, *Moïse en Egypte* (3), symbole de la libération de l'Italie bien avant le *Nabucco* de Verdi. La stupeur de Moïse nous est communiquée avec une sobriété théologique émouvante par Schoenberg dans *Moïse et Aaron :* « Ô Mot ! Toi, mot qui me manque ! ». Le feu est le seul langage possible. Chez Telemann, cette idée est déjà exprimée au XVIIIe siècle dans son *Ode au Tonnerre ;* le tonnerre, c'est la voix de Iahvé qui manifeste sa puissance, son ignipotence :

> « Ecoutez, écoutez le fracas de sa voix,
> Le grondement qui lui sort de la bouche !
> Il en remplit toute l'étendue des cieux
> Et ses éclairs rejoignent les confins de la terre. »

Et dans le *Psaume 10* (mis en musique par Benedetto Marcello, contemporain de Vivaldi) :

> « Sur les impies, il fera tomber une pluie de feu et de soufre ;
> un souffle dévorant de tempête sera leur partage ».

Dans le *Livre de Job*, Dieu met au défi les hommes d'accomplir des actions telles que les siennes et le feu est au cœur de la démonstration. *Job, a Masque for Dancing* est l'une des œuvres les plus originales de l'Anglais Ralph Vaughan Williams basée sur les illustrations de Blake pour *Le Livre de Job*. Le folk-song et la musique d'église Tudor s'y rejoignent pour traduire, dans le cadre d'un ballet allégorique, la misère humaine aux prises avec la puissance divine.

Debussy et son poète D'Annunzio nous chantent dans *Le Martyre de saint Sébastien :* « Dieu est et sera toujours Dieu ; célébrez son nom par le feu ». C'est aussi avec des flammes furieuses (« raging flames ») que s'écrouleront les murailles de Jéricho dans le *Josué* de Haendel ; c'est avec des éclairs que Iahvé écrit en lettres de feu « Mane, Tekel, Phares » sur les murs du palais de Balthazar. Deux oratorios pour cette histoire biblique : *Le Festin de Balthazar* de Haendel et, en 1931, celui de William Walton et même un lied impressionnant et peu connu de Robert Schumann sur un poème de Heine, *Balthazar :*

> « La nuit était au milieu de sa course ;
> Babylone reposait dans le silence et le sommeil.
>
> Mais là-haut, dans le palais du roi,
> A la lueur des torches, la valetaille mène grand bruit.
>
> Là-haut, dans la salle royale,
> Balthazar préside un festin de roi.

Les courtisans, en rangées chatoyantes,
Vident des coupes pleines de vins étincelants.

Les coupes s'entrechoquent, les convives exultent,
Et le roi arrogant à ce vacarme applaudit.

Il s'échauffe, et ses joues s'enflamment,
Il puise dans le vin une insolente audace.

Mais son courage l'entraîne et l'égare,
Il insulte à Dieu, il blasphème sa loi.

A son orgueil effronté, à ses blasphèmes furieux,
Les courtisans applaudissent avec tapage.

D'un regard impérieux, le roi fait un signe ;
Un serviteur s'empresse et revient aussitôt.

Il porte sur sa tête des vases d'or,
Ravis dans le temple du dieu Jéhovah.

D'une main sacrilège, le roi saisit
Une coupe sacrée, remplie jusqu'aux bords.

Il la vide d'un trait, jusqu'à la dernière goutte,
Et puis, l'écume aux lèvres, il s'écrie :

« Jéhovah ! Je te proclame, je te méprise à jamais,
Moi, le roi de Babylone ! »

Mais à peine a-t-il dit ces mots horribles,
Qu'il éprouve au cœur une secrète terreur.

Les rires bruyants cessent tout d'un coup,
Un silence de mort se fait dans la salle.

Tenez, regardez, sur la blancheur du mur
Se profile comme une main humaine !

Et cette main, écrivant sur le mur blanc,
Trace des lettres de feu... et disparaît enfin
Les yeux hagards, livide comme un mort,
Le roi est là, tremblant de tous ses membres.

Dans le troisième mouvement de *Des Canyons aux Etoiles*, Messiaen nous conduit au firmament et médite sur l'implacable rigueur du Tout-Puissant qui, lors du festin du roi Balthazar de Babylone, déclare l'homme « Pêcheur ». Les mots de la justice divine apparaissent en lettres de feu sur les murs des cieux que sont les étoiles ; les lettres de « Mene, Tekel, Upharsin » sont traduites en notes de musique selon la manière saxonne : A (la), B (si), C (do), D (ré), E (mi), F (fa), G (sol)...

Epreuves du feu

L'épreuve par le feu est un sujet de prédilection surtout pour les compositeurs d'opéras : la purification, le châtiment et aussi l'immolation. L'exemple de purification par le feu – mais aussi par le silence et l'eau – le plus célèbre est celui que doivent subir Tamino et Pamina dans *La Flûte Enchantée* de Mozart, œuvre symbolique et initiatique comme chacun sait.

Les châtiments sont plus nombreux et plus scéniques de Mozart à nos jours. Comme *La Vestale* de Spontini, *La Norma* de Bellini meurt sur le bûcher pour avoir violé son vœu de chasteté avec un « occupant » romain. Mais, pour le musicologue Emmanuel Reibel, loin d'expier sa faute, le feu éternise l'amour interdit en perpétuant par-delà la mort la flamme amoureuse et la nouvelle symbolique du feu se substitue à sa dimension antique de destruction et de purification. Même intrigue dans *Les Pêcheurs de perles* de Bizet. La scène se passe à Ceylan dans l'Antiquité. Comme dans les histoires de vestales, la prêtresse Leïla risque la mort si elle se donne à un homme ; or, elle aime Nadir, revenu de sa jungle. Un bûcher est préparé pendant que des chœurs se livrent à des chants sauvages et on amène les deux amants. C'est alors que le camp devient la proie des flammes. Tout finit bien – exceptionnellement – car le roi rend la liberté aux amants parjures. En général, l'exécution a lieu pour la terreur exquise du lyricomane. Dans *L'Ange de Feu* de Prokofiev, l'héroïne hystérique Rénata est hantée par le démon et finit par introduire Méphisto malgré elle dans le couvent où elle se soigne. L'Inquisition lui fait subir le même sort qu'aux nombreuses sorcières de l'art lyrique. Rappelons pour mémoire Azucena, la gitane et mère nourricière du *Trouvère* de Verdi, sans oublier l'autodafé du dernier acte de *Don Carlo*. Jeanne d'Arc, accusée à tort de sorcellerie et morte sur le bûcher, a inspiré plusieurs œuvres importantes du répertoire : *La Pucelle d'Orléans* de Tchaïkovsky, d'après le drame de Schiller, et *Jeanne au bûcher* d'Arthur Honegger qui n'a pas réussi à captiver les spectateurs autant que les films – d'ailleurs tous remarquables – consacrés à notre sainte nationale.

Deux siècles plus tard, en 1634, le bûcher s'enflamme à nouveau à Loudun. Urbain Grandier, curé mondain et libertin à ses heures – il aurait eu une liaison avec une jeune veuve Ninon – refuse d'être le confesseur des Ursulines et il inspire à la Mère Jeanne des Anges, ainsi qu'à plusieurs de ses nonnes, une passion dévorante et hystérique. La politique et les ragots s'en mêlent si bien que le curé de Loudun est condamné à mort. Aldous Huxley a raconté cette sombre histoire dans un des meilleurs livres, *Les Diables de Loudun*, dont s'est inspiré le musicien polonais Krystof Penderecki en 1969. Etant chrétien, il fait de Grandier un martyr qui, à sa façon, subit une Passion. La fin de l'opéra, sans équivalent tant sur le plan dramatique que musical, est à la limite du soutenable. Grandier est traîné par quatre soldats et porte la chemise imprégnée de soufre des hérétiques ; ses jambes brisées brinquebalent, « poupée ridicule, chauve et désarticulée ». La procession arrive au lieu du supplice et Grandier est attaché au poteau. Lorsqu'il essaie de s'adresser à la foule, Barré, le sinistre curé de Chinon, le frappe au visage de son crucifix pour le faire taire et cherche encore en vain à le faire avouer. Lorsque Barré lui donne le baiser de paix, quelqu'un dans la foule crie « Judas ! » et Barré, dans sa colère, saisit une torche et met le feu au bûcher avant que les soldats aient eu le temps d'étrangler la victime, mesure de clémence toute relative à l'époque. Lorsque l'opéra s'achève, on voit Jeanne des Anges prier en silence.

Nous ne nous étendrons pas sur les rendez-vous de sorcières. Pas de sorcières, ni de sabbats ou de nuits de Walpurgis sans feux, sans chaudrons : les sorcières dans *Didon et Enée* de Purcell et celles de *Macbeth* de Verdi.

Arrêtons-nous plutôt au châtiment paternel de La Walkyrie de Wagner, œuvre unique en son genre et, à notre avis, le drame le plus émouvant et le plus réussi musicalement de la Tétralogie. Dans *La Walkyrie*, Brûnnhilde est punie par son divin père Wotan car elle lui a désobéi en protégeant Siegmund et Sieglinde que le dieu « impuissant » avait juré à Fricka – déesse du mariage – de détruire. En effet, ces deux jumeaux, enfants de Wotan eux aussi, avaient commis l'adultère et l'inceste. Brünnhilde les protège, par esprit de famille, et aussi parce qu'elle sait que Sieglinde est enceinte du futur Siegfried, ce héros que les dieux du Walhalla attendent comme un messie pour vaincre leurs ennemis. On connaît la suite : Wotan, obligé de punir sa fille, lui pose un baiser sur le front en guise d'adieu et la plonge dans un profond sommeil en haut d'un rocher. Puis, brandissant sa lance, il invoque Loge. Un rayon de feu jaillit du rocher et Wotan disparaît derrière l'écran de flammes. Un passage orchestral majestueux entonne l'adieu du père à sa fille. Rien de comparable à cette scène dans toute l'œuvre de Wagner. Jamais sa musique, si ce n'est dans la mort d'Isolde, n'a atteint ce sommet de beauté tendre et funèbre à la fois. Et quand plus tard le feu embrase le Walhalla, c'est *Le Crépuscule des Dieux* (4).

Le feu de l'Enfer

Après avoir tenté tant de peintres et fresquistes, l'Enfer devait aussi inspirer les musiciens, et les meilleurs. Le feu n'est qu'un des tourments de l'Enfer dans *La Divine Comédie* de Dante dont Henry Barraud a mis en musique sept passages. Franz Liszt a choisi de ne pas toucher au texte sacro-saint et d'évoquer plutôt l'Enfer avec son orchestre romantique dans une musique à programme, *La Dante Symphonie*. Mais le châtiment infernal le plus dramatique et musicalement le plus génial de toute l'histoire de l'opéra est celui du *Don Juan* de Mozart. Le tragique hallucinant de la situation, c'est que, dans ses dernières secondes, Don Juan garde la liberté de son choix et qu'il choisit de dire non. Les fusées des contrebasses se conjuguent avec les grands coups de boutoir des trombones amalgamés à l'orchestre au grand complet, et ponctuent les phases de l'ultime confrontation avec le Commandeur. Au point culminant, la statue clame : « Ah ! Il n'est plus temps ! », et Don Juan s'abîme dans les profondeurs souterraines d'où jaillissent des flammes. « Alors, nous dit Henry Barraud dans sa somme *Les Cinq Grands Opéras*, Don Juan s'effondre. Il a peur et crie ; il hurle sa terreur au milieu des flammes, parmi les cris des damnés qui montent jusqu'à lui. Cela jusqu'au grand « Ah ! » final qui éclate au moment de son engloutissement sur le plus inattendu et le plus superbe accord de ré majeur. Véritable coup de théâtre harmonique... ». Il est vrai que le début de la scène, qui reprend le chromatisme de l'ouverture, est d'une audace inouïe, hors du temps musical ; nous y entendons défiler en sept mesures les douze sons du total chromatique, ce qui a donné l'occasion aux disciples de Schoenberg de revendiquer Mozart comme le premier dodécaphoniste de l'histoire de la musique ! Dans le *Requiem* figure le *Dies Irae*, « jour de colère », ce jour-là qui réduira le monde en cendres, mais aussi le *Confutatis*, « les maudits confondus, aux âpres flammes condamnés » passages aux accents dramatiques et peut-être la séquence la plus intense du film *Amadeus*. Si l'évocation du Jugement Dernier se retrouve dans plus de mille six cents *requiems* du moyen-âge à nos jours, aucun ne sera aussi souvent joué que celui de Mozart ; mais tous au XIXe siècle rivalisent dans l'effroi avec des moyens choraux et orchestraux de plus en plus vastes : Cherubini, Berlioz, Verdi, Gouvy, Saint-Saëns, Dvorak... Ceux de Brahms et Faure rassurent et consolent.

Par contre, le Jugement Dernier est annoncé dans la musique baroque par la solennelle et lumineuse trompette en ré et prélude non pas à l'Enfer mais à la Résurrection et à l'Apocalypse – allusion au chœur final de *l'Ode pour la Sainte-Cécile* de Haendel. Ce sont les trompettes et les cors qui font irruption dans le quatrième mouvement de la *Symphonie Résurrection* de Malher. « La terre tremble, les tombes s'ouvrent brusquement, les morts se dressent et défilent en cortèges infinis » mais aucun feu de l'Enfer à redouter : « Une douce lumière nous pénètre jusqu'au cœur. Il n'y a plus ni tribunal, ni pécheurs, ni châtiment… Un sentiment d'amour tout-puissant nous traverse de sa lumière » (description de Mahler). Déjà dans « Urlicht » (lumière primordiale) du mouvement précédent, la rose rouge de Marie guidait le pécheur vers la béatitude de la lumière céleste.

L'immolation par le feu

L'immolation est une autre épreuve du feu qu'il est surprenant de rencontrer aussi souvent dans l'art lyrique. Aux XVIIe et XVIIIe siècles, on trouve Hercule dans tous les *Alceste* (de Lully à Gluck) mais seul Louis-Nicolas Clérambault écrivit une cantate sur *La Mort d'Hercule* (1716). Les nostalgiques de l'épitomé n'ont pas oublié la fin du héros. Déjanire, jalouse de la charmante Iole, envoya la peau du centaure Nessus à Hercule. Celui-ci n'en fut pas plutôt revêtu que le venin, dont la tunique était infectée, fit sentir son funeste effet et en un instant il pénétra jusqu'à la moelle des os. Le héros essaya vainement de se débarrasser de cette tunique qui collait à ses membres. Il poussa des cris effroyables de douleur et voyant sa fin prochaine, il éleva un bûcher sur le mont Oeta, y étendit sa peau de lion, mit sa célèbre massue sous sa tête et ordonna à son fidèle ami Philoctète d'y mettre le feu et de prendre soin de ses cendres. Dès que le bûcher fut allumé, la foudre vint le frapper pour purifier ce qu'il y avait de mortel en lui. Puis Jupiter l'enleva dans le ciel pour le placer au rang des demi-dieux. Chez Clérambault, la fin d'Hercule n'est que le prétexte à un long développement sur le thème des tourments amoureux : au moment de mourir, il se révolte contre l'Amour, seul monstre qu'il n'a pas réussi à vaincre. Il serait aussi vain qu'absurde de prétendre épuiser un si grand sujet dans un essai si court, mais les admirateurs de Virgile nous en voudraient d'oublier l'*Enéide* et les amours funestes de Didon et Enée (5) . Après la chute de Troie, Enée s'embarque avec un équipage pour aller fonder la Nouvelle Troie. Or, lors d'une escale à Carthage, il s'éprend de la reine Didon. Il est dit que leur amour doive prendre fin car Enée a une mission surveillée par les dieux. La reine ne peut se résigner à l'abandon et, incapable de survivre à sa passion, s'immole sur un bûcher. Deux chefs-d'œuvre, absolument antinomiques, ont chanté cette passion malheureuse : *Didon et Enée* de Henry Purcell et *Les Troyens* d'Hector Berlioz. Purcell a composé un opéra de chambre, d'une sobriété et d'une intensité toute racinienne, dont la mort de Didon – sans aucune flamme ! – est le lamento le plus poignant de tout l'art baroque (et de l'art classique avant Mozart). Comme Phèdre avec Oenone, Didon livre son cœur à sa confidente Belinda :

« Ta main, Belinda, les ténèbres me recouvrent
Sur ton sein laisse-moi reposer ; je n'en peux mais ;
La mort m'envahit ; la mort est à présent bienvenue.
Quand je serai étendue dans la terre
Que mes fautes ne te troublent point.
Souviens-toi de moi. Ah ! Oublie mon sort. »

(« Remember me but. Ah ! forget my fate. »)

Didon se consume dans une immolation toute intérieure. Ce chant de mort – ce *Liebestod* – s'étale sur une chaconne avec chromatisme à la basse (ground ou basse obstinée). Quelle étonnante et merveilleuse coïncidence que de retrouver, note pour note, la même descente chromatique dans le *Crucifixus* de la *Messe en Si* de J.S. Bach !

Chez le romantique Berlioz, la réserve n'est plus de mise. Ce lecteur passionné de Virgile – il pleure en lisant la mort de Didon dans le texte ! – se souvient que la reine inconsolable s'immole après s'être poignardée, seule mort à la hauteur de sa flamme. L'orchestre est une véritable torche qui accompagne son chant funèbre :

Adieu, beau ciel d'Afrique, astres que j'admirais
Aux nuits d'ivresse et d'extase infinie ;
Je ne vous verrai plus, ma carrière est finie !...
D'un malheureux amour, funestes gages,
Dans la flamme emportez avec vous mes chagrins ! »

L'immolation par le feu peut être collective comme dans *La Khovantchina* de Moussorgsky. Les vieux partisans savent leur cause perdue et leur secte honnie dans toute la Russie ; ils préfèrent alors mourir ensemble plutôt que de se rendre aux soldats. Ils construisent un immense bûcher funéraire qu'ils gravissent, une chandelle à la main. Les flammes s'élèvent au moment où les troupes surgissent ; les soldats reculent, frappés d'horreur à la vue des flammes.

Culte et feu solaire

Voilà donc bien des épreuves par le feu, qui ont engendré des musiques mémorables. Nous pourrions chercher d'autres interventions du feu [(6)] que les musiciens ont cru bon de « musiquer », mais peut-être vaut-il mieux revenir aux mythes et légendes des origines sur « le clair flambeau du monde », à savoir le Soleil, dont le char de feu [(7)] , ne l'oublions pas, était tiré par les chevaux de Phébus.

Nous avons vu que Prométhée vola le feu au char du soleil pour le donner aux hommes. Le même char fut l'ultime aventure du téméraire Phaéton. Phaéton était fils du Soleil – Phébus ou Apollon, bien que les anciens poètes en aient fait deux divinités différentes – et de Clymène, fille de l'Océan – ce qui ne laissait pas d'entacher son hérédité. On lui reprocha de se prendre par vanité pour le fils du soleil. Il alla se plaindre auprès de sa mère qui le renvoya vers son père pour apprendre de sa propre bouche la vérité sur sa naissance. Phaéton conjura le dieu de lui accorder une faveur qui attesterait de sa véritable origine. N'écoutant que son amour paternel, le Soleil jura par le Styx de ne rien lui refuser. Alors le jeune audacieux lui demanda d'éclairer le monde pendant un jour seulement en conduisant son char. Le Soleil tenta de détourner son fils de cette folie suicidaire mais en vain. Les quatre chevaux s'aperçurent vite du changement de conducteur et se détournèrent de leur route habituelle : tantôt, montant trop haut, ils menaçaient le ciel d'un embrasement fatal ; tantôt, descendant trop bas, ils brûlaient les montagnes et asséchaient les rivières. La Terre se plaignit à Jupiter qui, pour prévenir le désastre de l'Univers, lança sa foudre et précipita le jeune fou dans l'Eridan (Le Pô). Ses sœurs, les Héliades, pleurèrent si fort que Jupiter les métamorphosa en peupliers et leurs larmes en grains d'ambre (autre symbole du soleil avec l'or, la Toison d'or, le miel et ... les « *golden apples* »). Lully en fit un opéra (tiré de l'oubli par Minkovsky et les Musiciens du Louvre) pour Louis XIV, le Roi-Soleil.

Apollon :	« Abandonnez un dessein dangereux Evitez votre perte, il en est temps encore. »
Phaéton :	« Permettez-moi d'éclairer l'Univers... Il est beau qu'un mortel jusqu'aux cieux s'élève Et beau même d'en tomber. »

Il est donc téméraire, sacrilège et irresponsable de jouer avec le feu... solaire.

Le soleil est un dieu majeur dans une religion polythéiste. En Egypte, Râ est un dieu primordial, au-dessus de tous les autres. Il faut attendre Aménophis IV ou Akhénaton, pharaon de la XVIIIe dynastie, pour que le soleil devienne un dieu unique. Ce pharaon mystique monta sur le trône en 1375 avant J.C. et hérita, hélas ! du conservatisme fanatique de la caste des prêtres d'Amon, dieu de Thèbes. Le règne et la révolution spirituelle d'Akhénaton ne durèrent que dix-sept ans puis, à sa mort, les forces de la réaction l'emportèrent ; sa mémoire fut souillée par ses successeurs. Ce fondateur du monothéisme fut redécouvert accidentellement en 1887 par une paysanne qui cherchait de l'engrais dans les ruines de Tell Amarna, le nouveau centre religieux d'Aton ; elle retourna la terre et y trouva trois cent soixante tablettes de caractères cunéiformes (akkadiennes). On apprit qu'Aton était le disque solaire.

Le pharaon en fit une idée de Dieu et proscrivit les autres divinités animales. Passionné d'égyptologie, le musicien américain Philip Glass écrivit, il y a une dizaine d'années, un « opéra-portrait », *Akhnaten*, le troisième d'une trilogie, après *Gandhi* et *Einstein*, « les trois hommes qui ont révolutionné la pensée et les événements de leur temps par la puissance d'une vision interne ». Le livret part exclusivement de textes authentiques ; le fil de l'histoire est en anglais mais on entend les textes majeurs du pharaon en égyptien, en akkadien et même un psaume en hébreu, qui reprend la prière d'Akhénaton, d'un siècle avant l'Exode ! Le résultat est une musique hors du temps, quasi liturgique et extatique, grâce à des procédés répétitifs et incantatoires – baptisés « minimalistes » par certains critiques épris de monochromes, ce qui déplut à Glass , et pour cause !

« Oh Aton Vivant, tu es beau, grand, éblouissant
Haut au-dessus de chaque pays.
Tes rayons couvrent la terre
Jusqu'à l'extrémité de ce que tu as fait
Toi, unique Dieu
Tu as créé la terre selon ta volonté
Tout seul, tout ce qui sur terre marche et s'envole. »

Les hymnes au soleil n'ont pas attendu Philip Glass. L'Atrium Musicae de Madrid a reconstitué et enregistré un hymne écrit au IIe siècle par Mésomède de Crète. Contentons-nous d'en citer trois autres. Dans *La Reine des Fées* de Purcell :

« Vive notre ancêtre à tous, lumière et joie de la terre.
Toi qui donnes à toute la nature naissance. » (Fin de l'Acte IV)

Le sommet du genre est certainement « O clair flambeau du Monde » ; dans *Les Indes galantes* du dijonnais J.P. Rameau. Moins connu est l'hymne au « soleil qui donne vie et beauté » du *Coq d'Or* de Rimsky-Korsakov, mélodie sensuelle soutenue par une ineffable clarinette, aussi populaire en Russie que le chant de l'indien dans *Sadko*.

Feux de la Saint-Jean

Le culte solaire était l'occasion de fêtes lorsque la course du soleil est la plus longue, pour le solstice d'été le 21 juin, la fête se prolongeant pendant la nuit la plus courte. On sait que les druides allumaient des feux à cette occasion, entre lesquels ils faisaient passer le bétail pour le purifier et le préserver des épidémies. César parle de grands mannequins d'osier dans lesquels les Gaulois enfermaient des hommes et des animaux et auxquels ils mettaient le feu. Les feux celtiques, encore célébrés de nos jours en Bourgogne pour un plaisir folklorique, furent christianisés et remplacés par les « Feux de la Saint-Jean », de même qu'on surmontait certains menhirs d'une croix (à la Chapelle de Brancion, par exemple) [(8)]. Pour les musiciens, ils servent d'arrière-plan ou d'effets scéniques à toutes les versions du *Songe d'une Nuit d'été* d'après Shakespeare : de Purcell à Britten, en passant par Mendelssohn, Ambroise Thomas et Michael Tippett dans son opéra symbolique et jungien *A Midsummer Marriage* (Le Mariage de la Saint-Jean). Plus près de nous, Lou Harrison, ancien élève de Schoenberg, a composé un ballet *Solstice* dont la dernière figure est « Blaze of day » (Feu ou flamboiement du jour), où il utilise le piano préparé de Cage (tack piano). Dans son ardeur, le soleil peut être mortifère, bien que l'art lyrique fasse peu de place à l'insolation. Toutefois, il ne faudrait pas oublier *Mireille* de Gounod. Rappelons brièvement le drame de Mireille basé sur l'œuvre de Mistral. Son père veut lui imposer comme mari Ourrias alors qu'elle aime Vincent. L'opéra se termine dans la Crau, région désertique brûlée par le soleil. Ourrias tue Vincent en combat singulier et Mireille meurt d'épuisement sous la chaleur torride après avoir chanté – comment peut-elle en avoir la force et le courage ! – « Voici la vaste plaine et le désert de feu ».

Feu de l'homme, feux de l'amour

Nous avons beaucoup parlé du feu du ciel [(9)], du feu des dieux, mais prenons garde d'oublier le feu de l'homme. Bachelard nous rappelle que « l'ardeur, le flamboiement, le frottement de l'amour sont le cœur et au cœur du Feu ». Et c'est ce feu de l'homme que rend le mieux l'expression musicale. Prométhée apparaît dans le prologue d'*Aurore et Titon* de Mondonville pour chanter l'amour et devient ainsi le symbole de l'amant torturé par l'amour comme le titan par l'aigle. Ronsard disait déjà : « Un Prométhée en passions je suis ». Avec les amours de Vénus et Vulcain, les anciens n'avaient pas oublié le feu au cœur de l'homme – ils n'avaient pas oublié non plus les feux de la guerre au sein de l'amour : Mars et Vénus et, plus tard, Tancrède et Clorinde. La musique n'a pas attendu l'air de Marguerite, « D'amour, l'ardente flamme », dans *La Damnation de Faust* de Berlioz. Dès la Renaissance, les madrigaux s'enflamment. Morley, sous Elisabeth 1ère, crie, non sans humour : « Au feu ! Au feu, mon cœur ! » (« Fire ! Fire, my heart ! »). Tous les italiens « ardent », férus de Pétrarque pour qui les yeux de la belle embrasent :

> « J'ai vu luire de pleurs ces deux belles lumières
> Qui rendirent jaloux le soleil mille fois ».

(*Sonnet 123* mis en musique par Liszt, ainsi que le *Sonnet XXXV*, obsessionnel trio de Jean-Louis Gand pour soprano, hautbois et piano).

Citons Marenzio, Monteverdi et le plus audacieux des madrigalistes – redécouvert par Stravinsky – , Carlo Gesualdo, Prince de Venosa, à qui la passion fit commettre trois meurtres. Que d'incendies dans ses chants d'amour et de mort :

« Mon cœur brûle et le feu est si doux
Qu'il vit dans cette ardeur
Dont tout joyeux on meurt ! » (Livre IV)
« Ah ! Je brûle pour toi, mon bien, mais cette ardeur
Souffle une douce brise sur mon cœur. » (Livre VI)

et en France, il serait impardonnable d'oublier Ronsard, le poète des Amours (à Marie et à Cassandre), qui affirme en 1565 dans son *Art Poétique :* « La poésie sans les instruments ou sans la grâce d'une seule ou plusieurs voix n'est nullement agréable, non plus que les instruments sans être animés de la mélodie d'une plaisante voix ». Plusieurs musiciens cédèrent à cette invitation et le plus célèbre fut Antoine de Bertrand (1530 –1581, assassiné par les Huguenots) qui effectua l'essentiel de sa carrière à Toulouse, dans l'entourage du Cardinal d'Armagnac et de la famille de Bourbon. Il mit en musique la plus grande partie des quelque deux cent vingts sonnets des Amours. En voici un des plus enflammés :

« Dans le serain (temps calme) de sa jumelle flamme
Je vis Amour qui son arc débandait.
Et sur mon cœur le brandon épandait
Qui des plus froids les moelles enflamme.

Puis ça puis là, près des yeux de ma dame,
Entre cent fleurs un rets d'or me tendait,
Qui tout crépu blondement descendait
A flots ondés pour enlasser mon âme.

Qu'eussé-je fait ? L'Archer était si doux
Si doux son feu, si doux l'or de ses nouds (nœuds)
Qu'en leurs filets encore je m'oublie.

Mais cet oubli ne me tourmente point.
Si tant doucement le doux Archer me point,
Le feu me brûle et l'or crépu me lie. »

Armide (d'après *La Jérusalem Délivrée* du Tasse) ensevelit sa douleur de femme abandonnée par Renaud dans les ruines fumantes – et symboliques de sa passion – de son palais enchanté. Beaucoup d'Armide ! Lully, Geminiani, Gluck, Jommelli, Haydn, Dvorak...

Il faut également évoquer le feu qui ronge Phèdre dans *Hyppolyte et Aricie* de Rameau : « Cruelle mère des amours, ta vengeance a perdu ma trop coupable race... Mes feux me font horreur, mais mon crime est le tien ». (Acte III, scène I).

Trois siècles plus tard, Wagner imagine une torche devant la cabane de Tristan et Isolde. Bizet plante la fin de *Carmen* sous le ciel torride d'une corrida. Tous les musiciens ont réussi, dans leurs grands moments de création, à exprimer ce feu intime de l'homme. « Tout ce qui est individuel est ineffable », disait Leibniz, mais l'ineffable ne les a pas découragés – pour notre grande joie de mélophiles. « Quelles passions la musique ne peut-elle éveiller ? » nous dit Haendel. Et déjà Purcell avait chanté : « Music is the food of love ». Quand les paroles lui manquent, le feu seul est langage ; le musicien ajoute alors sur la partition : « CON FUOCCO » ...[10]

Coucher de soleil sur crue

Hommage à DUPARC

L'AIR

Ciel d'orage

Hommage à Berlio

Le Feu : Tonnerre et Foudre

« Création, moment de foudre »

MALLARMÉ

« Ecoutez, écoutez le fracas de sa voix,
Le grondement qui lui sort de la bouche !
Il en remplit toute l'étendue des cieux,
Et ses éclairs vont rejoindre les confins de la terre.
Aussitôt après rugit une voix,
Il tonne de sa voix majestueuse.
Il ne retient plus ses foudres
Quand elle se fait ouïr. »

Livre de JOB,. 37, 2 à 4

« La musique ne représentera pas directement les choses, mais elle excitera dans l'âme les mêmes mouvements que l'on éprouve en les voyant. »

J.J. ROUSSEAU

« Foudres et nuages, bénissez le Seigneur
Louez-le dans une éternelle exaltation »

Liivre de DANIEL, *Cantique des Créatures*

Qu'un orage se lève, désiré ou non, dans un ciel où des houles de nuages sont zébrées d'éclairs, les quatre éléments déchaînés sur terre ou sur mer nous offrent un « son et lumières » primordial d'une terrifiante splendeur [(1)]. Le poète ébranlera notre imaginaire de ses métaphores et de ses rythmes. Le peintre broiera des pigments de feu, comme Turner ou Zao Wu Ki, pour des effulgences apocalyptiques. Le musicien sentira sourdre en lui des halètements de cordes, des crescendos de cuivres, des arpèges stridents et des roulements de timbales. Comme chacun d'entre nous, l'artiste désire et redoute la tempête, tremble sous le tonnerre, frémit sous les éclairs et fantasme sur la foudre. C'est dire que toutes les significations poétiques, mythiques ou symboliques attribuées au délire élémentaire seront pour le compositeur, selon l'œuvre envisagée, prétexte à musiquer et métaphore sonore.

Rappelons quelques lieux communs de l'histoire des religions (un lieu commun méprisé ou oublié risquerait de passer un jour pour une idée originale, nous dit Berenson avec humour). La tempête, dérèglement des éléments (le feu, l'eau et l'air), est la manifestation de la colère des dieux. La foudre est l'attribut de Zeus et de Yahvé. Le tonnerre, c'est la « voix » de Yahvé qui manifeste ainsi sa puissance, son ignipotence ou son courroux. Dans le *Livre de Job*, Dieu met au défi les hommes d'accomplir des actions telles que les siennes et la tempête est au cœur de la démonstration. Avec des éclairs, Dieu écrit en lettres de feu « Mane, Tekel, Phares » sur les murs du palais de Balthasar [2]. L'éclair, c'est aussi le Big Bang de la création [3] qui surgit du chaos (en hébreu, le même mot désigne la lumière et l'éclair). Enfin, pour le Romantisme, l'orage, c'est l'aspiration de l'homme vers une vie plus intense, des passions grandissantes, voire destructrices, à moins que ce ne soit le goût du sublime ou du souffle divin. Il nous sera facile d'illustrer tous ces thèmes.

C'est dire que l'orage, le tonnerre et la tempête vont tenter les compositeurs à tous les niveaux : descriptif, dramatique, lyrique ou religieux, sans oublier un penchant pour le jeu de l'imitation ou la pure recherche sonore. Historiquement, l'orage musical naît avec les débuts de l'orchestre et de l'opéra, c'est à dire au tournant du XVIIe siècle. Les instruments utilisés comme soutien ou renfort de la polyphonie, ont conquis leur indépendance à la fin de la Renaissance et se groupent par sections ou consorts (cordes, cuivres, vents, bois) avant de fusionner dans le grand orchestre d'opéra [4].

Tout naturellement, l'orchestre va grandir et s'enrichir de timbres de plus en plus nombreux ; il va s'amplifier lorsqu'il en aura les moyens [5]. La section percussion se contentera des timbales qui renforceront les effets d'orage au XVIIe siècle (dans *Didon et Enée* de Purcell, l'orage est un effet scénique). Peu d'opéras sans orage au XVIIIe siècle. Cela fait partie des contrastes chers au Baroque : pas d'allegro sans adagio, pas d'orage sans accalmie, pas de tempête sans mer d'huile (avant ou après). Le compositeur jouera sur les forte, les tremolos aux cordes et les éclairs seront figurés par les petites flûtes. Plus tard, cors, trompettes, trombones et tubas s'ajouteront au tintamarre. Les gammes montées et descendues rapidement imiteront le vent ; les arpèges : les éclairs et les timbales : les coups de tonnerre.

Les orages et les tempêtes joueront un rôle important et « fonctionnel » sur le plan dramatique mais il y a un texte (ou un titre) pour diriger notre imagination. En effet, batailles, révoltes, chasse, jalousies, sabbats, chaos, colères, *dies irae* ...[6] peuvent s'exprimer sensiblement de la même manière avec les mêmes métaphores sonores. Beaucoup d'orages non précisés dans mainte symphonie (ou poème symphonique) de Liszt, Bruckner, Mahler et Sibelius, par exemple. Les œuvres les plus émouvantes sont souvent des orages du cœur, des tempêtes sous les crânes.

Avant de passer à quelques illustrations, j'aimerais signaler deux paradoxes :

— Les morceaux de musique (sonates, cantates, opéras, musiques de scène, poèmes symphoniques...) qui s'intitulent « Tempête » sont inspirés par la pièce de Shakespeare du même nom : Locke, Purcell, Beethoven, Sibelius...plus que par un spectacle naturel.

— Le « coup de foudre » a peu inspiré métaphoriquement les musiciens sauf Wagner qui l'a liquéfié en en faisant un philtre dans *Tristan et Isolde*. Le vrai coup de foudre, c'est celui de Zeus qui se manifeste à Semele (Mère de Dionysos) et la « consume ». Haendel en fit un de ses plus beaux opéras. Mais alors que le public s'attendait aux foudres des *Feux d'Artifice Royaux*, le musicien déploya une lente symphonie funèbre aux cordes.

Evoquons maintenant quelques musiques du tonnerre qui illustrent les divers registres expressifs et esthétiques du sujet. Nous laisserons volontairement de côté les nombreux lieder et les nombreuses mélodies inspirées par les poètes ainsi que la littérature pianistique [(7)]. Dans la Bible, dès la genèse, Dieu parle mais sa parole s'accompagne de lumière, de feu ou de tonnerre [(8)]. Nous avons deux exemples intéressants au XVIIIe siècle.

Telemann (1681-1767) intitula une de ses six cents cantates *Ode au Tonnerre* – « Wie ist dein Name so gross ! » – Il s'agit en fait du psaume 8 de David, où Jehova s'exprime par la foudre, comme Zeus, pour manifester sa puissance et se faire adorer. Le passage le plus saisissant est confié à deux basses sur accompagnement d'orchestre strepitoso avec timbales :

> « La voix de Dieu renverse les fières montagnes
> La terre chancelle lorsqu'elle entend la voix du tonnerre qui fait jaillir
> Les flammes autour de lui...Le tonnerre gronde jusqu'à ce qu'on
> L' honore. Rendez-lui grâce dans son temple ».

Les onomatopées des verbes allemands *donnern* et *zittern* sont exploitées au maximum.

Dans la *Création* de Haydn (1732-1809) Dieu fait surgir la lumière du chaos – prélude orchestral dont les audaces anticipent le XIXe siècle –. Le chœur crie dans un fortissimo « aveuglant » « Que la lumière soit ! » (Es werde Licht). Les hordes d'esprits infernaux sont précipitées dans les abîmes de la nuit éternelle au n°2 de la partition, où le chœur et l'orchestre sont secoués par une terrible tempête « et un monde nouveau surgit à la parole de Dieu ».

Les éléments déchaînés ont le plus souvent séduit les compositeurs pour l'amour du jeu imitatif, pour la recherche de nouveaux timbres et de nouvelles harmonies, pour la mise en valeur de leur imagination créatrice. Imagination sollicitée davantage par des textes poétiques que par de véritables orages. C'est le cas de Vivaldi et de Haydn lorsqu'ils évoquent l'été.

En 1725, Vivaldi (1678-1741) publie les douze concerti de son opus 8 « *Cimento dell'armonia e dell'invenzione* », combat de l'harmonie et de l'invention, coexistence du rationnel dans la forme et du fantastique dans les effets. Les célèbres *Saisons* sont les inusables merveilles de cet opus. Ces concerti illustrent des sonnets sur les saisons et captivent l'imagination et l'ouïe par leur invention, leur vitalité, leur richesse rythmique, leur beauté mélodique et leur rudesse harmonique qui est étrangère même à Haydn et Beethoven. Formule à succès que Vivaldi renouvela dans *La Tempesta di Mare* (sujet repris plus tard par Salieri). Ecoutons l'audace harmonique et combien efficace dans l'usage impétueux de la simple gamme dans plusieurs parties en même temps, en mouvement identique et contraire à la fois. Seulement des cordes ! « Et le ciel gronde et s'enflamme. Et la grêle fauche les fiers épis ».

Haydn découvre le grand orchestre et les chœurs imposants à Londres en même temps que les oratorios de Haendel. A son retour, il se lance dans deux oratorios : *La Création* (1798) et les *Saisons* (1801). Le texte est une adaptation des *Saisons* du poète anglais Thomson – poème qui fit le tour de l'Europe cultivée d'alors. L'œuvre est plutôt un ensemble de quatre cantates qu'un oratorio proprement dit. Haydn maîtrise l'orchestre et les chœurs ; il veut traduire des impressions de la Nature, exprimer la vie du paysan. Dans l'Eté, le fermier et les chœurs célèbrent le lever du soleil. Le fermier redoute la chaleur mais sa femme lui parle de la fraîcheur des bois et remercie Dieu de ce don, quand, tout à coup, l'orage éclate aux petites flûtes, orage qui frappa et influença Beethoven. Comme dans la *Pastorale*, le calme reviendra.

L'orage de la *Symphonie Pastorale* est musicalement l'orage idéal, car il est architecturé. Il en est de l'orage comme du chaos : le paradoxe du créateur est d'y mettre de l'ordre, de composer de l'aléatoire ; contradiction dans les termes mais logique créatrice. Souvenons-nous : des « pizzicati » évoquent les premières gouttes de pluie, les paysans sont dispersés puis la foudre tombe (*tutti* en fa mineur). La pluie se déchaîne et paraît l'accord descendant qui pour d'Indy fait le fond de toute la symphonie. Les éclairs brillent en arpèges ascendants aux flûtes (comme chez Haydn), correspondant à la réalité visuelle. Le tonnerre redouble aux timbales, puis le tumulte diminue et les thèmes se disloquent. Enfin le hautbois chante sur les derniers grondements du tonnerre [(9)]. Nous sommes à l'opposé de Berlioz pour qui l'orage à la fin de « la scène aux champs » de la *Symphonie Fantastique* n'est qu'un effet dramatique et intensément poétique dans sa simplicité : simple roulement de timbales (dont se souviendra Elliot Carter).

Chez Rossini, l'orage est un jeu dionysiaque dans son ouverture de *Guillaume Tell* (1828). Cet opéra est un grand poème lyrique qui chante la liberté et l'amour de la patrie à travers la légende du héros de l'indépendance helvétique. L'ouverture est une symphonie pastorale en miniature. Traditionnellement, Rossini fait éclater un orage tonitruant après un tendre solo de violoncelle. Procédé facile chez ce musicien qui avait le génie de l'effet. Simple mais efficace ! Le « Signor Vacarmino » sait se servir des trombones et des timbales, et son orage est plus tonique que terrifiant. C'est la joie du démiurge qui éclate. Verdi commence *Otello* par orage et tempête.

Dans le *Vaisseau Fantôme*, (1848), Wagner va nous donner les premières houles orchestrales qui accompagneront vingt-deux ans plus tard les amours tumultueuses de Tristan et Isolde (Mendelssohn s'y était essayé dans *Les Hébrides*). Le Hollandais Volant, juif errant des océans, veut franchir le cap de Bonne Espérance malgré une tempête déchaînée, dût-il errer éternellement. Entendant ce serment le diable condamne le capitaine à errer sur les mers jusqu'au Jugement Dernier, à moins qu'il ne trouve une femme pour l'aimer jusqu'à sa mort. Passage de tempête dans l'ouverture. La tempête, c'est aussi son âme frappée de malédiction. Nous avons ici le thème romantique de l'homme que seul l'amour peut sauver du naufrage.

Richard Strauss a signé le paroxysme de la musique à programme avec sa *Symphonie Alpestre* (1914). Ce fut sa dernière grande composition orchestrale – après neuf poèmes symphoniques, dans lesquels il avait pris génialement la succession de Liszt. La *Symphonie Alpestre* est une musique à programme déterminée par la peinture sonore : vingt-deux titres descriptifs désignent les diverses étapes de ce tour d'orchestre alpestre, dont le stupéfiant orage. Cette peinture exerce une fascination lorsqu'on aime l'orchestre, orchestre démesuré comme dans les *Gurrelieder* de Schönberg, c'est à dire, orchestre wagnérien auquel s'ajoutent un orgue, des percussions et une soufflerie !

Dans la troisième partie des *Gurrelieder* (1901-1910) de Schönberg, « La Chasse du Vent Sauvage » s'ébranle. La représentation de ce sortilège de minuit remonte à de vieilles traditions germaniques : le vent de tempête est interprété de façon animiste comme la chasse sauvage des héros morts auxquels se joint le chasseur sauvage Wotan [(10)]. Egon Wellesz, l'un des premiers exégètes de Schönberg, note : « Depuis la scène des Vassaux dans le *Crépuscule des Dieux*, nul morceau de musique d'une si persuasive puissance n'a été composé ». Les anglomaniaques s'insurgeront en invoquant la *Sinfonia Antartica* de Vaughan Williams, sous le signe du Leviathan biblique, la Tempête de *The Sea* de Franck Bridge et celle des *Sea Interludes* de Britten (dans *Peter Grimes*). Les Debussystes invoqueront *La Mer*, chef-d'œuvre incontesté d'un tout autre langage, marqué par le génie.

Dans *La Mer*, en particulier « le Dialogue du Vent et de la Mer », les éléments se déchaînent dans la tête du musicien-peintre. Cette œuvre est conçue comme un tableau sonore, non pas du Monet mais du Turner en musique. C'est la musique d'un artiste fasciné par la mer [(11)] fasciné par ses couleurs et ses rythmes et qui, dans sa jeunesse, se destinait à la marine. Pour lui, comme pour Valéry, « la mer est toujours innombrable et belle ». Il voulait que cette œuvre marque une étape nouvelle dans l'utilisation du timbre orchestral : « L'orchestre doit y être tumultueux et varié comme la mer ». Le timbre n'est plus un coloris mais un élément de construction (Varese s'en souviendra). Lors de la première audition (novembre 1905), Paul Dukas fut frappé par la virtuosité technique. Il nota que la mer n'était pas une abstraction, un objet de connaissance séparable du sujet connaissant. « Le sujet connaissant, ici, c'est Debussy ; Il fallait donc s'attendre à ce qu'il remportât de la mer une impression musicale conforme à sa propre musique. D'où il suit que la mer n'a rien à voir ici relativement à la mer des peintres, des poètes ou des musiciens qui ne sont pas Debussy…Et la mer et la musique, ou pour mieux dire, sa musique, étant la même chose pour lui, rien de moins étonnant que la mer de Monsieur Debussy ne soit pas autre qu'elle n'est ». Ajoutons qu'un art défini comme « le jeu de forces adverses » convient aux délires élémentaires.

Avec les mêmes techniques d'écriture, orages et tempêtes s'intègrent à des opéras, font plus ou moins partie de l'intrigue (au point d'être une convention scénique au XVIIIe siècle), voire participent au drame en l'enrichissant de significations psychologiques, symboliques, mythiques ou religieuses. Passons en revue, comme précédemment une dizaine d'œuvres marquantes du Baroque à nos jours. Commençons par un opéra récemment découvert de J.M. Leclair, qui date de 1746 : *Glaucus et Scylla*. Il s'agit de la légende de Charybde et Scylla, ces deux écueils et abîmes tourbillonnants qui protégeaient le détroit de Messine et que seul Ulysse put éviter. On nous dit et on nous chante que la jalousie de Circé est à l'origine de ces monstruosités marines. Elle aime Glaucus qui aime Scylla. Glaucus et Scylla vont être métamorphosés en monstres hideux et cataclysmiques. Leur passion deviendra une éternelle tempête et un abîme de mort pour les humains qui s'en approcheront. En bref, passion, tempête et monstres dans le cœur humain. Et surtout la page d'orchestre la plus audacieuse avant *Les Boréades* de Rameau et… la mort de Don Giovanni.

Les Boréades (1764) est le dernier opéra de Rameau qui mourut pendant les répétitions – la première représentation eut lieu en 1982 ! –. Le sujet est mythologique et ennuyeux : Alphyse, reine de Bactrie doit épouser par tradition un descendant de Borée, Dieu du vent du Nord. Elle préfère abdiquer car elle aime un bel étranger, Abaris. Tout se termine bien grâce à Apollon mais les vents soufflent et l'orage gronde souvent dans cet opéra, avec une puissance pré-berliozienne.Cette scène est la clef de voûte de l'opéra où l'image contrastée de l'amour et de l'orage revient constamment comme un leitmotiv. De toute évidence, le livret désuet et lulliste est un prétexte ; Rameau fait ressortir l'intrigue par la seule musique et quelle musique !

Nous avons remarqué que dans l'opéra baroque la foudre et la tempête exprimaient le courroux ou la vengeance des dieux. Cette utilisation dramatique durera jusqu'au XIXe siècle où elle fera place au fantastique. Mozart ne fait pas exception à la règle dans trois de ses opéras.

Idoménée (1781) est le premier chef-d'œuvre d'un génie de vingt-six ans. La pièce de Crébillon avait déjà tenté Campra. C'est grosso modo l'histoire de Jephté, d'Iphigénie (sujets d'oratorio et d'opéras célèbres, Haendel, Gluck entre autres). Idoménée, roi de Crête, est surpris par la tempête en revenant de la guerre de Troie. Il promet à Neptune de lui sacrifier la première personne qu'il rencontrera à son retour. Or c'est son fils Idamante ! Il veut faire partir Idamante en secret pour un pays lointain mais le « Jehova des océans » se venge du subterfuge et du parjure en déclenchant une tempête dans le port. La foule est terrorisée et le roi accuse le dieu d'injustice. Sacrilège d'autant plus grand que Neptune est un Dieu-Père pour le roi d'une puissance maritime. C'est la scène la plus audacieuse, avec renfort de trombones ; la panique est rendue avec des accents pré-romantiques. Dans *Idoménée*, une des dernières exploitations de *l'Opera Seria*, Mozart se souvient de Gluck (Iphigénie en Tauride en particulier). Six ans plus tard, on retrouve les mêmes accents décuplés dans la mort de Don Giovanni. Même Verdi n'atteindra pas ce sommet dramatique – Richard Strauss, peut-être, avec Elektra [(12)]. La statue du Commandeur que Don Juan a tué en duel au début de la pièce, quitte le cimetière pour se rendre à l'invitation cynique. Don Juan refuse de se repentir et la main glaciale du Commandeur l'entraîne en Enfer. La punition divine prend une dimension métaphysique, page qui marquera Kuhlau trente-sept ans plus tard. Même châtiment divin dans la *Flûte Enchantée*. A la fin de l'opéra, le serviteur noir et argousin de Sarastro, Monostatos, guide la Reine de la Nuit et les Trois Dames vers le Temple pour une attaque surprise ; il se fait promettre la main de Pamina pour prix de sa trahison. Tous ensemble, ils jurent d'anéantir les initiés sur la terre. Soudain, tonnerre, éclairs, orage. Des monstres crient de rage et sont engloutis dans la nuit éternelle. Puis le soleil resplendit, laissant voir, dans toute leur gloire, Sarastro, Tamino, Pamina et les Prêtres [(13)].

Avec le *Freischütz*, Weber inaugure l'opéra allemand qui mènera à Wagner et Richard Strauss. C'est l'ère du fantastique, de la magie, des sabbats de sorcières et nuits de Walpurgis qui commence. Dans le *Freischütz* (1821), Weber se révèle grand mélodiste et prodigieux orchestrateur. Rappelons l'intrigue : Max le chasseur ne pourra épouser Agathe, la fille du garde forestier que s'il sort vainqueur du concours annuel de tir. Max, qui a échoué durant la première manche, accepte les balles magiques de Samiel, « le chasseur noir », esprit malfaisant dont le repère est la Gorge aux Loups. Au moment où Samiel fond les sept balles magiques, des animaux effrayants et repoussants sortent en rampant des rochers en crachant des flammes. L'orage éclate, la terre tremble et un coup de tonnerre clôt le deuxième acte.

En 1824, on donne à Copenhague un opéra qui se souvient de Mozart et Weber : *Lulu* de Kuhlau, musicien allemand établi au Danemark. *Lulu* est un opéra féerique dont l'action se situe aux Indes [(14)].

Dans une caverne, un sorcier, Dilfeng et son fils le nain Barca gardent en otage Sidi, fille de la fée Périferhime. Celle-ci remet une flûte enchantée au Prince Lulu qui part délivrer la jolie prisonnière. Lorsque Dilfeng se réveille de son extase musicale, il enrage et déchaîne un orage. Mais son fils Barca est victime du maléfice et, frappé par la foudre, tombe dans les abîmes. Le tonnerre maléfique s'est retourné contre les sorciers et s'accompagne d'une descente aux enfers. L'atmosphère romantique est audiblement inspirée par Weber, mais la victoire du bien sur les forces du mal, c'est la mort de Don Juan.

Chez nous, le génie romantique, c'est Hector Berlioz dont la vie fut un orage. Dans son ultime chef-d'œuvre *Les Troyens* (1863), son opéra le plus long (quatre heures et demie) il allie son souci d'intense expressivité et son souci d'atteindre le classicisme de Gluck [(15)]. Dans *Les Troyens* nous retrouvons, bien sûr, Didon et Enée. Pour des raisons mystérieuses il ajouta à ce gigantesque opéra un intermède symphonique *Chasse royale et orage* – sans doute pour essayer de plaire, en vain, à ceux qui ne voyaient en lui qu'un symphoniste. Des naïades nagent dans un torrent. On entend une chasse dans le lointain. L'orage éclate et Didon et Enée s'abritent dans une grotte (comme chez Purcell). Des satyres dansent. Un arbre s'effondre frappé par la foudre. Un cri est lancé : « Italie ! ». Pourquoi ce poème symphonique hors sujet et malgré tout un prodigieux morceau d'anthologie orchestrale ? Pour Paul Dukas, Berlioz aurait été hanté par le tableau de la fonte des balles du *Freischütz* et se serait autorisé ce magnifique interlude.

Il est facile de recenser les scènes d'orage, de foudre ou de tempête chez Wagner mais chez lui, ce ne sont jamais des hors-d'œuvre. Impossible de morceler Wagner, encore moins la *Tétralogie*. En envisageant chaque acte comme un seul morceau de musique, on se trouve en présence d'un développement de motifs servant à caractériser soit les personnages eux-mêmes, c'est à dire leurs passions et leurs sentiments, soit les circonstances ou atmosphères qui influent sur leurs dispositions morales ou encore les objets matériels qui jouent un rôle dans une action à laquelle la musique les fait participer étroitement. Ce développement musical va de la simple exposition des thèmes caractéristiques jusqu'à leur fusion dans le courant symphonique proprement dit, suivant que l'action se tient au niveau dramatique ou qu'elle s'exhausse jusqu'au pur lyrisme. Nous choisirons arbitrairement *La Walkyrie* (le plus émouvant et peut-être le plus réussi des quatre drames de la *Tétralogie*). Un admirable morceau symphonique prélude à la partition dans une atmosphère tendue et orageuse. La paix et le bonheur ont disparu de la terre avec l'abjuration de l'amour par Albérich, le vol de l'or et les traîtrises de Wotan. De même que le prélude de *L'Or du Rhin* était une célébration du fleuve mythique, le prélude orageux de *La Walkyrie* est une mise en atmosphère du drame tout entier. D'ailleurs, les deux thèmes principaux sont le motif de l'orage et celui de Donner.

A son retour d'Amérique en 1945, Benjamin Britten fait représenter le premier opéra d'une longue liste de chefs-d'œuvre : *Peter Grimes*. C'est la tragédie d'un pêcheur détesté par les gens du village qui l'accusent de la mort de deux mousses. L'œuvre contient six « Interludes Marins », dont la *Tempête* est la plus réussie depuis *La Mer* de Debussy. Elle symbolise les forces de destruction d'une communauté.
A partir de 1760, en Allemagne, surgit un mouvement littéraire qui allait marquer tous les arts, et la musique en particulier : le « *Sturm und Drang* » (*Tempête et Assaut* mais traduit le plus souvent par *Orage et Passion*). Ce mouvement doit son nom au titre d'une tragédie de Klinger. Sous l'influence de Rousseau, ses représentants opposèrent au rationalisme des Lumières (Aufklärung) les exigences de la sensibilité et l'originalité du Génie (16). La musique-sentiment, la musique-passion furent à la mode pendant une vingtaine d'années, et ce climat pré-romantique marqua même le classique Joseph Haydn (symphonies *La Passion*, *Le Feu* ...) et le chevalier Gluck (scènes de folie, turbulences orchestrales, danses de Furies dans *Orfeo* et *Iphigénie en Tauride*, en particulier). Recherches instrumentales, dissonances, chromatismes se mirent au service de l'imitation des passions, des orages intérieurs (16). Et le piano ne tarda pas à gronder, comme dans la sonate *La Tempête* de Beethoven ou dans l'accompagnement de certains lieder issus du Sturm und Drang, comme *La Jeune Nonne* (D.828) de Schubert sur un poème de Craignier. Après les orages de la vie, les éclairs de l'amour, à l'image même de la tempête qui hurle dans les cimes et du tonnerre qui fulmine par une nuit sombre comme la tombe, la jeune fille aspire à la paix du cœur et de l'âme, elle attend le fiancé divin qui la délivrera de sa passion terrestre. De la tour lui parvient le son d'une clochette – admirablement rendu par Schubert – qui l'attire irrésistiblement vers les hauteurs éternelles et lui inspire un alléluia.

« Es lockt mich das süsse Getön
Allmächtig zu ewigen Hölen.
Allelujah ! Allelujah ! »

Le problème esthétique de l'imitation en musique a fait couler beaucoup d'encre et déborde notre propos. Que de polémiques ! Aussi ardentes et vaines que celles sur l'expressivité. Pour Stravinsky, la musique n'a pas et ne peut avoir pour objet l'imitation. Et pourtant, de Liszt à Britten, en passant par Franck, d'Indy, Dukas, Debussy, Ravel et Honegger entre autres, la musique est toujours revenue aux jeux d'imitation. Ce qui est tentant lorsque le musicien part de textes anciens.
Pour les peuples du nord de l'Europe, le tonnerre attend des sacrifices comme une divinité. Voici une *Litanie du Tonnerre* pour chœur d'hommes (1974) du compositeur estonien Veljo Tormis. Le poème est tiré d'une incantation qui fut interprétée en 1644 par un paysan que sa Commu-

nauté baptisa « Prêtre du Tonnerre ». En effet celui-ci en appela aux forces naturelles et sacrifia un bœuf ; le succès fut immédiat : la pluie tomba sur le sol ravagé par la sécheresse et sur les semences endommagées.

La musique n'exprime rien en particulier mais tout en général. Si elle veut exprimer un « objet » et l'imposer à notre imagination, à notre sensibilité, il faut un titre, un livret, un poème. Mais en fin de compte, dans les œuvres que nous avons évoquées, l'artiste ne s'est pas donné exclusivement pour fin d'imiter orages et tempêtes, mais les a utilisés pour s'exprimer, pour inventer, pour créer, pour en faire une autre chose qui fut son œuvre (17). L'objet à imiter, c'est l'occasion, la chiquenaude créatrice. Dans son imagination, les choses visibles ne sont que le moyen d'accéder aux invisibles. Citons pour conclure le grand musicien bourguignon Joseph Samson : « En imitant servilement le musicien sortirait de son rôle qui est d'exalter, de glorifier les puissances chantantes de l'objet ». Donc de viser à une « mythomorphose » du son.

Bestiaire
Faune et Musique

« La nature est loin d'être idylliqe. »

Théodore Monod

INSECTES

ABEILLE

Sucking Bees	Wilbye
Opéra des Gueux	Pepusch
Il Allegro e Penseroso	Haendel
Les Saisons	Haydn
La Sulamite	Chabrier
Matin de Printemps	Mahler
L'Abeille (Mélodie)	Roussel
Padmavati	Roussel
Choral Symphony	Holst
Les Abeilles	Howells
Ancient Voices of Children	Crumb
Songe d'une Nuit d'Eté	Britten

ARAIGNÉES

Le Festin de l'Araignée (ballet)	Roussel
Gurrelieder	Schoenberg

CIGALE

La Cigale	Chabrier

CLOPORTE

Ariane à Naxos	R.Strauss

COCCINELLE

La Coccinelle (mélodie)	Bizet

FOURMI

Le Festin de l'araignée	Roussel
Chansons Populaires	Ginastera

GRILLON

Il Allegro e Penseroso	Haendel
Les Saisons	Haydn
Le Solitaire (der Einsame) D.800	Schubert
Falstaff	Verdi
La Petite Renarde Rusée	Janacek
Le Grillon	Ravel
Le viol de Lucrèce	Britten
Ancient Voices of Children	Crumb

GUÊPE

Les Guêpes	Vaughan Williams
Insect piece for oboe	Britten

HANNETON

Le Hanneton (Mélodie)	Moussorgsky
Le Festin de l'Araignée	Roussel

LIBELLULE

Le Songe d'une Nuit d'Eté	Mendelssohn
La Petite Renarde Rusée	Janacek
L'Enfant et les Sortilèges	Ravel
Libellule	Britten

MOUCHES ET MOUCHERONS

Adieux de l'Hôtesse arabe	Bizet
Orphée aux Enfers	Offenbach
Chemin de l'Amour (op. 20,1)	Brahms
La petite Renarde Rusée	Janacek
Gurrelieder	Schoenberg

MOUSTIQUE

Andita Zanzaretta	Gesualdo

PAPILLON

Les Papillons	Couperin
Le Papillon	Rameau
Der Schmetterling	Schubert
Les Papillons	Schumann
Tarentelle	Bizet
Papillons Citrins en Avril	Wolf
Le Papillon (Mélodie)	Chausson
Sicilienne et Papillons	Fauré
Les Papillons	Fauré
Le Festin de l'Araignée	Roussel
Pierrot Lunaire	Schoenberg
Le Papillon qui tapait du pied	Hasquenoph

POU

Israël en Egypte	Haendel

PUCE

Israël en Egypte	Haendel
Lied	Beethoven
La Damnation de Faust	Berlioz

Sauterelle	
Israël en Egypte	Haendel
Le Bestiaire	Poulenc
La Petite Renarde Rusée	Janacek
Insect piece for oboe	Britten
Scarabée	
Matin de Printemps	Mahler
Taon	
Le Taon	Chostakovitch
Vers	
La Création	Haydn
Ariane à Naxos	R.Strauss
Sérénade pour Ténor, Cor et Cordes	Britten
Vers luisants	
Un Charmant enterrement	Loewe
Insectes variés	
La Petite Renarde Rusée	Janacek
Moussorgski	

ANIMAUX AQUATIQUES

Baleine	
Jonas	Carissimi
And God created great whales	Hovhaness
Jonas	Markovitch
Litanies pour la baleine	Cage
Brochet et Anguille	
Saint Antoine prêchant aux Poissons	Mahler
Carpe	
Saint Antoine prêchant aux Poissons	Mahler
Le Bestiaire (Apollinaire)	Poulenc
Coques	
Mélodie	Vaughan-Williams
Hugh the Drover	Vaughan-Williams

CRAPAUD

L'Or du Rhin	Wagner
L'Enfant et Les Sortilèges	Ravel

DAUPHIN ET MARSOUIN

Le Cortège d'Amphitrite	Koechlin

ECREVISSE (CRUSTACÉS)

Le Bestiaire	Poulenc
L'Origine des Espèces (+ goujon)	Aperghis

GRENOUILLE ET RAINETTE

Sonata Representativa	Biber
Israël en Egypte	Haendel
Suite « Alster »	Telemann
Platée	Rameau
Quatuor (op. 56) La grenouille	J.Haydn
Feux Follets	Loewe
Chansons de Bilitis	Debussy
La Petite Renarde Rusée	Janacek
La Statue de Bronze	Satie
L' Enfant et les Sortilèges	Ravel
Gurrelieder	Schoenberg
Le Viol de Lucrèce	Britten
Grenouilles dansant sur les nénuphars	Mustonen

HUÎTRE

La Perle	Liszt

LOUTRE

Le Mariage de la Saint Jean	Tippett

MERLUCHE ET MORUE

Saint Antoine prêchant aux Poissons	Mahler
Chants de l'Ancienne Mer (Morue)	Tormis

PIEUVRE

La Pieuvre (Sports et Divertissements)	Satie

POISSONS (EN GÉNÉRAL)

Captator Olim Piscium	Petrus Damiani (Solesmes)
The Beggar's Opera	Pepush
La Création	J.Haydn
Fish-Thon-Khan	Chabrier
L'Aquarium (Carnaval des Animaux)	Saint-Saëns

Saint Antoine prêchant aux Poissons	Mahler
Phantasie	Mahler
In the Beginning	A.Copland
Poisson-Image (Paul Klee)	Takashi Kako
L'Origine des Espèces	Aperghis

POISSONS ROUGES

Poissons d'Or	Debussy

REQUIN

L'Adieu du Marin (lied)	Wolf

SALAMANDRE

La Salamandre (op. 107)	Brahms

TRUITE

La Truite (Lied et Quintette)	Schubert

ANIMAUX SAUVAGES

BELETTE, FURET, ÉCUREUIL

La Belle Meunière (écrevisse)	Schubert
L'Ecureuil	Ravel
L'Enfant et Les Sortilèges	Ravel
Le Déluge	Stravinsky

BÊTES FÉROCES

Chaque fois qu'il s'agit d'Orphée :	Monteverdi, Rossi, Lully, Telemann, Gluck ...
et le Livre de la Jungle	Koechlin

BICHE

A Poste Messe	L. de Firenze (XIVe siècle)
Les Biches	Poulenc

BLAIREAU

La Petite Renarde Rusée	Janacek

CERF

Sicut Cervus	Grégorien
Ainsi qu'arrive t-il qu'un cerf	Marie de France
Sicut Cervus	Palestrina

Acteon	Charpentier
Sicut Cervus	Haendel
Acteon	Rameau
Carmen Saeculare	Philidor
Les Saisons	Haydn
Le Freischütz	Weber
Sicut Cervus	Schubert
Chant d'Ellen (n° 2)	Schubert
Feux follets	Loewe
Les Neufs Cerfs (Cantate)	Bartok
Sérénade pour Ténor, Cor et Cordes	Britten
Le Roi Cerf	Henze
Oratorio de la paix	Gand

CHAMOIS

Rejoice in the Lamb	Britten

CHAUVE-SOURIS

La Chauve-souris (Opérette)	J.Strauss
L'Enfant et les Sortilèges	Ravel

CHEVREUIL

Alinde	Schubert
La Belle Meunière	Schubert
Le Braconnier	Lortzing

CROCODILE, ALLIGATOR

La Création du Monde	Milhaud

DAIM

Villanelle	Berlioz
Le Déluge	Stravinsky

ELÉPHANT

Le Carnaval des Animaux	Saint-Saëns
Choral Symphony	Holst
Le Bestiaire	Poulenc
L'Histoire de Babar	Poulenc
3e concerto	Rachmaninov

ETALON SAUVAGE

Hary Janos	Kodaly

GAZELLE

Sur les Ailes du Chant	Mendelssohn

Antar	Rimsky Korsakov
La Femme sans Ombre	R.Strauss

GIBIER

4e symphonie	Mahler
1re symphonie (Titan)	Mahler

HÉRISSON

Hary Janos	Kodaly

HIPPOPOTAME

Die Erschöpfung der Welt	Kagel

KANGOUROU

Le Carnaval des Animaux	Saint-Saëns

LÉOPARD

La Cage	Ives
Choral Symphony	Holst
Rejoice in the Lamb	Britten

LIÈVRE

Titan	Mahler
Le Déluge	Stravinsky
Le Mariage de la Saint Jean	Tippett

LION

Offertoire du Requiem (et dans tous les Requiem)	Campra
La Création	J.Haydn
La Flûte Enchantée	Mozart
La Fiancée du Lion op. 31	Schumann
La Sulamite	Chabrier
Le Carnaval des Animaux	Saint-Saëns
Songe d'une Nuit d' Eté	Britten
Rejoice in the Lamb	Britten

LOUP

Historia Sancti Aedmundi	Anonyme
Per la Nativita della Beata Vergine	Simon Boyleau (XVIIe)
Le Freischütz	Weber
Siegfried	Wagner
Gwendoline	Chabrier
La Trace du Loup	Janacek
Pierre et le Loup	Prokofiev
Songe d'une Nuit d' Eté	Britten

LYNX	
Carmen Saeculare	Philidor
MÉNAGERIE	
Lulu	Berg
OURS	
Segugi a Corda	Magister Pietro (XIVe siècle)
Calypso	Cavalli
Il Allegro e Penseroso	Haendel
La Fedeltà Premiata + Symphonie n° 82	Haydn
Siegfried	Wagner
Rejoice in the Lamb	Britten
La Fiancée Vendue	Smetana
The Bear	Walton
La Santé	Chostakovitch
PANTHÈRE	
Tout comme la Panthère	Marie de France
Panthera	Ciconia
RAT	
The Beggar's Opera	Pepusch
Der Rattenfänger	Schubert
Der Rattenfänger	Tomacek
The English Cat	Henze
Akknaten	Glass
RENARD	
On raconte d'un Goupil	Marie de France
The Beggar's Opera	Pepusch
La Petite Renarde Rusée	Janacek
Renard	Stravinsky
SANGLIER	
La Fedeltà Premiata	Haydn
Belle Meunière (Chasseur)	Schubert
Titan	Mahler
At the Boar's Head	Holst
La Chasse (Marcassin)	Satie
SERPENT (REPTILES, COBRA...)	
Chants d'Extase	Ste Hildegarde von Bingen
La donna Serpente	Casella
La Reine Indienne	Purcell

Hercule	Haendel
La Création	J.Haydn
La Flûte Enchantée	Mozart
Memnon	Schubert
L'Or du Rhin et Siegfried	Wagner
Moïse et Aaron	Schoenberg
Le Déluge	Stravinsky
Mélopée du Serpent	Heraklius Djabadary
Lulu	Berg
La danse du Crotale (Spartacus)	Khatchaturian

SINGES ET PRIMATES

La Reine des Fées	Purcell
Le Chant de la Terre	Mahler
Bandar-logs	Koechlin
L'Origine des Espèces	Aperghis

SOURIS, SOURICEAU

Mélodie	Tchaïkowsky
Mélodie	Chostakovitch
Rejoice in the Lamb	Britten

TAUPE

Sérénade pour Ténor, Cor et Cordes	Britten

TIGRE

La Création	Haydn
Le Chemin de l'Amour (I)	Brahms
Choral Symphony	Holst
Le Tigre (Blake)	Britten
Le Tigre	Mikkelborg
Padmavâti	Roussel

TORTUE

Ode à sainte Cécile (Carapace)	Haendel
Le Carnaval des Animaux	Saint-Saëns

VAMPIRE

Donna Che in Ciel	Haendel

ZÈBRE

Choral Symphony	Holst

ANIMAUX DOMESTIQUES

Ane

Le Festin du Jeudi Gras	Banchieri
Comus (Milton)	Lawes
Les Arts Florissants	M.A. Charpentier
Comus (Milton)	Arne
Le Carnaval des Animaux	Saint-Saëns
Eloge du Bon Sens (Lied)	Mahler
Le Grand Canyon	Grofe
La Maestra de Sienne	F.Martin
El Pessèbre (La Crèche)	Casals
Le Songe d'une Nuit d'Eté	Britten
Rejoice in the Lamb	Britten
Les Mémoires d'un Ane	Ladmirault
Peau d'Ane	Absil

Bœuf et Vache

Noël (Entre le Bœuf et l'Ane gris)	Folklore (Balbastre)
Carmen Saeculare	Philidor
Le Ranz des Vaches (Guillaume Tell)	Rossini
Journal d'un Disparu	Janacek
Symphonie n° 4	Mahler
Zu Strassburg auf der Schanz (Ranz des vaches)	Mahler
Inscriptions Champêtres	Caplet
La Crèche (Bœuf et Ane)	Casals
Le Déluge	Stravinsky
O Magnum Mysterium	Poulenc
Le Bœuf sur le Toit	Milhaud
O Magnum Mysterium	Maxwell-Davies
Le Ranz des Vaches (Guillaume Tell)	Ohana
Litanies du Tonnerre	Tormis
Akhnaten	Glass
Die Erschöpfung der Welt	Kagel

Bouc

Immolabit Haedum	Clérambault
Chant des Sorcières	Mendelssohn
Rex Tremendae	Dans chaque Requiem
(Plus de 1600 répertoriés)	
Le Bouc (Mélodie)	Moussorgsky
Le Bouc (Mélodie)	Peterson-Berger

Chameau

Le Déluge	Stravinsky
Le Bestiaire	Poulenc
Les Animaux Modèles	Poulenc

Chat

Contrapunto Bestiale	Banchieri
Sonata Representativa	Biber
Mein Liebes Weibchen	Mozart
Duo des Chats	Rossini
La Chatte transformée en Femme	Offenbach
Les Chattons (op. 107)	Brahms
L'Enfant et les Sortilèges	Ravel
Le Chat (Beaudelaire)	Pierné
La Chatte	Sauguet
Le Déluge	Stravinsky
The Owl and Pussy Cat	Stravinsky
Renard	Stravinsky
L'Amoureux réservé (chatte)	Schoenberg
Le Chat Botté	Poulenc
Rejoice in the Lamb	Britten
La Chatte anglaise (Balzac)	Henze

Cheval, Jument, Poney

Combat de Tancrède et Clorinte	Monteverdi
Cantate 202	J.S. Bach
Israël en Egypte	Haendel
La Création	J.Haydn
Les Saisons	J.Haydn
Der Erlkönig + Aubade	Schubert
Der Erlkönig	Tomasek
Amour nouveau	Mendelssohn
Mazeppa	Liszt
Lenore (Bürger)	Raff
Le Crépuscule des Dieux	Wagner
Orphée aux Enfers (coursier)	Offenbach
Mazeppa	Tchaïkowsky
Lenore (Bürger)	Duparc
Penthésilée	Wolf
Le Chant de la Terre	Mahler
Consolation dans le malheur	Mahler
Ariane à Naxos (palefroi)	R.Strauss
Gurrelieder	Schönberg
Kullervo	Sibelius
Hary Janos	Kodaly

Le Déluge	Stravinsky
Chant d'Amour et de Mort du Cornette Rilke	F.Martin
Riders to the Sea (jument, poney)	Vaughan-Williams
Le Viol de Lucrèce	Britten
Rodeo	Copland
Chevaux de Ferme	Ginastera
Ballad of the White Horse	Gardner
Guerre Picrocholine (Rabelais)	Françaix
Et dans toutes les chevauchées	Tomasek, Schubert, Loewe, Raff, Wagner, Duparc, Franck, Liszt, Sibelius, Martin ...

CHÈVRE, CABRI

Summer is incumen in	John of Fornsete
L'Enfant et les Sortilèges	Ravel
Renard	Stravinsky
La Chèvre	Honneger
La Chèvre du Tibet	Poulenc
Mana	Jolivet
La Marque de la Chèvre	Birtwistle

CHIEN, LÉVRIER

Le Lévrier	Marie de France
Le Lévrier	Lorenzo da Firenze
Contrapunto Bestiale (Jeudi Gras)	Banchieri
Acteon	Charpentier
Acteon	Rameau
Les Paladins	Rameau
Les Saisons	Haydn
Le Voyage d'Hiver	Schubert
Lied des Gefangenen Jägers	Schubert
Feux Follets	Loewe
4 Chœurs de Femmes (op. 17) (lévriers)	Brahms
Le Bouledogue (Enigma Variations)	Elgar
La Petite Renarde Rusée (Basset)	Janacek
Ariane à Naxos (chienne)	R.Strauss

DROMADAIRE

Dans les Steppes de l'Asie Centrale	Borodine

GÉNISSE

Choral Symphony (Keats)	Holst

LAPIN

Nuits d'Eté (Villanelle)	Berlioz
La Petite Renarde Rusée	Janacek
Le Lapin Têtu	Kurtag

MOUTON, BREBIS, AGNEAU

Pour la naissance de la Vierge	S.Boyleau
Israël en Egypte	Haendel
Acis et Galatée	Haendel
Acis et Galatée	Haydn
La Fedeltà Premiata	Haydn
Schäfers Klagelied	Tomasek
L'Enfance du Christ	Berlioz
La Sulamite	Chabrier
Klosterfraülein	Brahms
4e Symphonie	Mahler
Le Chant de la Terre	Mahler
L'Enfant et les Sortilèges	Ravel
Don Quichotte	R.Strauss
Martyre de Saint Sébastien	Debussy
La Brebis	Milhaud
Rejoice in the Lamb	Britten
The Lamb	Britten
Agnus Dei	Toutes les messes et Requiem
Inter Oves	Tous les offertoires des Requiem

MULE, MULET

Chant de Mignon (D.321)	Schubert
Le Carnaval des Animaux	Saint-Saëns
Christophe Colomb	Milhaud

PORC

Ballet des Cochons Roses	Chabrier
Mathis Le Peintre (Saint-Antoine)	Hindemith
Le Déluge	Stravinsky

TAUREAU

La Fedeltà Premiata	Haydn
Les Filles de Cadix	Delibes et Viardot
L'Enlèvement d'Europe	Milhaud
Gilgamesh	Martinu
Oraçion de un Torero	Turina
Llanto por la muerte de Sanchos Mejias	Ohana
Solstice	Lou Harrison

TORTUE	
Le Carnaval des Animaux	Saint-Saëns
VEAU	
Moïse et Aaron (Veau d'Or)	Schoenberg
Dans tous les «miserere» (Psaume 51de la Vulgate)	

OISEAUX DOMESTIQUES

CANE, CANARD	
Revecy Venir le Printemps	C.Le Jeune
Villanelle des Petits Canards	Chabrier
Luonnotar	Sibelius
Le Canard	Stravinsky
Canard, cygnes et oies	Stravinsky
Le Déluge	Stravinsky
L'Enfance du Chanteur	Tormis
COQ	
Les Saisons (L'Eté)	Haydn
Le Coq D'Or	Rimsky-Korsakov
Snegourotchka (Fée des Neiges)	Rimsky-Korsakov
Le Déluge	Stravinsky
Renard	Stravinsky
Le Viol de Lucrèce	Britten
COQ ET POULES	
Si Dolce Non Sono	Landini (XIVe siècle)
Sonata Representativa	Biber
Le Carnaval des Animaux	Saint-Saëns
La Petite Renarde Rusée	Janacek
Tilim-bom	Stravinsky
CYGNE	
Swan's Song	Gibbons
La Reine des Fées	Purcell
Suite «Alster»	Telemann
L'Immobile Nénuphar	Liszt
Le Carnaval des Animaux	Saint-Saëns
Snegourotchka (Fée des Neiges)	Rimsky-Korsakov
Sadko	Rimsky-Korsakov

Le Cygne sur L'Eau	Fauré
Le Cygne Noir de Tuonela (Légende)	Sibelius
Histoires Naturelles	Ravel
Carmina Burana	Orff
Le Consul	Menotti

DINDON

Ballade des Gros Dindons	Chabrier

OIE

L'Oie qui se pose	Amiot
L'Oisillon (op. 43)	Grieg
Snegourotchka (Fée des Neiges)	Rimsky-Korsakov
Qui a apporté cette petite chanson	Mahler
Avec les Oies Sauvages	Harty
Ma Mère l'Oye	Ravel
Les Oies Perdues	Tormis

PAON

Histoires Naturelles	Ravel
Salomé	R.Strauss
Le Paon	Kodaly

PIGEON

Voyage d'Hiver (Taubenpost)	Schubert

PINTADE

Histoires Naturelles	Ravel

POULE

La Poule	Rameau
Symphonie « La Poule »	Haydn
Die Henne	Brahms
La Poule Noire	Rosenthal

POUSSINS

Ballet des Poussins	Moussorgsky

OISEAUX SAUVAGES

ALOUETTE

Faustina	Anonyme XVe
Chant des Oiseaux	Janequin

Le Chant de L'Alouette	Janequin
Semele	Haendel
La Création	Haydn
Symphonie Pastorale	Beethoven
Mailied	Tomasek
Frühlingslied (D.914)	Schubert
Aubade D.889	Schubert
La Belle Meunière	Schubert
Chant d'Ellen (1)	Schubert
Pouquoi les Roses sont-elles si Pâles ?	Mendelssohn
Romeo et Juliette	Berlioz
Chant de l'Alouette (op. 70)	Brahms
Matin de Printemps	Mahler
La Bonne Chanson	Fauré
4 derniers Lieder (N°4)	R.Strauss
Choral Symphony	Holst
The Lark Ascending	Vaugham-Williams
L'Alouette	Dinicu (Tzigane)
Lerchen Musik (op. 53)	Gorecki

AUTRUCHE

L'Origine des Espèces	Aperghis
Leçons de Ténèbres	Du moyen-âge à l'époque classique

BÉCASSE

Le Déluge	Stravinsky

BUSE

Porgy ans Bess	Gershwin
La buse variable	Messiaen

CAILLE

Sonata representativa	Biber
Les Saisons	Haydn
La Symphonie Pastorale N°6 + cri de la caille	Beethoven
Sonate n°18	Beethoven
Voyage de Siegfried	Wagner
Sonatine Pastorale	Emmanuel

CANARI

Ode funèbre pour un ami	Telemann

CASOAR

El Mediodia	Ginastera

Colibri

Mélodie	Chausson

Colombe

Le Sarrazin et la Colombe	Ciconia
La Création	Haydn
Semiramis	Rossini
Chant du Cygne (Colombe méssagère)	Schubert
Elijah	Mendelssohn
Dichterliebe	Schumann
Nuit d'Eté (Sur les Lagunes - Au Cimetière)	Berlioz
9 Lieder op. 63	Brahms
La Belle Hélène	Offenbach
Chanson Juive	Moussorgsky
L'Air	Koechlin
Gurrelieder	Schoenberg
Le Déluge	Stravinsky
Christophe Colomb	Milhaud
Noah's Flood	Britten
Conférence des Oiseaux	Levinas

Corbeau, Corneille (Freux, Choucas)

Two Songs	Dowland
Les Trois Corbeaux	Ravenscroft
Suite « Alster »	Telemann
Le Paradis et le Péri	Schumann
Crépuscule des Dieux - Or du Rhin	Wagner
La Mort, Oiseau Rapace	Moussorgsky
La Nuit de Mai	Rimsky-Korsakov
Das Klagende Lied	Mahler
Le Déluge	Stravinsky
The Raven	Britten
The Raven	Holbrooke
Time and the Raven	Maxwell-Davies

Coucou

Summer is incumen in	John of Fornsete
Chant des Oiseaux	Janequin
Le Festin du Jeudi Gras	Banchieri
Sonata representativa	Biber
Le Coucou (concerto)	Vivaldi
Platée	Rameau
Le Coucou et le Rossignol (Concerto)	Haendel
Le Coucou	D'Aquin

Le Coucou	Kerl
Symphonie Pastorale	Beethoven
Le Berger	Liszt
Le Carnaval des Animaux	Saint-Saëns
Snegourotchka	Rimsky-Korsakov
La Relève de l'Eté	Mahler
Eloge du Bon Sens	Mahler
3e Symphonie (Ablösung im Sommer)	Mahler
Hary Janos	Kodaly
On Hearing the First Cuckoo in Spring	Delius
Sonatine Pastorale	Emmanuel
Spring Symphony	Britten

COURLIS

Courlis	Warlock
Le Déluge	Stravinski
Curlew River	Britten

ETOURNEAU (SANSONNET)

La Belle Meunière	Schubert

FAUVETTE

Saint François	Messiaen

GRIVE

Josué	Haendel
Le Déluge	Stravinsky

GRUE

Revecy Venir le Printans	Le Jeune
Kuoleva	Sibelius
L'Origine des Espèces	Aperghis

HÉRON, CIGOGNE

Snegourotchka (Fée des Neiges)	Rimsky-Korsakov
La Conférence des Oiseaux	Levinas

HIBOU (CHOUETTE)

Le Festin du Jeudi Gras	Banchieri
La Chouette et la Hulotte	Ravenscroft
Platée	Rameau
La Chasse	Satie
L'Enfant et les Sortilèges	Ravel
Les Hiboux	Deodat de Severac
The Owl and Pussy Cat	Stravinski

Chant d'Amour et de Mort du Cornette Rilke	F.Martin
The Owl and Pussy Cat	Musgrave
La Petite Renarde Rusée	Janacek

HIRONDELLE

Though Philomela	Morley
Introduction au Dixit	Vivaldi
Il Allegro e Penseroso	Haendel
The Beggar's Opera (L'Opéra des Gueux)	Pepusch
Sur les Ailes du Chant	Mendelssohn
Chant des Sorcières	Mendelssohn
La Fille du Pêcheur	Liszt
Chemin de l'Amour (op. 20, 2)	Brahms
Je bavardais comme une hirondelle	Janacek

HUPPE

La Conférence des Oiseaux	Levinas

KOKILA

Mélodie	von Koch

LINOTTE

Opéra des Gueux	Pepusch
Josué	Haendel

MALARD

Le Déluge	Stravinski

MARTIN PÊCHEUR

Histoires Naturelles	Ravel

MARABOUT

Sports et Divertissements	Satie

Merle

Das Lied im Grünen	Schubert
Villanelle (Nuits d'Eté)	Berlioz
Le Merle Noir	Messiaen

MÉSANGE

Acis et Galatée	Haendel

MOUETTE, GOËLAND

La Fille du Pêcheur	Liszt

En Bateau (op. 97)	Brahms
L' Horizon Chimérique	Fauré
L'Adieu au Marin (Mouette)	Wolf
Soir d'Automne	Sibelius
The White Mews	Ives
A Farewell to Land (Byron)	Ives
La Reine des Mouettes	Poulenc
Sea-Drift	Delius

OISEAU-LYRE

New Creation	Doyle-Atherton

PASSEREAU

L'Opéra des Gueux (Linotte)	Pepusch
Josué (Linotte)	Haendel
La Belle Meunière (Etourneau)	Schubert
L'Ami Fritz	Mascagni

PERROQUET

Le Roi Cerf	Henze

PIE

La Pie Voleuse	Rossini
La Pie	Levinas

PIGEON

Pigeon des bois (Poème symphonique)	Dvorak

PINSON

Lieder eines fahrenden Gesellen	Mahler

RAMIER

La Sulamite	Chabrier
Le Ramier	Chausson
Le Ramier	Fauré
Gurrelieder	Schoenberg

RAPACES

Le Faucon (faucon)	Philippe de Thaon
Lied des gefangenen Jägers (faucon)	Schubert
Räuberlied (vautour)	Schubert
Herman et Thusnelda (aigle)	Schubert
Ganymed	Schubert
Le Faucon (op. 93 a) (faucon)	Brahms
Chemin de l'Amour (op. 20, N°1) (aigle)	Brahms
La Mort, Oiseau Rapace	Moussorgski

Rites infernaux

Hommage à STRAVINSKI

Les petits ducs font maigre

Hommage à SATI

La Femme sans Ombre (faucon)	R.Strauss
Gurrelieder (épervier)	Schoenberg
Like a sick eagle (aigle)	Ives
Le Déluge (milan)	Stravinski
A Midsummer Marriage (faucon)	Tippett
Saint François (faucon)	Messiaen
L'Origine des Espèces (épervier)	Aperghis
La Conférence des Oiseaux (faucon)	Levinas

ROSSIGNOL (PROCNÉ)

Le Rossignol en Mai	Anonyme XIIe
Rossignol	Borlet XIVe
Chant des Oiseaux	Janequin
Chant du Rossignol	Janequin
Le Rossignol	Poglieti
Dainty fine Bird	Gibbons
The Nightingale	Weelkes
Sonata Representativa	Biber
La Reine des Fées	Purcell
Il Penseroso	Haendel
Acis et Galatée	Haendel
Le Rossignol Amoureux	Rameau
Hyppolite et Aricie	Rameau
La Création	Haydn
Sur la Mort d'un Rossignol	Schubert
Der Frühling	Schubert
Ganymed	Schubert
Frühlingsgesang (D.703)	Schubert
Nachtstück	Schubert
Philine (Goethe)	Tomacek
Nachtstück	Mendelssohn
A la Bien-aimée Lointaine	Mendelssohn
La Sulamite	Chabrier
6 Lieder (op. 97)	Brahms
4 Lieder (op. 43)	Brahms
Les Rossignols volent (op. 6)	Brahms
Rossignol qui chante si joliment (op. 52)	Brahms
Au Rossignol (op. 46)	Brahms
Le Rossignol Discret	Grieg
Chanson Perpétuelle	Chausson
Magie de la Nuit	Wolf
J'allais de bonne humeur	Mahler
Rossignol	Aliabie
Sadko	Rimsky-Korsakov
C'est l'Extase	Fauré

En Sourdine	Fauré
Les Fêtes Galantes	Debussy
Evening (Milton)	Ives
Eloge du Bon Sens	Mahler
Magie de la Nuit	Wolf
Le Rossignol	Alabiev
La Maja e el Ruisenor	Granados
L'Enfant et les Sortilèges	Ravel
Rossignol, mon Mignon	Roussel
Der Nachtigall	Berg
Les Pins de Rome	Respighi
Choral Symphony	Holst
Sonatine Pastorale	Emmanuel
Le Roi Yvetot	Ibert
Carmina Burana	Orff
Ode au Rossignol (Keats)	Harty
Le Rossignol	Braufels
Le Rossignol	Stravinski
Le Chant du Rossignol	Stravinski
Rossignolet	Berio
La Conférence des Oiseaux	Levinas
L'Oiseau (opéra)	Bacri

ROUGE-GORGE

Gentle Robin	Cornish
Saint François	Messiaen

TOURTERELLE

Bonjour mon cœur	Lassus
Vola Turtar de Nido	Sabatino
Judith Triumphans	Vivaldi
The Beggar's Opera	Pepusch
Titon et l'Aurore	Mondonville
La Fedeltà Premiata	Haydn
Werkauft Liebesgötter	Tomasek
Les Contes d'Hoffmann	Offenbach
When Daisies Pied	Stravinsky
Saint François d' Assise	Messiaen

TRAQUET-TABAZIN

Et tous oiseaux exotiques	Messiaen

OISEAU MIGRATEUR

L'oiseau Migrateur (Lied)	Pfipzner
Sea Drift	Delius

Gibier à plumes

Le Chasseur (op. 95)	Brahms
Symphonie n°4	Mahler

Oiseaux exotiques

Des Canyons aux Etoiles (Oriole, Cassyphe et Moqueur Polyglotte)	Messiaen

ENSEMBLE D'OISEAUX

Luscinia	Fulbert de Chartres
Si Dolce non sono Orfeo	Landini (XIVe)
Chant des Oiseaux	Janequin
Dainty Fine Bird	Gibbons
Tambourin (Ramage)	Boësset
Dolcissimo Uscignolo 6e Livre (Zefiro Torna)	Monteverdi
Alceste	Lully
La Reine des Fées	Purcell
Les Saisons (Le Printemps)	Vivaldi
Solomon	Haendel
Le Rappel des Oiseaux	Rameau
L'Oiseau (quatuor)	Haydn
Les Saisons	Haydn
L'Ucelleria (Quintette op. 11)	Boccherini
L'Enfant	Schubert
Das Glück (Voglein)	Schumann
Kerner Lieder	Schumann
Oiseaux Migrateurs	Fanny Mendelssohn
Saint François Prêchant aux Oiseaux	Liszt
Les Contes d'Hoffmann	Offenbach
Siegfried + Crépuscule des Dieux	Wagner
Siegfried Idyll	Wagner
Un Joli Petit Oiseau (op. 52)	Brahms
Le Carnaval des Animaux	Saint-Saëns
Snegourotchka (Fée des Neiges)	Rimsky-Korsakov
Un Petit Oiseau	Wolf
Langage des oiseaux	Sibellius
Les Oiseaux Tristes	Ravel
Daphnis et Chloé	Ravel
Trois Beaux Oiseaux de Paradis	Ravel
Symphonie n° 2	Scriabine

Jour d'Eté à la Montagne	D'Indy
L'Appel de la Forêt	Roussel
Oiseaux Migrateurs (Sea Drift)	Delius
Les Oiseaux (Opéra)	Braunfels
Forêt Amazonienne	Villa-Lobos
Chant des Oiseaux	Casals
Nana	Jolivet
Catalogue d'oiseaux	Messiaen
Oiseaux exotiques (dont beaucoup identifiés)	Messiaen
Saint François D'Assise	Messiaen
Turangalila Symphonie	Messiaen
Petites esquisses d'oiseaux	Messiaen
Rappel des Oiseaux	Messiaen
Couleurs de la Cité Céleste	Messiaen
Songe d'une Nuit d'Eté	Britten
Noye's Fludde	Britten
Interrogation des Oiseaux (Office des Oracles)	Ohana
Oiseaux	Mache
Machine à gazouillis (Klee)	Kako
La Conférence des Oiseaux	Levinas
Roméo et Juliette	Dusapin
L'Oiseau (Opéra)	Bacri

ANIMAUX FABULEUX, MONSTRES ET HUMAINS ZOOMORPHES

CAPRICORNE

Concerto	Barber
Chant du Capricorne	Scelsi

CENTAURE

La mort d'Hercule	Clérambault

CERBÈRE

Orfeo	Gluck

CHIMÈRE

Bellerofon	Myslivecek

CYCLOPE (POLYPHÈME)

Les Cyclopes	Reincken
Acis et Galatée	Haendel

Les Cyclopes	Rameau
Acis et Galatée	Haydn

DRAGON

Sémélé	Haendel
La Forêt Enchantée	Geminiani
Chant des Sorcières	Mendelssohn
Chemin de l'Amour (I)	Brahms
Tetralogie (Siegfried)	Wagner
Dragon à 3 Têtes (Office des oracles)	Ohana
Les Bassarides	Henze

HYDRE

Le Livre des Prodiges	Ohana

LÉVIATHAN

La Création	Haydn
Sinfonia Antartica	Vaughan Williams

LICORNE

L'unicorne	Thibaud de Champagne

MINOTAURE

Minotaure aux Miroirs (Office des Oracles)	Ohana

MONSTRES (DE LA MORT) - MONSTRES MARINS

Retour d'Ulysse dans sa Patrie (Tritons) (Opéra)	Monteverdi
Glaucus et Scylla (Opéra)	Leclair
Andromède (aria)	Ditters von Dittersdorf
Idoménée	Campra
Andromède (aria)	Mozart
Idoménée	Mozart
Bomarzo	Ginastera

OISEAU DE FEU	Stravinsky
OISEAU PROPHÈTE	Schumann

ONDIN

Poème symphonique	Dvorak

ONDINE

L'Ondine (opéra)	Hoffman

Lorelei	Schumann
Lorelei	Liszt
Tetralogie	Wagner
Lorelei	Bruch
Lorelei	Catalani
Russalka (opéra)	Dvorak
Sadko	Rimsky-Korsakov
Ondine	Debussy
Ondine (Gaspard de la Nuit)	Ravel
Lorelei	Chostakovitch
Ondine (ballet)	Henze

PAN, SILÈNE, FAUNE (SATYRE)

Pan et Phébus	J.S. Bach
La Fedeltà premiata	Haydn
Le Faune	Debussy
Prélude à l'Après-midi d'un Faune	Debussy
Syrinx	Debussy
L'Appel de la Forêt	Roussel
Pan et Syrinx	Nielsen
Choral Fantasy	Holst
La plainte au loin du faune	Dukas
Le Faune	Stravinsky
Daphnis et Cloé	Ravel
Cydalèse et le Chèvre-pied	Pierne
The Great God Pan	Bantock
Pan	Peterson-Berger

PEGASE

Bellerofon	Myslivecek
Les Aventures de Monsieur Broucek	Janacek

PHÉNIX

Chemin de l'Amour (op. 20,1)	Brahms
Le Phénix et la Tourterelle	Musgrave

SIRÈNE

Serena en mer haute	Philippe-de-Thaon
Russlan et Ludmilla	Glinka
Nocturnes	Debussy
Vox Maris	Enesco
Tannhäuser (chœur des sirènes)	Wagner

TAUREAU AILÉ

Le Livre des Prodiges	Ohana

Dans « l'infinie variété de la musique », cette énumération n'est qu'un guide limité pour mélomaniaques naturalistes. Ce n'est pas une recherche scientifique mais un jeu de fouille-mémoire qui appelle d'autres jeux et peut inspirer causeries et divertissements.

Les Docteurs Faust à l'entrée de ce troisième millénaire préfèrent en appeler aux connaissances illimitées et galaxiques d'un cerveau artificiel et dur. Ils devront se satisfaire ici du savoir limité d'une matière grise et molle. A vrai dire, le recours à Internet ou à un fichier quel qu'il soit ne nous aurait guère diverti, d'autant que ce genre d'ouvrage se voulait un plaisir, voire un luxe en marge du quotidien ; « Le plaisir délicieux et toujours nouveau d'une occupation inutile », citation d'Henri de Régnier que Ravel mit en exergue de ses « Valses nobles et sentimentales » et qui conviendrait mieux à notre modeste aventure culturelle.

NOTES

LA CRÉATION

[1] On oublie que, comme son jeune ami Mozart, Haydn était un charmeur impénitent ; peu avant sa mort, il dit à un ami qui quittait son chevet : « Bien des choses aux belles femmes ».

[2] Dans la mythologie grecque, le créateur de l'homme est Prométhée qui utilise de l'argile pour le façonner. Les dieux offrent à son frère une belle femme qui a pour dot un coffret qu'il ne faut ouvrir ; c'est Pandore et sa fameuse boite d'où vont s'échapper tous les maux de l'humanité. Il vole le feu aux dieux pour le donner aux hommes, le feu pour cuire, se chauffer, fondre les métaux et le feu de l'intelligence. Il est puni et condamné à avoir éternellement le foie dévoré par l'aigle de Zeus. Au bout de trente ans, il sera libéré par Hercule. Il est le symbole de la libération des hommes, de la révolte contre les dieux (les athéismes, depuis le XVIIIe siècle se réclament de lui). Beethoven a écrit *Les Créatures de Prométhée*, Schubert et Wolf des lieder, Fauré une mélodie, Liszt et Scriabine un poème symphonique. Il libère aussi les mœurs ; dans le prologue de *Aurore et Titon* de Mondonville, Prométhée est créateur et pas encore le titan rebelle et libérateur de Goethe (puis de Schubert dans sa ballade *Prometheus*). Il donne vie aux statues, comme Pygmalion, puis invoque l'Amour qui doit apprendre à ces nouveaux humains les délices, les félicités et tous les pouvoirs qu'il peut leur apporter. En bref, la convention galante est un tantinet luciférienne :

« Règne sur les mortels que mon art a fait naître,
C'est à l'Amour, c'est aux tendres désirs,
C'est aux Grâces, c'est aux Plaisirs,
De leur donner un nouvel être ».

Nous n'oublierons pas le dieu de la nature, Pan (le grand Tout), avec sa cour de silènes, de faunes et de satyres, aussi intelligents que sensuels et lubriques. C'est Silène qui fit l'éducation du jeune Bacchus après qu'il eut été élevé par sa tante Ino, sœur de Sémélé. C'est Pan qui pourchassa la chaste nymphe Syrinx qui, pour lui échapper, préféra se noyer. On connaît la suite ; Pan avec des roseaux confectionna la flûte qui porte son nom – et dont le roumain Zamfir est le virtuose –. *Syrinx* est une pièce pour flûte seule de Debussy.
Gustav Holst (1874-1935), compositeur anglais fécond, s'est rendu célèbre avec *Les Planètes* (1915) – Mars le guerrier ; Vénus la pacificatrice ; Mercure le messager ailé ; Jupiter le jovial ; Saturne le dispensateur de vieillesse ; Uranus le magicien ; Neptune le mystique – réussite parfaite d'orchestration impressionniste. Il s'est inspiré dans sa *Première Symphonie chorale* du poème Endymion de John Keats :

« O toi dont le palais suspend sa voûte formidable
Aux troncs déchiquetés et couvre de son ombre
Des murmures éternels, des ténèbres, et la naissance lourde,
La vie, la mort de fleurs invisibles, dans une lourde paix ;
Qui te plais à voir les hamadryades renouer
Leurs boucles folles sous le sombre berceau des coudriers ;

Et pendant de longues heures solennelles t'asseoir
Pour écouter la morne mélodie des roseaux amassés...
Musique magnifique au niveau du luxuriant poème.

DU CHAOS À LA LUMIÈRE

[1] Nous savons que le big-bang dégage une chaleur inimaginable de matière en fusion projetée dans l'immensité de l'Univers, ce qu'ignoraient les anciens. Nous connaissons des musiques colossales avec stridences, oppositions de masses orchestrales qui pourraient évoquer le big-bang : le *Sun-treader* de l'américain Ruggles, *Aïs* et *Tracées* de Xenakis avec leurs miroitements de timbres, leurs registres extrêmes et leurs percussions héritées de Varèse. Musiques volcaniques, matière en fusion.

LE FIRMAMENT

[1] Pour montrer que la musique est la réponse de l'homme à son créateur, il eût fallu plus de « clarté » pour convaincre ; les grands musiciens baroques, Purcell et Haendel, avaient réussi la démonstration dans leurs *Ode pour la Sainte-Cécile*.

[2] Un peu plus loin, Lorenzo lui parle de l'effet pacifiant de la musique sur les créatures les plus sauvages.

« (Le poète donc) feignit qu'Orphée attirât les arbres, les pierres, les flots
Puisqu'il n'est rien de si brut, si dur et si plein de rage
Dont la musique, un temps, ne change la nature.
L'homme qui n'a pas de musique en soi
Et que n'émeut pas un concert de doux accents
Est propre aux trahisons, aux complots, aux rapines,
Ses désirs d'âme sont tristes comme la nuit
Et ses passions sombres comme l'Erèbe... »

[3] Comme dans *Le Roi des Aulnes* de Schubert sur un poème de Goethe, la mort vient endormir l'enfant sous les yeux de sa mère dans *La Berceuse* de Moussorgski, plus insoutenable encore que *Les Chants des Enfants Morts* de Mahler.

[4] Benjamin Britten a réuni une anthologie des plus beaux poèmes anglais sur la nuit – de Shakespeare, Milton, Coleridge, Wordsworth, Tennyson, Owen etc. – dans son *Nocturne op. 60* pour ténor et orchestre. Au XVIIIe siècle, le nocturne est un genre instrumental apparenté à la suite – *Nocturnes pour le Roi de Naples* de Joseph Haydn ; *Petite Musique de Nuit* de Mozart – et peut prendre la forme d'un trio, *Notturno* de Schubert. La sérénade est par définition une musique nocturne qui se chante (cf. *Les Sérénades* de Schubert) ou qui se joue aux cordes (*Sérénades* de Tchaïkowski, Dvorak, Wolf, Elgar). Et bien sûr le genre romantique pour le piano lancé par Fields et qui fit la gloire de Chopin, mais aussi de Fauré et Scriabine. Les trois *Nocturnes* pour orchestre de Debussy sont très particuliers et auraient été inspirés par les peintures de Whistler.

[5] Sainte Walburge (en allemand Walpurgis) fut une religieuse bénédictine née dans le Sussex vers 710 et qui fut appelée en Allemagne par saint Boniface pour diriger le couvent de Heidenheim où elle mourut en 779. Son miracle le plus marquant fut le liquide qui suintait de son tombeau dans l'église de Eichstätt ; les pèlerins d'alors vénéraient « L'Huile de la Sainte Walburge ». La nuit de Walpurgis qui précédait sa fête le 1er mai devint une légende assimilée à des survivances païennes avec rendez-vous de sorciers et de sorcières sur le Blocksberg. Je suggère aux amateurs de folklore qui ont carnavalisé notre fête des Morts avec Halloween de terminer la Fête du Travail avec une nuit de Walpurgis.

[6] Nous pourrions nous étendre sur d'autres aspects de la nuit pour un musicien : la place de la nuit dans la construction d'un opéra – par exemple dans *Le songe d'une Nuit d'Eté* de Mendelssohn ou Britten ou le deuxième acte de *Tristan et Isolde* de Wagner. Le musicien peut se demander pourquoi la mort frappe si souvent pendant la nuit. Pendant des siècles, chaque soir de la semaine sainte, on a lu et chanté les lamentations de Jérémie, *Leçons de Ténèbres*. Comme ces remarques débordent de notre propos, je renvoie à mon livre *Sur les Ailes du Chant* (1996, Editions Euromuses, Dijon)

[7] En 1824, Franz Schubert souffre de son isolement : « Je me sens le plus malheureux, le plus misérable des hommes de cette terre ». Il sait que sa « santé ne pourra plus jamais être bonne ». Ses amis sont dispersés sauf Schwind qui lui apporte « la douceur d'un rayon des jours évanouis ». Les séances de la « Société de Lecture » ont cessé, laissant la place « au chœur brutal des buveurs de bière et des mangeurs de saucisses ». Il compose alors *L'Etoile du Soir* (*Abendstern D.806*) sur un poème de Mayrhofer à qui il doit près de cinquante lieder, plus encore qu'à Goethe ! Dans le lied, il se justifie de son sentiment d'aversion pour le monde et de son isolement. « Pourquoi t'attardes-tu solitaire dans le Ciel / O, belle Etoile ? / Tu es pourtant si douce / Pourquoi la foule scintillante de tes sœurs (En allemand, der Stern, est du masculin d'où « Brüder », frères, mais nous traduisons par sœurs) s'éloigne-t-elle de ton image ? / Je suis la fidèle étoile de l'amour. / Et ils se tiennent loin de l'amour. / Tu devrais aller vers eux / Qui pourrait donc te résister ? / O toi, lumière douce et obstinée. / J'ai beau regarder, je ne vois nul germe d'amour / Je reste donc ici dans ma tristesse et mon silence ! ». Ce lied est calme ; la voix de l'homme est en la mineur et les réponses de l'étoile en la majeur.

[8] *Aubade* (*Ständchen D.889*)
Schubert ne pouvait trouver plus belle aubade (*Ständchen D.889*) que celle de *Cymbeline* de Shakespeare, traduite en allemand par Schlegel ; rythme joyeux sur accompagnement qui évoque le jeu de la guitare – dont nous reproduisons le texte original et tant pis pour la langue de Goethe.

« Hark, hark, the lark in the blue of heaven
And Phoebus, newly awakened,
Waters his steeds with the dew
That lies on chaliced flowers.
The marigold bud opens
Its little golden eyes :
Along with every lovely thing,
Sweet maid, arise ! »

[Ecoute, écoute, l'alouette chante dans l'éther bleuté
Et Phébus, à peine éveillé,
Abreuve ses coursiers de la rosée
Qui couvre les corolles.
Les boutons des soucis
Ouvrent leurs petits yeux d'or.
Avec toutes choses charmantes,
Belle enfant, lève-toi !]

9 Des musiciens érudits d'Espagne, l'Atrium Musicae de Madrid nous ont restitué sur soixante instruments reconstitués la musique grecque du Ve siècle avant J.C. au IIe siècle de notre ère (Cd Harmonia Mundi) ; figurent à leur programme, deux hymnes delphiques à Apollon et un *Hymne au Soleil* de Mésomède de Crète (vers 130 après J.C.).
Pour illustrer un concert ou une causerie « à thème », voici encore quelques œuvres en complément :

Liszt : Paraphrases sur « O du, mein » de *Tannhäuser*
Wagner : *Tannhäuser* (Romance à l'étoile)
Chabrier : *Romance de l'étoile (L'Etoile)*
Lanner : *Abendsterne*
Tchaïkowsky : *Les étoiles brillent tendrement au-dessus de nous*
Dvorak : Air à la lune (*Russalka*)
Fauré : *O Mort, poussière d'étoile*
Debussy : *La terrasse des audiences au clair de lune*
Duparc : *Aux Etoiles*
Janacek : *Les Voyages de Monsieur Broucek*
Puccini : *Turandot* (*Nessun dorma*)
R.Strauss : *An die Nacht*
Stravinsky : *Le roi des Etoiles*
Messiaen : Les Ressuscités et le Chant de l'Etoile (*Des Canyons aux Etoiles*)

NOË ET LE DÉLUGE

1 Nous avons quitté Adam et Eve au Paradis Terrestre, avant la chute. Sur leur tragique descendance, Abel et Caïn, nous ne possédons guère qu'un opéra fin de siècle de Rudy Stephan « *Les Premiers Hommes* ». L'argentin Mauricio Kagel, à l'instar de son philosophe préféré Spinoza, a développé un « théologie négative » dans *Die Erschöpfung der Welt* (*L'épuisement du monde*, avec un jeu de mots sur die Schöpfung, la Création). Dans une succession de onze tableaux, on trouve le déluge, la malédiction du Seigneur, mais aussi « le zoo de Dieu » et pour finir le « hachoir de Dieu » ! Dieu épuisa le monde et « le souffle de Dieu planait sur les eaux usées ». L'année précédente, en 1979, on donnait à Chicago un opéra aux antipodes de celui de Kagel : « Le Paradis perdu » de Penderecki.

2 C'est le sacrifice d'Isaac qui, après le meurtre d'Abel et le déluge, frappe le plus l'imagination parentale. Un opéra classique vient d'être exhumé, *Abraham et Isaac* du tchèque Myslivecek (1737-1781), dont la musique de chambre et les opéras étaient loués par Mozart, tel *Bellerophon*, le vainqueur des Amazones et de la Chimère, le dompteur de Pégase.

[3] William Tallis (1505-1585) avec ses *Lamentations de Jérémie*, ses messes, son *Magnificat*, ses *Vêpres*, ses *Cantiones Sacrae* à cinq ou six parties et son *Spem in alium* (motet à quarante voix !) impose à la cour des quatre monarques Tudor une architecture musicale inégalée à son époque. Son élève William Byrd (1543-1623) est à l'Angleterre ce que Palestrina est à l'Italie, Lassus aux Pays-Bas et Victoria à l'Espagne avec, en prime, son universalité car il s'imposa dans la musique instrumentale. La reine Elisabeth qui élimina si cruellement et sauvagement les catholiques sut s'attacher ces deux génies fidèles à la papauté.

[4] Ce qui n'est pas nouveau : Schumann a utilisé ce procédé avec le *Manfred* de Byron, Richard Strauss avec *Enoch Arden* de Tennyson ; Frank Martin – en partie – avec *Le Chant d'Amour et de Mort* du cornette Christophe Rilke, Ohanna avec *Llanto por la muerte de Sanchez Mejias* de Lorca, Jean Françaix avec *La Guerre Picrocholine* de Rabelais, etc...

[5] Pour un catalogue fourni, voir chapitre sur le « bestiaire » en annexe.

Le thème du déluge a inspiré beaucoup de chefs-d'œuvre ne serait-ce qu'en Italie : Les bas-reliefs des portes de saint Zénon à Vérone (XIIIe siècle), les mosaïques de Noé à Saint-Marc de Venise, le plafond de la Chapelle Sixtine par Michel-Ange, les loges du Vatican par Raphaël, deux compositions de Véronèse et d'Antoine Carraci (au Louvre), une toile récemment révélée de Saraceni, etc.

LES ANIMAUX DE L'ARCHE

[1] Le monde animal, comme le monde végétal, représentait au moyen-âge une source inépuisable de réflexions, d'inspirations, d'images et de ressources à laquelle tout le monde avait recours et qui offrait un matériel précieux à l'imagination collective et aux écoles poétiques. Georges Duby (*dans L'Art et la Société médiévale*, 1977) condense la scène naturelle qui servait de toile de fond mais nous avons l'impression qu'il pensait surtout au haut moyen-âge, que les Anglais appellent « Dark Ages ». « La civilisation matérielle n'avait pas encore séparé l'homme médiéval du cosmos ; c'était encore un animal à demi sauvage, pour qui le temps changeait de rythme et de saveur selon les saisons. Les intellectuels ne vivaient pas reclus dans une pièce, mais plutôt dans les champs et les jardins, et les cloîtres se rassemblaient autour d'un jardin plein de fleurs et d'oiseaux. Dans les bois, les chevaliers tombaient parfois sur des dragons mais chassaient surtout les cerfs et le gibier ».

[2] La découverte de la musique médiévale est encouragée par son succès grandissant auprès des mélomanes et musiciens amateurs (La Bourgogne peut s'enorgueillir, entre autres ensembles remarquables, du Laostic de François Tainturier qui a rassemblé une collection d'instruments anciens digne d'un musée spécialisé avec la joie suprême de s'en servir et de partager ses découvertes incessantes). Tous les instruments sont désormais connus et fabriqués par des luthiers de talent ; les interprètes sont en même temps des savants, des érudits et des artistes. Ils sont capables de déchiffrer des écritures musicales complexes et de se mouvoir, rien que pour les Troubadours, dans une profusion de trois cent cinquante auteurs et plus de mille cinq cents œuvres. Citons le Clemencic Consort, l'Ensemble La Reverdie (cf. « Bestiarum », présenté par Ella de Mircovich et José

Carlos Cabelle) et Anne Azema, la découvreuse que le grand médiéviste Michel Zink salue comme un miracle (cf. La Licorne).

3 Le corbeau, c'est le « Raven » d'Edgar Poe que mit en musique Britten ; c'est aussi « la corneille » qui tournoie au-dessus de l'amant délaissé du *Voyage d'Hiver* de Schubert. C'est aussi l'oiseau favori et messager du dieu nordique Odin (ou Wotan).

4 L'archevêque de Cantorbery, Dunstan, fut un grand réformateur de la vie monastique anglo-saxonne. Ce formidable vieillard – ermite, orfèvre comme notre saint Eloi, copiste, facteur d'orgue, harpiste et prédicateur ! – était un passionné de poésie épique en langue vernaculaire. Abbon exploita le récit de la passion du saint roi avec des qualités épiques et expressives. Un moine, saint Aelfric, ajouta ce récit à sa « Vie des Saints » trente ans plus tard. Puis un premier sanctuaire fut construit en 1022, Bury St Edmunds, dont le scriptorium et l'évolution liturgique furent marqués par deux Abbés, Baldwin de Saint Denis et Anselme le Lombard. L' « Historia » fut complétée par trente-deux miniatures imposantes autour de 1125.

5 Sur les origines de la musique cf. *Sur les ailes du chant* (Euromuses, Dijon, 1996). Le musicologue et sinologue Louis Laloy, dans *Comment écouter la musique*, nous dit que les Chinois accouplent pour la graphie du mot chant les symboles de « bouche » et « oiseau ».
L'idée n'est pas plus sotte que l'exclamation « Ah ! » pour la surprise et l'émotion ou « Alleluia » pour louer Dieu. Restons dans le mystère ; un savant structuraliste et mélomane passionné Levy-Strauss reconnaît que « la musique est la butée suprême des sciences humaines ». Jankelevitch a écrit un ouvrage passionnant pour nous dire qu'elle est « INEFFABLE ».

6 Le *Merle noir* de Messiaen est un morceau réputé pour la flûte. Le canari est le personnage posthume d'une ode de Telemann *Ode funèbre pour mon canari, maître de son art* et mangé par un chat.

L'ARC-EN-CIEL

1 William Wordsworth (1770-1850) fut le chef de file des poètes « lakistes ». Son poème sur l'arc-en-ciel inspira une mélodie et son *Set n° 6* au musicien américain Charles Ives (1874 – 1954).

« My heart leaps up when I behold
A rainbow in the sky ;
So was it when my life began ;
So is it now I am a man ;
So be it when I shall grow old
Or let me die !
The Child is father of the Man ;
And I could wish my days to be
Bound each to each by natural piety. »

2 Lorsque le vénérable Rimpotché vint inaugurer le temple tibétain de La Pleige, en Saône et Loire, les visiteurs purent admirer cinq arcs-en ciel ; les pho-

tographes n'osèrent pas publier leurs clichés de peur d'être accusés de surimpression au laboratoire…
Il est près de Venise une petite île aux sept couleurs, « L'Ile où est tombé l'arc-en-ciel » : Burano, patrie du musicien Galuppi, cher aux poètes (Browning entre autres).

3 Pour des besoins scéniques, Michael Torke a composé pour les ballets Ballanchine de N.Y. *Musique en vert, violet, orange extatique, gris cendré et bleu clair*

4 Pour les funérailles de la reine Marie-Thérèse (1683) « Au-dessus du tombeau paraît un grand arc-en-ciel, qui fut remarqué de tout le monde au convoi funèbre, qui se fit de Versailles à Saint Denis, puisque au moment que le soleil leva du côté du Bois de Boulogne, d'où sortait le convoi. L'âme de la reine est élevée sur cet arc-en-ciel symbole de la paix qu'elle trouve dans le ciel, après l'avoir donnée à la terre par son heureux (?) mariage avec le roi ». (Document cité par Catherine Cessac dans son ouvrage sur Marc-Antoine Charpentier qui composa la musique pour les funérailles).

5 Le Psaume 46 *Omnes gentes plaudite manibus* est un hymne à Yahweh, qui comme un roi, monte à son trône (Il est emprunté, d'après le titre, au Psautier des Fils de Coré). Selon divers exégètes il viserait l'avènement final de Dieu. Ce chant semble avoir été composé à l'occasion d'une victoire où Yahweh, sous le symbole de l'Arche d'Alliance, remontait au Temple, symbole du Temple Céleste. Depuis le moyen-âge, il a été mis en musique surtout à la Renaissance, en particulier par Gabrieli à Venise.

« Vous tous, peuples, battez des mains,
Acclamez Yahweh par des cris d'allégresse !
Car Yahweh est très haut, redoutable,
Grand roi sur toute la terre… »

Dans la première partie des *Trois Petites Liturgies de la Présence Divine,* l'antienne de la conversation intérieure, Olivier Messiaen s'adresse à Jésus comme les mystiques saint Jean de la Croix, sainte Thérèse d'Avila, sainte Thérèse de l'Enfant Jésus ou sainte Elisabeth de la Trinité : « Mon Jésus, mon Silence, restez en moi, priez en moi, Soleil de Sang, d'oiseaux, mon arc-en ciel d'amour… »

6 Dans le mythe finlandais de la création du monde, la déesse des eaux et des airs Luonnotar (musique de Sibelius) accueille une cane, qui, ne pouvant construire son nid sur les nuages ou dans le vent, la supplie de lui prêter un de ses beaux genoux. L'oiseau y pond un œuf qui se fend en deux : la coque supérieure sera le ciel et la coque inférieure, la terre.

7 Au commencement était le Verbe dit Saint Jean. Pour le poète Dryden dans son *Ode pour la Sainte-Cécile* que G.F. Haendel mit en musique, au commencement était l'harmonie, un logos qui chante et luit et crée un être chantant à son image, à son octave inférieure. Pour David Hykes, il faut remplacer le « Big Bang » par le « Big Ring » (Le grand son) dont la première note se réverbère jusqu'à nous : son *Chant de l'Arc-en-Cie*l évoque les harmoniques d'un hymne tibétain.

8 Depuis Pythagore, philosophes, théologiens et artistes ont évoqué la Musique des Sphères. Le grand astronome Kepler entendait des polyphonies

d'anges sur les sept planètes : « Le mouvement des planètes n'est rien d'autre qu'une polyphonie éternelle. Il n'est donc pas surprenant que l'Homme, singe de son Créateur, ait découvert l'art de chanter polyphoniquement, ce qu'ignoraient les Anciens, notamment afin de jouer l'éternité de tout temps dans le court intervalle d'une heure grâce au concours harmonieux de plusieurs voix et afin, dans une certaine mesure, de goûter avec ses propres œuvres, la satisfaction du Dieu Créateur, en puisant bonheur et joie à la source même de cette musique qui imite Dieu » (Harmonia Mundi)

9 Cf. le motet de Mondonville *Montes exultaverunt*

10 Certains cristaux ou diamants peuvent être taillés de sorte que la lumière s'y décompose en sept couleurs. Dans un long poème de Goethe – mis en musique par Brahms – l'irisation symbolise la lumière qui s'est décomposée à l'intérieur de Rinaldo depuis qu'il est obsédé par Armide ; le héros envoûté aspire à la lucidité libératrice.

11 Une irisation toute « messiaenique » se retrouve dans *L'Arche du Jour et de* la *Nuit* de Jean-Louis Gand et aussi dans son quatuor à cordes inspiré d'un poème de Tagore *La lumière, Ô mon bien aimé, brésille l'or sur les nuées* .

12 En marge ou plus exactement « en contrepoint » de l'Apocalypse de saint Jean, Yves Prin a composé *Hymnus 68 :* « Clameurs de colère » contre la grande Babylone, *Agape* pour Luther King, *Déploration* pour la torche vivante de Prague Jan Palach et, pour conclure, une intense prière, arc-en-ciel entre les hommes et Dieu :

Concede Nobis, Domine visionem qua conspicere valeamus...
Donne-nous, O Dieu, la vision qui peut voir ton amour pour le monde
malgré les fautes humaines,
Donne-nous la foi pour croire en la bonté
malgré notre ignorance et notre faiblesse,
Donne-nous l'assurance que nous pourrons continuer
de prier avec des cœurs compréhensifs,
et montre-nous ce que chacun de nous peut faire
pour avancer le jour de la paix universelle.

Cette prière reprend l'invocation spontanée de Frank Borman à bord d'Apollo, la nuit de Noël 1968. Cette prière, en anglais, a été traduite en latin par un moine de Solesme dans une langue d'intense poésie. Le climat sonore évoquant l'espace et l'apesanteur introduit un chant choral chanté par un chœur mixte. A chaque reprise du choral entrent successivement les cordes, les cuivres, puis tout l'orchestre. Un chœur d'enfants se superpose enfin, il clame le choral de la *Cantate 147* de Bach. Ainsi c'est l'homme simple qui se retrouve, avec une pureté enfantine, l'éblouissement de l'amour éternel et qui part à la recherche d'un idéal perdu. Que l'ARC-EN-CIEL demeure en nous.

13 Voici comment Guillaume Grollet nous décrit le premier arc-en-ciel sur la scène de l'Opéra en 1880, grâce à « la Fée Electricité » :

Dans la scène finale de l'opéra de *Moïse*, de Rossini, on était arrivé à un effet de lumière assez curieux et très difficile.
Le peuple d'Israël vient de traverser la mer ; sur le devant de la scène, dans une

demi obscurité, les Egyptiens se noient. Au fond sur une montagne, Moïse tient les tables de la loi, les Hébreux, groupés autour de lui, chantent la célèbre prière considérée comme un des chefs-d'œuvre de Rossini. Le jour est éclatant, les lampes électriques éclairent la scène, la nuée flamboyante plane sur Israël. A ce moment, comme gage d'une alliance nouvelle, apparaît l'arc-en-ciel.
Pour produire cette illusion, il y avait deux difficultés à vaincre. Il fallait d'abord faire dessiner par la lumière électrique un arc-en-ciel, puis cet arc devait être assez intense pour être vu de la salle sans être noyé dans d'autres lumières.
Un autre opéra célèbre l'éblouissement d'un arc-en-ciel *L'or du Rhin* , premier drame de la *Tétralogie* de Richard Wagner. Le thème de l'arc-en-ciel, issu du motif original de l'Eau, monte des profondeurs de l'orchestre. La forteresse de Walhalla apparaît dans toute sa splendeur contemplée en silence par le cortège des dieux extasiés.

LA VIGNE ET LE VIN

1 M.A.. Charpentier dans la *3ème Leçon de Ténèbres du Vendredi Saint*
(Vinea mea electa) :

O ma Vigne que j'avais choisie et plantée,
Comment as-tu pu me devenir amère et cruelle
Jusqu'à me crucifier et renvoyer Barrabas ?
Je t'avais bêchée, épierrée... Comment as-tu pu ?...

Les lecteurs du Nouveau Testament connaissent la parabole du propriétaire qui part en voyage après avoir donné sa vigne en fermage à des vignerons indignés (Saint Matthieu 21,33). Les lecteurs de saint Bonaventure se souviennent de son homélie « Jésus notre vigne » : « Vigne très douce, bon Jésus, voilà ce que vous donne votre vigne, celle que vous avez transplantée d'Egypte ! Jusqu'à ce jour de vos épousailles, vous avez patiemment attendu qu'elle produisit des raisins, et elle ne donne que des épines. D'épines elle vous couronne, et d'épines, elle vous enveloppe. Cette vigne, qui n'est déjà plus la vôtre mais une vigne étrangère, en quelle amertume elle s 'est changée pour vous ! Elle vous a renié, disant et criant : *Nous n'avons pas d'autre roi que César !* Après vous avoir chassé du vignoble tant de leur cité que de leur société, les vignerons sacrilèges vous ont mis à mort : non pas d'un coup, mais après vous avoir accablé par le long tourment de la croix, et vous avoir torturé par de nombreuses blessures des fouets et des clous. Le Maître s'est livré pour l'esclave, le Dieu pour l'homme, le Créateur pour la créature, l'Innocent pour le coupable ! Conformons-nous dans notre corps, au corps de notre Vigne, afin que notre corps, tout vil qu'il est, soit renouvelé et devienne conforme à son corps glorieux ».
Et terribles sont les vendanges annoncées par l'ange de l'Apocalypse de saint Jean : « Vendangez les grappes de la vigne terrestre ; les raisins sont mûrs. » L'Apocalypse fut chantée par les Cisterciens et sept siècles plus tard par Jean Françaix.

2 On chante le vin également dans les bouges et maisons de passe : Tom Rakewell chez les prostituées dans le *Rake's Progress* d'Igor Stravinsky (Chef-d'œuvre absolu, hélas rarement joué, dont le livret du grand poète Auden est inspiré des tableaux de Hogarth et aussi du Faust de Goethe).

3
Bien qu'ayant bu déjà
A trente barriques
Et plus que pour quatre,
Il est toujours ferme sur ses jambes
Et sa Majesté a eu le plaisir
De le nommer sommelier,
Superintendant du verre du vin,
Aux pouvoirs illimités,
Président des vignobles,
Directeur des vœux bachiques.

La Cenerentola acte I, scène 10 de Rossini

4 Rappelons un inoubliable concert de printemps donné au château de Meursault grâce à l'initiative du pianiste Yves Henry. Pour la première fois, sans doute, furent rassemblées au sein d'une même soirée une vingtaine de mélodies dont la source d'inspiration est le vin.
De grands poètes : Alphonse Daudet, Armand Silvestre, Goethe, Victor Hugo, Paul Valéry, Paul Morand, Charles Baudelaire, mis en musique par de grands compositeurs pour la plupart français : Saint-Saëns, Reynaldo Hahn, Lalo, Gounod, Ravel, Roussel, Poulenc, etc.
Quelques pièces pour piano seul, de Liszt, Schumann, Chopin, Debussy, Jolivet, Maurice Emmanuel, « le Bourguignon de l'étape ». Un éventail très large couvrant tous les aspects : populaire, humoristique, tragique, pastoral, descriptif, poétique. Une sorte de panorama du délire des uns et des autres sur le thème du vin. Sans jamais oublier le mariage de l'amour et du vin ; Schubert ne nous chante-t-il pas dans son *Wein und Liebe D.901* pour voix d'hommes : « Mon amour et le jus de la vigne se partagent la flamme de mon cœur et m'embellissent la vie. Elle est charmante et lui est bon. Mon amour me rend le vin plus cher au cœur ; elle le sert si gentiment – ... Elle se joint à mes chants de louange. Ainsi je poursuis une existence sans souci, remerciant Bacchus pour une douce sieste jusqu'à ce qu'Amour me réveille ».

MONTAGNES ET ABÎMES

1 Dans le Nouveau Testament, c'est sur le Mont Thabor que le Christ est transfiguré (cf. *Auf den Gebirge* de Schütz). Ce nom est donné à la citadelle des Hussites en Tchécoslovaquie (ces Hussites sont surnommés Taborites). Smetana (1824-1884) en a fait le troisième poème symphonique de son cycle *Ma Patrie. Tabo*r est une fantaisie sur le choral de combat « *Vous êtes les soldats de Dieu* » (*Die ihr seid die Kämpfer Gottes*).

2 Winckelman n'eut pas à souffrir de la montagne mais des escrocs. Au retour d'un de ses voyages en Italie, il fut assassiné par un voleur, Archangeli, qui convoitait sa collection de monnaies antiques.

3 Si le lecteur veut apprécier la dissonance d'une seconde majeure, qu'il plaque sur son piano deux touches à la fois (do et ré par exemple). Pour une seconde mineure, il plaquera un accord d'un demi ton (do plus do dièse ou mi plus fa).

[4] Le Bryce Canyon a également inspiré Messiaen dans *Des Canyons aux étoiles*. Il y ajoute des chants d'oiseaux, comme dans maintes autres œuvres, ces grands chanteurs de la création et prototypes des anges.

FORÊT

[1] Oh ! Raconte Naniouchka / Oh ! Dis-moi ce conte, oui, tu sais bien
Du méchant loup-garou qui jour et nuit
Courait partout, emportant petits enfants au bois. (Moussorgski)

[2] Dans *Didon et Enée* de Purcell, la scène de chasse existe mais tient une place moins importante ; il est vrai que l'opéra dure moins d'une heure.

[3] En Bourgogne du sud, on raconte encore la légende d'un comte de Brancion (village médiéval très pittoresque, ancienne propriété des Ducs de Bourgogne, situé à mi-chemin de Tournus et Cormatin). En pleine messe de minuit, le comte est tenté par le diable qui l'entraîne chasser dans les bois environnants. On ne le revit plus jamais.

PLAINES ET STEPPES

[1] « Seigneur des moissons, salut !
Ta promesse de naguère doit être tenue.
La ronde des saisons s'accélère
Mais, de tes bienfaits, chacun de nos ans fut coiffé.
Grâces te soient rendues en ce jour solennel
Et que nos cœurs s'emplissent de chants
Puisque Ta main magnanime
Répand l'abondance sur nos terres,
Puisque l'air s'emplit de nos hymnes
Et que leurs produits s'amassent en nos granges,
Nous ne manquerons pas d'élever
Aussi ce chœur reconnaissant
Pour notre part de Tes bontés... »

[2] Que de chants de Noël et Christmas Carols ! Que d'hymnes ou motets *O Magnus Mysterium* du moyen-âge à nos jours ! que de pastorales, voire de concertos pour la « Nuit de Noël » ! (Corelli, Torelli, ...), que de *Noëls* à l'orgue ! (Dandrieu, Daquin, Balbastre ...), que de cantates, oratorios et messes pour la Nativité ! Citons au hasard *Le Messie* de Haendel, La *Messe de Noël* de Marc-Antoine Charpentier, *l'Oratorio de Noël* de Jean-Sébastien Bach, la *Missa Pastoralis* de Kypta, *L'Enfance du Christ* de Berlioz, la *Cantate de Noël* d'Honegger, etc.

[3] Ce fut le but poursuivi par l'Association Aurore (Association d'anciens toxicomanes, Château de Crecey, Côte d'Or), découvrir la spiritualité et la beauté du chant à travers la souffrance, *La Traversée du Désert* – titre d'un Cd de musique sacrée byzantine et orthodoxe qui a valu à cet ensemble l'admiration et le soutien de Barbara Hendricks.

[4] Victor Hugo a consacré vingt trois strophes à Mazeppa dans ses *Orientales*. En voici les trois premières :

> Ainsi, quand Mazeppa, qui rugit et qui pleure,
> A vu ses bras, ses pieds, ses flancs qu'un sabre effleure,
> Tous ses membres liés
> Sur un fougueux cheval, nourri d'herbes marines,
> Qui fume, et fait jaillir le feu de ses narines
> Et le feu de ses pieds ;
> Quand il s'est dans ses noeuds roulé comme un reptile,
> Qu'il a bien réjoui de sa rage inutile
> Ses bourreaux tout joyeux,
> Et qu'il retombe enfin sur la croupe farouche,
> La sueur sur le front, l'écume dans la bouche,
> Et du sang dans les yeux,
> Un cri part ; et soudain voilà que par la plaine
> Et l'homme et le cheval, emportés, hors d'haleine,
> Sur les sables mouvants,
> Seuls, emplissant de bruit un tourbillon de poudre
> Pareil au noir nuage où serpente la foudre,
> Volent avec les vents !

[5] *Mazeppa* est aussi le titre de la *4e Etude d'exécution transcendante* de Liszt.

[6] Les spécialistes (géographes, ethnologues, ...) de l'Asie Centrale ne nous pardonneraient pas d'oublier le musicien des steppes du Kazakhstan, Kourmangasi (1806-1879), contemporain très original de Liszt, dont les œuvres sont inconnues en occident. Et pourtant elles valent le détour. Il est surprenant que des « orientalisants » comme Borodine et Rimski-Korsakov ne le mentionnent pas...

PAR MONTS ET PAR VAUX

[1] Voyage dans les sons, la musique est errance au pays des sons et des sens, des sens qui font SENS. Une simple gamme est déjà un parcours qui peut être créateur. Dryden, dans son *Ode pour la Sainte-Cécile* de 1687 (mise en musique par Haendel en 1739) nous dit qu'« au début était l'Harmonie Céleste » qui fit retentir toute l'étendue de la gamme pour s'arrêter enfin sur l'Homme (à l'octave inférieure de Dieu). De plus, ne pourrait-on pas dire que toutes les formules de « développement » (chaconne, passacaille, variation, sonate, Durchführung, modulations...) sont des voyages « organisés » au pays des sons ?

[2] Certaines musiques déclenchent une telle énergie cinétique (Jolivet disait « dynamique » à propos des symphonies de Beethoven) que le mélomane réceptif ne saurait se tenir sur son siège sans être « motus » ou « movendus ».

[3] Le voyage exprime un désir profond de changement intérieur, un besoin d'expériences nouvelles, plus encore que de déplacement local. Selon Jung, il témoigne de l'insatisfaction, qui pousse à la recherche et la découverte de nouveaux horizons. Il ajoute : quête de la mère perdue ou fuite ?
Le voyage symbolise aventure et recherche (trésor ou simple connaissance concrète ou spirituelle) mais plus souvent la fuite de soi. Baudelaire : « Les vrais

voyageurs sont ceux-là seuls qui partent pour partir », rêvent d'inconnu plus ou moins inaccessible. Mais ils ne trouvent jamais que ce qu'ils ont voulu fuir, eux-mêmes. C'est le signe d'un perpétuel refus de soi-même, du « divertissement » dont parle Pascal. Le seul voyage valable, c'est celui que fait l'homme à l'intérieur de lui-même.
Il y a aussi des voyages symboliques et formateurs et nous pensons en particulier à *La Flûte Enchantée* de Mozart ; ne s'agit-il pas d'une suite de voyages initiatiques, analogues à des rites au terme desquels les adolescents sont devenus hommes ?

4 Un musicien contemporain, Philippe Boesmans, s'est intéressé à des formes modernes de déplacement : voiture, ski nautique, avion, dans des œuvres qui portent des noms anglais, *surfing*, *fly*, *Driving*. Il lui fallait créer une polyphonie visuelle. « A l'époque où j'ai composé *Driving*, je me sentais particulièrement stressé et, pour me libérer de ces tensions, j'avais besoin de beaucoup marcher et de chercher une certaine continuité dans la marche, ce qui n'est pas toujours facile dans une ville surtout à cause des feux de circulation. Aussi, pour éviter de m'arrêter, pour ne pas rompre la continuité, il fallait que je trouve des systèmes de ralentissement et d'accélération selon la couleur des feux.
Les grands mythes de notre civilisation, les symboles, les grands bouleversements sociaux, tout en me concernant ne m'ont jamais motivé dans la composition. Mais les petites expériences personnelles de la vie agissent directement comme « moteurs » sur mon écriture. Et c'est à partir de ces choses simples, de ce « driving » continu ou parfois accidentellement interrompu, stable, ralenti ou accéléré, que peuvent naître en moi les idées les plus complexes ».

5 ROSSINI

Un petit train de plaisir Comico-imitatif

Allegro
(cloche d'appel) Montée en wagon – En avant la machine – Sifflet satanique (un trille sur le ré) – Douce mélodie du frein (gamme chromatique) – Arrivée à la gare.

Andante
Les Lions parisiens offrent la main aux biches pour descendre de wagon

Primo tempo
Suite du voyage. Terrible déraillement du convoi (harmonie chromatique) ;
Premier blessé, second blessé (un cri) ;
Premier mort en paradis (tierces montantes de la contrebasse au violon) ;
Second mort en enfer (arpèges du violon à la basse).

Largo
Chant funèbre – Amen (on ne m'y attrapera pas) G.R. (Le reste tout à l'heure).

Allegro Vivace
Douleur aiguë des héritiers – In fine : Tout ceci est plus que naïf mais c'est vrai. G.Rossini »

6 MENDELSSOHN

Chant de voyage (E.Ebert)

Portez-lui le salut du cœur le plus fidèle,
Vagues impatientes !
Dites-lui comme le bonheur m'est étranger
Depuis que je suis séparé d'elle.
Ici je ressens toute douleur,
Là j'oubliais toute peine.
Les yeux dans les yeux, la main dans la main,
Ah, qu'il faisait bon vivre alors !

Vois, le vent va au-devant d'elle,
Le ruisseau se précipite au-devant d'elle,
Tout va à sa rencontre,
Les nuages et les feuilles la suivent ;
Moi seul je dois aller de l'avant,
Je ne peux détourner les yeux
Mais tous mes sens fuient vers elle
En compagnie des nuages.

Et ainsi les lieux nouveaux
Ne cessent de me rappeler les anciens,
Et sur les forêts et les vagues
Ne cesse d'apparaître sa douce image.

Chant de voyage (Heine)

Le vent d'automne agite les arbres,
La nuit est humide et froide ;
Enveloppé dans un manteau gris
Je chevauche seul, seul dans la forêt.

Et comme je chevauche,
Les pensées me précèdent ;
Elles m'emportent, léger comme l'air,
Vers la maison de ma bien-aimée.

Les chiens aboient, les serviteurs
Paraissent avec des bougies tremblotantes,
Et je m'élance dans l'escalier tournant
Avec un cliquetis d'éperon.
La chambre allumée est si
Embaumée et si chaude ;
Là m'attend la belle,
Et je me précipite dans ses bras !

Le vent frémit dans les feuilles,
Et le chêne dit :
« A quoi bon, cavalier insensé,
ces rêves insensés ? »

Première perte (Goethe)

Ah, qui ramènera les beaux jours,

Les jours des premieres amours,
Ah, qui ramènera seulement une heure
De cette douce époque !
Seul je nourris ma blessure,
Et avec une plainte sans cesse renouvelée,
Je pleure mon bonheur perdu.
Ah, qui ramènera les beaux jours,
La douce époque.

7 *Chemin de Tziganie* (Dimitri S.-L.)

Ils allaient par la terre comme vont les nuages
Ils se moquaient des vents, des pluies et des orages,
Venus d'Inde ou d'Egypte, d'Iran, quelle importance,
leurs mots étaient cueillis au hasard de l'errance.
Leurs écritures, vois-tu, furent volées par la mer.
Pour eux DROM c'est la route, et la route c'est BYZANCE.

Tziganie, chemin de Tziganie,
Tzigane, Tzigane de Tziganie,
Tu es du peuple Rom.
Tziganie, joues-moi tzigane,
Tzigane de Tziganie,
Tzigane de Tziganie,
Je te dis Latchodrom,
Ah romalé, ah chavalé.

Tes histoires près des feux me parlent de chevaux.
De Châteaux de Bohême couronnés de corbeaux.
De hordes mystérieuses qu'on voit se déplacer,
Traversent les royaumes en grandes chevauchées.
D'Indes aux portes de Paris, de Rome, de Barcelone,
Fuyant devant les loups, l'homme est un loup pour l'homme.

Toi mon pote le gitan qui joue sur cordes tendres,
Au rythme de ton âme, une prière tendre.
Violon ressuscité du Tzigane revenu
Qu'un archet entraîne à corps perdu.
L'or des cierges ruisselle et la folie s'empare,
De la crypte enfiévrée près de Sara la noire.

Tziganie, joues moi Tzigane,
Tzigane, Tzigane de Tziganie,
Tu es du peuple Rom.
Tziganie, chemin de Tziganie,
Tzigane de Tziganie,
Des Indes jusqu'à Lisbonne,
Ah romalé, ah chavalé…

8 R.Strauss

Une Symphonie Alpestre, op. 64

Programme : Nuit – Lever du soleil – Entrée dans les bois – Promenade au bord du ruisseau – A la cascade – Apparition – Vers les prairies fleuries – Sur les pâturages – Errance à travers fourrés et taillis – sur le glacier – Moments dangereux – Au sommet – Vision – Les nuages montent – Elégie – Calme avant la tempête – Descente, orage et tempête – Coucher de soleil – Epilogue – Nuit.

9 Depuis l'âge baroque, l'exotisme a tenté les musiciens. Au début plus dans leur imagination que par souci de couleur locale (par exemple, les Aztèques pour Purcell dans *La Reine Indienne* ou pour Vivaldi dans *Montezuma* ou pour Rameau dans *Les Indes Galantes*). Et même chez Mozart, qu'y-a-t-il de turc ou musulman dans *L'Enlèvement au Sérail* ou dans la sonate avec marche turque ? Et même encore chez Rossini dans *L'Italienne à Alger* et *Mahomet II ?* Il faut attendre le XIXe siècle pour que les pays lointains soient évoqués avec leur langage musical. L'Espagne fascine les Russes à un niveau de mimétisme surprenant, par exemple Glinka dans sa *Jota* et Rimsky-Korsakov dans son *Capriccio Espagnol* (Tchaïkovski a surtout été séduit par l'Italie). L'évolution de l'Espagne nous semble naturelle chez Maurice Ravel (*Boléro, Habanera, Chanson à Dulcinée, Rhapsodie Espagnole, L'Alborada del Gracioso, L'Heure Espagnole* ...) ou chez Maurice Ohana *Llanto por la Muerte de Sanchez Mejias* sur un poème de Lorca). L'étonnement est plus grand avec *España* de Chabrier et *Iberia* de Debussy.

L'Extrême Orient et l'Indonésie ont créé un choc à l'Exposition Universelle de 1889, chez Debussy d'abord avec la découverte des gamelans de Bali et puis chez Saint-Saëns avec *La Princesse Jaune* et *Les mélodies du Japon.* N'est-ce pas la même tentation que l'on retrouve chez John Cage dans ses œuvres pour « piano préparé » ? Ses filles de l'île solitaire sonnent comme un orchestre de Bali. Et puis n'oublions pas la tentation debussyste chez le Japonais Takemitsu et même au XVIIIe siècle la tentation baroque à la Cité Interdite avec l'Italien Pedrini et le Français Amiot (révélé par l'Ensemble Musique des Lumières). L'Inde, avec ses gammes et sa mystique, a stimulé la musique contemporaine (Messiaen en particulier). Kipling y a situé son *Livre de la Jungle* que Koechlin a mis en musique sous forme d'un voyage symbolique de l'individu, de la jungle à la Loi et à la sagesse avec une allusion à la jungle des nouvelles musiques qui renoncent à la tradition.

10 Pour un compositeur, berceuse et barcarolle ont le même rythme binaire et ternaire (6/8 ou 12/8). Rousseau, après sa *Cinquième Promenade* aurait bien dû écrire une barcarolle ou du moins une sicilienne de même rythme !

11 L'île est symboliquement un lieu de paix au milieu de l'agitation du monde, un lieu de délices analogue à l'Hortus Conclusus, refuge des ermites, des parias ou des amants. Debussy lui a consacré une page d'une somptuosité exceptionnelle, *L'Ile Joyeuse.* Cette évocation d'une merveilleuse et délicate poésie aurait été inspirée, selon une tradition bien ancrée, par *L'Embarquement pour Cythère* de Watteau. Mais Cythère, c'est aussi Jersey, l'île des amours triomphantes de Claude Debussy et d'Emma Bardac, qui allait devenir sa seconde femme. Nous avons là une marine pianistique plus proche de *La Mer* que des *Sirènes*, de cinq ans antérieures.

Pas étonnant que l'île inconnue soit un thème fondamental de la littérature, des rêves, des désirs.

C'est dans une petite île du Rhin, Nonnenwerth, que Liszt et la Comtesse d'Agoult, dans un couvent désaffecté, se retrouvèrent en été de 1841 à 1843

pour rallumer une passion éteinte. (Liszt composa trois lieder et quatre morceaux de piano sur ce thème).
Berlioz consacra la 5ème de ses sublimes mélodies *Les Nuits d'Eté à L'Ile Inconnue* dont voici la dernière strophe de Théophile Gautier :

Menez-moi, dit la Belle
A la rive fidèle
Où l'on aime toujours.
Cette rive, ma chère,
On ne la connaît guère
Au pays des amours.
Où voulez-vous aller ?
La brise va souffler.

Pour Liszt, pour Berlioz, la quête reste vaine. Il en est, hélas ! de l'amour humain romantique comme de l'entendement pour Kant que Jean Brun nous cite dans son dernier ouvrage sur la *Philosophie de Pascal :* En 1781, dans sa *Critique de la Raison Pure,* Kant comparera le pays de l'entendement à une île que la nature elle-même a renfermée dans des bornes immuables. C'est le pays de la Vérité (mot séduisant) enfermé d'un vaste et orageux océan, empire de l'illusion, où maint brouillard, maints bancs de glace en fusion, présentent l'image trompeuse de pays nouveaux, attirant le navigateur parti à la découverte, l'entraînent en des aventures auxquelles il ne pourra plus s'arracher, mais dont il n'atteindra jamais le but. » Il suffit de remplacer « Vérité » par « Amour ».

[12] *L'Invitation au Voyage*

Mon enfant, ma sœur,
Songe à la douceur
D'aller là-bas vivre ensemble !
Aimer à loisir,
Aimer et mourir
Au pays qui te ressemble !
Les soleils mouillés
De ces ciels brouillés
Pour mon esprit ont les charmes
Si mystérieux
De tes traîtres yeux,
Brillant à travers leurs larmes.

Là tout n'est qu'ordre et beauté
Luxe, calme et volupté.

Des meubles luisants,
Polis par les ans,
Décoreraient notre chambre ;
Les plus rares fleurs
Mêlant leurs odeurs
Aux vagues senteurs de l'ambre,
Les riches plafonds,
Les miroirs profonds,
La splendeur orientale,
Tout y parlerait

A l'âme en secret
Sa douce langue natale.

Là tout n'est qu'ordre et beauté
Luxe, calme et volupté.

Vois ces canaux
Dormir ces vaisseaux
Dont l'humeur est vagabonde ;
C'est pour assouvir
Ton moindre désir
Qu'ils viennent du bout du monde
Les soleils couchants
Revêtent les champs
Les canaux, la ville entière
D'hyacinthe et d'or ;
Le monde s'endort
Dans une chaude lumière

Là tout n'est qu'ordre et beauté
Luxe, calme et volupté.

13 Gute Nacht Bonne Nuit

Fremd bin ich eingezogen
Fremd zieh' ich wieder aus.
Der Mai war mir gewogen
Mit manchem Blumenstrauss.
Das Mädchen sprach von Liebe,
Die Mutter gar von Eh'-
Nun ist die Welt so trübe,
Der Weg gehüllt in Schnee.

Ich kann zu meiner Reisen
Nicht wählen mit der Zeit :
Muss selbst den Weg mir weisen
In dieser Dunkkelheit.
Es zieht ein Mondenschatten
Als mein Gefährte mit,
Und auf den weissen Matten
Such'ich des Wildes Tritt.
Was soll ich länger weilen,
Dass man mich trieb' hinaus ?
Lass irre Hunde heulen
Vor ihres Herren Haus !
Die Liebe liebt das Wandern,
Gott hat sie so gemacht-
Von einem zu dem andern –
Fein Liebchen, gute Nacht !

Will dich im Traum nicht stören,
Wär' schad um deine Ruh',
Sollst meinen Tritt nicht hören-

Etranger je suis venu,
Etranger je repars.
Le mois de mai s'annonçait
Chargé de nombreuses fleurs.
La jeune fille parlait d'amour
Et sa mère de mariage –
Le monde est sombre désormais
Le chemin enfoui sous la neige.

Je ne puis plus décider
Du moment de mes voyages,
Il me faut seul trouver ma voie
Dans cette obscurité.
L'ombre de la lune
Est mon seul compagnon de route
Et dans les prairies blêmes
Je cherche la trace du gibier.
Faut-il que je m'attache encore
Jusqu'à ce que l'on me chasse ?
Laisse les chiens fous aboyer
Devant la maison de leur maître !
L'amour aime le changement,
Dieu l'a ainsi fait –
Il passe de l'un à l'autre –
Douce bien-aimée, bonne nuit !

Je ne veux pas troubler ton rêve,
Ce serait dommage pour ton repos,
Tu ne dois pas entendre mes pas –

Sacht, sacht die Türe zu !	Sans bruit je ferme la porte !
Schreib' im Vorübergehen	J'écris, en passant, pour toi
Ans Tor dir gute Nacht,	Sur le porche : « Bonne nuit ! »
Damit du mögest sehen,	Afin que tu daignes voir
An dich hab'ich gedacht.	Que j'ai pensé à toi.

[14] Nous n'avons pas traité la quête spirituelle, vaste sujet qui déborde notre propos. Et pourtant que d'œuvres majeures ! *Le Voyage du Pèlerin, The Pilgrim's Progress*, de John Bunyan (mis en musique par Vaughan Williams), le psaume *Sicut Cervus* qui inspira Palestrina (et Haendel) , l'oratorio *Susanna* ou *Voyage d'une Ame* de Haendel, *Les Israélites au Désert* de K.P.E. Bach, *Parsifal* de Wagner, *Mort et Transfiguration* de R.Strauss, l'oratorio *Le Rêve* de Gerontius d'Elgar, sur un texte du Cardinal Newman...

[15] *Ode pour la Sainte-Cécile* (Fin) de Dryden :

La trompette retentira là-haut
Les morts vivront, les vivants mourront
Et la musique désaccordera le ciel.
(The trumpet shall be heard on high
The dead shall live, the living die
And music shall untune the sky.)

Le poète a voulu chanter la transcendance de la musique qui préside à la dissolution du monde qu'elle avait créé et surtout évoquer le ciel nouveau de l'Apocalypse où les vivants et les morts seront à l'octave (inférieure) de Dieu.

[16] Même remarque pour maintes œuvres de J.S.Bach où la musique, surgie du silence, semble n'avoir jamais commencé et n'avoir pas de fin, tel le « moulin mystique » qui ignore la source et l'estuaire de la rivière qui le porte.

L'EAU

[1] Pour Heidegger, créer, c'est « *puiser* » à la source (Holzwege).

[2] Au delà de toute culture poétique, mythologique ou psychanalytique, le symbole s'empare du musicien de toute sa puissance plurielle et archétypale : de l'Eau-Vie à l'Eau-Mort, de la Mer amère à la Mer-Mère.
Dans le lied, la mélodie et l'opéra, le musicien transmute l'émotion en mettant du chant sur du drame (P.-J. Jouve), en exprimant le cri en vocalise, voire en assimilant la voix à l'eau : « On dirait que ta voix a passé sur la mer au printemps... On dirait de l'eau pure sur mes lèvres, on dirait de l'eau pure sur mes mains. » (Pelléas à Mélisande).

[3] Parmi les musiciens accordés à l'harmonie universelle et passionnés par la mer, nous devons mentionner un compositeur anglais qui, comme Sisley, a vécu en France et n'est pas encore reconnu à sa juste valeur : Frederick Delius. Dans *Sea Drift*, il a mis en musique un poème de Whitman (*Out of the cradle endlessly rocking*). La mer, tantôt participe intensément à la destinée humaine, tantôt montre une souveraine indifférence. Elle est enfin symbole de cette béatitude dans laquelle les artistes, amants et mystiques à travers les âges ont cherché la

délivrance. Dans un autre chef-d'œuvre, *Appalachia*, Delius illustre l'inéluctable réalité de l'éphémère, symbolisée par le fleuve tumultueux.

4 L'eau d'un lac peut être immobile (condition nécessaire à tout « reflet dans l'eau »). L'eau peut geler comme dans le *Voyage d'hiver* de Schubert (Auf dem Fluss) ; le symbole en est évident. Dans le prélude orchestral de *l'Or du Rhin*, Wagner joue à la fois sur le mouvement et l'immobilité du fleuve. Le début se passe au fond du fleuve, là où les filles du Rhin gardent l'or. L'œuvre commence par un prélude descriptif qui nous montre, avec un art consommé dans sa simplicité, la transition entre le calme des eaux profondes et la vie ondoyante des Filles du Rhin. Les contrebasses attaquent en mi bémol. Seule cette note est entendue pendant quatre mesures. Puis trois contrebasses y ajoutent un si bémol. L'accord ainsi formé tient jusqu'à la mesure 136 ! A la mesure 16, le motif du Rhin submerge la basse apparemment inamovible, tout comme le fleuve coule sur son lit inamovible.

5 Sans cesse, dans la Bible, est mise en relief l'antithèse entre les gouffres marins (Royaume de la mort, du mal et de Satan), les Hébreux terriens, l'eau morte (et mortifère) et le jaillissement fécond des sources (de la Source !) où se renouvelle la Vie, le don de l'Eau Vive.

6 André Campra (1660-1744) a consacré une cantate au mythe d'Arion. Dépouillé par des pirates, puis jeté à la mer, le poète légendaire Arion (Nouvel Orphée) fut, selon Hérodote, sauvé par un dauphin qu'avait charmé ses chants et sa lyre.

7 Signalons en passant *Le Triomphe d'Amphitrite* de Bon Boulogne (Musée Magnin de Dijon). Haendel et Haydn, dans leur *Acis et Galatée*, ont mis en scène la vengeance de la mer. Polyphème, fils de Poséidon, aime sans espoir la néréide Galatée qui aime Acis. Le cyclope précipite l'infortuné amant à la mer, mais Acis est métamorphosé par l'amour de Galatée en ruisseau babillant. Rappelons que les néréides, les sirènes, les ondines contiennent la mémoire des fonds, le secret des origines. Les marins courent de grands risques à les écouter.

Puisque nous évoquons la mythologie, pouvons-nous séparer l'eau de l'amour si nous pensons à Aphrodite (du grec aphros : écume), née de la mer près de Cythère selon une version tardive ? *La Naissance de Vénus* de Botticelli a inspiré Respighi dans une page symphonique *Trittico Botticelliano.*

8 Pour l'imagination, l'écho d'une image est son reflet dans l'eau. Dans deux poèmes de Marie de France (vers1170, le plus ancien recueil de fables françaises) nous avons un cerf narcissique (« Il regarda dans l'eau et vit ses cornes ») et un renard gourmand piégé par le désir, prenant le reflet de la lune pour un fromage.

Le reflet dans l'eau, que ce soit la lune, le soleil couchant, l'arche d'un pont – un pont chinois dans l'hymne à la beauté de Mahler dans *Le Chant de la Terre* – est un grand moment de contemplation ou de rêverie artistique.

Reflets dans l'eau ouvre la première série des *Images* de Debussy. Fruit de longues recherches, cette évocation inégalable de sensibilité poétique, de frémissante sensualité et de rêve, ce « poème de l'agonie de la lumière, de la lumière estompée par l'onde » (André Suarès) aurait été inspiré par un étang réfléchissant l'image d'arbres et de plantes. Le paysage est crépusculaire et silencieux et Debussy nous offre paradoxalement une traduction sonore du silence (cf. l'analyse de l'œuvre par Harry Halbreich qui complète le livre indispensable de

Lockspeiser. Halbreich est à Debussy ce que Jankelevitch est à Fauré). Citons encore un musicien poète, Alfred Cortot, qui parle de « sommeil lumineux et flottant des aspects inversés » et des « images lentes qui s'étirent au miroir ondoyant des sonorités, dans la transparence délicieuse des accords et des arpèges effleurés ».

[9] Il est tentant de rapprocher les deux verbes allemands *wogen* (ondoyer, voguer) et *wiegen* (bercer) Un poète nous a dit : « Pourquoi la mère dort-elle sous la mer ? » Il nous faut citer les vers de quatre syllabes de Verlaine dont Debussy a tiré une mélodie dédiée à son ami Ernest Chausson : *La Mer est plus belle que les cathédrales :*

« La mer est plus belle / Que les cathédrales / Nourrice fidèle / Berceuse de râles / La mer sur qui prie / la Vierge Marie ! / Elle a tous les dons / Terribles et doux / J'entends ses pardons / Gronder ses courroux / Cette immensité / N'a rien d'entêté. / Oh ! Si patiente / Même quand méchante ! / Un souffle ami hante / La vague, et nous chante / « Vous sans espérance / Mourrez sans souffrance ! » / Et puis, sous les cieux / Qui s'y rient plus clairs / Elle a des airs bleus / Roses, gris et verts... / Plus belle que tous / Meilleure que nous ! » (Verlaine-Debussy)

Le poète anglais Swinburne aurait apprécié la découverte de l'homme de Menton :

> « Je retournerai vers la grande et douce mère,
> Mère et amante des hommes, la Mer.
> Je retournerai vers elle, moi et aucun autre,
> Tout contre elle, l'embrasserai et me fondrai en elle ».

Deux psychologues, Farrugia et Marty, vont plus loin encore :

« La quête inconsciente de tout plongeur est de se libérer, de s'affranchir du Temps. Le héros du « Grand Bleu » a choisi de retourner au cocon utérin... En retournant à la mer, il régresse à son origine modale et nodale, à la recherche du père, du frère, de la mere ».

[10] Le musicien finlandais Jan Sibélius s'est inspiré des légendes du Kalevala. Dans le fleuve de la mort, *Le Cygne de Tuonela*, cygne noir, correspond à Charon dans la mythologie grecque. La violence de la mer – symbole du drame – domine la moitié du *Peter Grimes* de Britten. « O marée qui n'attend que les hommes, épargne nos côtes » (Prière de la scène 1). Dans *Billy Budd* (d'après une nouvelle de Melville) les marins évoquent dans leur chant la houle parfois rassurante mais souvent dangereuse.

[11] *Les rêves et leurs interprétations*, Paris, Payot, 1972 (Petite bibliothèque Payot, 3)

[12] *L'Horizon chimérique* est le dernier cycle de mélodies que Fauré a composé sur quatre poèmes de Jean de la Ville de Mirmont (un grand poète méconnu, selon Jean d'Ormesson, mais que Fauré a tiré de l'oubli avec les plus belles mélodies jamais écrites depuis Debussy et avant Poulenc !). Voici le premier d'entre eux :

> La mer est infinie et mes rêves sont fous.
> La mer chante au soleil en battant les falaises
> Et mes rêves légers ne se sentent plus d'aise

De danser sur la mer comme des oiseaux soûls.
Le vaste mouvement des vagues les emporte,
La brise les agite et les roule en ses plis ;
Jouant dans le sillage, ils feront une escorte
Aux vaisseaux que mon cœur dans leur fuite a suivis.

Ivres d'air et de ciel et brûlés par l'écume
De la mer qui console et qui lave des pleurs,
Ils connaîtront le large et sa bonne amertume ;
Les goélands perdus les prendront pour les leurs

[13] Pour saint Athanase, « nous buvons l'esprit ». « *Sicut Cervus* » est le psaume 41 : « Comme un cerf soupire après les eaux vives, ainsi mon âme soupire après vous, Ô mon Dieu ; mon âme a soif de Dieu, du Dieu vivant ». Saint Jean nous dit : « Mais l'eau que je lui donnerai deviendra en lui une source qui jaillira dans la vie éternelle ». Rappelons que cette promesse accompagne l'entrée du thème des *Jeux d'eaux à la Villa d'Este* qui évoquent pour l'Abbé Liszt la grâce du baptême.

[14] *Gesang der Geister über den Wassern*

Chant des esprits sur les eaux

I	I
Des Menschen Seele	L'âme de l'homme
Gleicht dem Wasser :	Ressemble à l'eau :
Vom Himmel kommt es,	Elle vient du ciel,
Zum Himmel steigt es,	Elle monte au ciel,
Und wieder nieder	Doit redescendre
Zur Erde muss es,	Sur la terre
Ewig wechselnd.	Eternellement mouvante.
II	II
Strömt von der hohen	De la paroi rocheuse
Steilen Felswand	Haute et raide,
Der reine Strahl ;	Coule un torrent d'eau pure
Dann stäubt er lieblich	Puis joliment il poudroie
In Wolkenwellen	En volutes ondoyantes
Zum glatten Fels,	Vers la roche glissante.
Und leicht empfangen	Et, en se jouant, accueilli,
Wallt er verschleiernd,	Il dévale vers les profondeurs
Leisrauschend	En bouillonnant ses voiles
Zur Tiefe nieder.	Dans un doux murmure.
III	III
Ragen Klippen	Des rocs en saillie
Dem Sturz entgegen	Font obstacle à sa chute,
Schäumt er unmutig	Contrarié, écumant,
Stufenweise	Il descend par bonds
Zum Abgrund	Vers l'abîme.
Im flachen Bette	Dans un lit bien lisse
Schleicht er das Wiesental hin	Il se glisse vers les prairies
Und in dem glatten See	Et, dans le lac étalé,
Weiden ihr Antlitz	Se mirent avec délices
Alle Gestirne.	Tous les astres.

IV
Wind ist de Welle
Liebliche Buhle ;
Wind mischt vom Grund aus
Schäumende Wogen.

IV
Le vent est de l'onde
L'amant charmant
Le vent retourne
Et brasse les vagues écumantes.

V
Seele des Menschen
Wie gleichst du dem Wasser !
Schicksal des Menschen,
Wie gleichst du dem Wind !

V
Ame de l'homme
Comme tu ressembles à l'eau !
Destin de l'homme
Comme tu ressembles au vent !

[15] *Nous naviguons sur les larmes de Dieu.* (Powys)

[16] Nombreux sont les poèmes sur l'eau et la mer qui ont inspiré les musiciens. On ne compte en effet pas moins de vingt cinq poèmes que Schubert a transformés en lieder. Autant d'œuvres de Liszt, Britten... Nous avons souvent et volontairement négligé les nombreuses musiques descriptives, si belles soient-elles – et souvent les mieux connues – afin de privilégier celles, plus symboliques, qui servaient notre propos.
Une fâcheuse omission dans ce survol : l'eau salée des yeux et du cœur : les larmes ! Dès la Renaissance, les larmes coulent dans les peines d'amour, souvent à cause « d'une dame dédaigneuse ». Surtout dans cette île humide qu'est l'Angleterre. Le champion est John Dowland – le plus génial mélodiste avant Purcell – qui composa sept pavanes pour violes « Lachrimae » (Larmes) et de nombreux solo songs (qui peuvent être chantés comme des madrigaux, tant l'harmonie de l'accompagnement au luth est ouvragée) dont voici quelques titres évocateurs : *Flow my tears* (Coulez mes larmes), *I saw my lady weep* (J'ai vu pleurer ma dame), *Flow not so fast, ye fountains* (ne coulez pas si vite ô fontaines). Des larmes aussi dans les madrigaux vénitiens et surtout dans ceux, passionnés et exacerbés, de Carlo Gesualdo, Prince de Venosa (le musicien assassin). Des larmes dans nos opéras baroques, chez Berlioz, chez Verdi (que de « piango », piangi », « pianto »...) Des « Tränen » et des « Weinen »dans les lieder du XIXe siècle ; surtout dans les derniers cycles de Schubert, *la Belle Meunière, Le Voyage d'Hiver* et *Le Chant du Cygne*... et n'oublions pas *Spleen* (Il pleure dans mon cœur comme il pleut sur la ville. Verlaine – Debussy) et « Les sanglots longs des violons » (Verlaine, Debussy). Sublimes variations lacrymales en cinq siècles de musique ! Nous sommes dans le domaine du sentiment humain, trop humain pour ceux qui gardent les yeux secs ou méprisent tout mélodrame (Il y en a d'irrésistiblement beaux chez Verdi, entre autres). Par contre, les larmes de deuil ont leurs faveurs ; qu'elles soient profanes comme le *Lamento d'Ariane* de Monteverdi ou ses *Larmes de l'Amant au tombeau de l'Amante* ou les *Lacrymosa* des Requiem et Stabat Mater. Aussi douloureuses et amères sont les larmes du repentir et du remords : *Lagrime di San Pietro* ou Larmes de Saint-Pierre de Roland de Lassus (1532-1594).

L'EAU – Ses monstres et ses charmeuses

[iii] Si la musique est capable de créer des analogies en orientant, d'une certaine manière, l'idée ou le sentiment inclus dans un texte, si, du fait même, elle paraît

capable de pourvoir cette idée ou ce sentiment d'une certaine force expressive, pourquoi, autonome, ne serait-elle pas propre à exprimer ce ou ces sentiments ? Pourquoi, sans le recours du mot, ne rendrait-elle pas le tumulte des passions ou leur apaisement ? (Joseph Samson dans *Musique et Vie intérieure*).

2 Que de charmeuses dans et sous la mer ! Elles séduisent le pêcheur, le marin ou le rêveur à leurs profondeurs secrètes et l'entraînent le plus souvent vers la mort. Dans l'opéra de Dvorak, *Russalka*, une ondine remonte à la surface du lac avec la permission de son père, car elle aime un mortel. Mais elle est condamnée à rester muette, ce qui entraînera sa perte et celle de son amant.
En Bourgogne – en Bresse surtout – on met en garde les enfants contre la fascination mortifère de l'eau en évoquant « la mère en gueule ». Par ailleurs, n'est-ce pas troublant pour l'helléniste que la muse Melpomène (à moins que ce ne soit Terpsychore) soit l'épouse du dieu fleuve Acheloos et la mère des Sirènes ?
Il aurait fallu parler aussi de ces mammifères divinisés, les dauphins (et pourquoi pas, les baleines blanches ?) ; ils étaient honorés comme des dieux dans la Grèce pré-hellenique. Apollon s'est incarné sous la forme d'un dauphin. Arion est sauvé par des dauphins et passe ainsi de ce monde agité au monde du salut immortel grâce à leur médiation. (*Arion*, cantate de Campra). Les dauphins font partie du *Cortège d'Amphitrite* (Koechlin), l'épouse de Poséidon, toute nue parmi ses Néréides. Lorsque Syracuse battit les Grecs au Vème siècle avant J.C., une superbe pièce fut frappée avec la tête de la nymphe Aréthuse entourée de quatre dauphins (Musée de l'Ermitage) . Les océanographes américains ont enregistré, il y a vingt cinq ans, les chants d'amour des cétacés ; la bande subit un traitement acoustique et fut utilisée par le compositeur Hovhaness dans *And God created Great Whales.*

3 On se souvient du récit de Théramène qui raconte la fin tragique d'Hippolyte, beau-fils de Phèdre, que son père Thésée a abandonné au châtiment de Neptune. Le premier grand opéra de Jean-Philippe Rameau nous chante presque la même histoire, mais sans les superbes alexandrins de Racine. C'est pourquoi Rameau change le titre en *Hippolyte et Aricie* (1733). Lorsque Thésée, que Phèdre croyait mort en mer, revient à la fin de l'acte IV, un chœur chante la louange de Poséidon ou Neptune, qui est le père de Thésée selon certaines versions mythologiques – pour d'autres, c'est Egée.

« Que ce rivage retentisse / De la gloire du Dieu des flots.

A ce chœur succède le chant d'une matelote :

« L'Amour comme Neptune / Invite à s'embarquer.
Pour tenter la fortune / On ose tout risquer. »

Puis c'est la prière de Thésée qui demande à son père de le venger de l'ignominie du fils – on sait qu'Hippolyte est innocent de l'inceste ou de l'adultère dont Phèdre, par dépit passionnel, le fait accuser. Dans un bruit de mer et de vents, on voit surgir de l'écume un horrible monstre :

« Quel bruit ! Quels vents, ô Ciel / Quelle montagne humide !
Quel monstre elle enfante à nos yeux !
Ô Diane, accourez ! Volez du haut des Cieux. »

Et en effet, Diane intervient et sauve Hippolyte au moment où Thésée, qui vient d'apprendre la vérité, veut se suicider.

D'autres divinités ou divines magiciennes peuvent susciter des monstres. Par exemple Circé, qui tombe amoureuse du triton Glaucus qui, lui, aime la nymphe Scylla, se venge de cette dernière en la métamorphosant en monstre qui va détruire tout ce qui s'approche. Jean-Marie Leclair écrivit en 1746 un opéra très ramiste : *Glaucus et Scylla*. Les scènes de tempête évoquant le double péril de Charybde et Scylla ressemblent à celles que Rameau a insérées dans *Hippolyte et Aricie* et *Les Boréades*.

[4] Ce genre de sacrifice semble avoir hanté les classiques pendant plus d'un siècle, cf. les *Iphigénie* (en Aulide, en Tauride) de Gluck, les *Jephté* de Carissimi, de Haendel et de Pignolet de Montéclair. Le prototype en est le sacrifice d'Isaac.

[5] On peut dire que Neptune est l'homologue du Leviathan bilblique (*Livre de Job*, Psaumes de David). C'est le monstre marin des origines qu'il faut bien se garder de déranger. La puissance de Dieu est nécessaire pour dominer ses forces instinctives et maléfiques. Vaughan Williams, le symphoniste anglais du siècle (avant Tippett et Bax) lui a consacré le scherzo *Léviathan* de sa *Sinfonia Antartica* avec psaume de David en exergue.

[6] « Lorsque nous nous efforçons de parler de la musique, de parler la musique, le langage, en un acte de vengeance, nous tient à la gorge. C'est là, je crois, le sens profond de la légende des Sirènes. Plus ancienne qu'un langage religieux possédé de « trônes », de « dominations », de « puissances », plus secrète que les mystères et les pouvoirs confiés au discours, la musique tend une embuscade à l'être de langage, au logicien, qui fait confiance à la raison (Ulysse par excellence). Les Sirènes promettent des ordres de compréhension, de paix, d'harmonie, qui transcendent le langage. L'animal doué du langage, l'homme, dans l'armure que constitue sa volonté de puissance (la grammaire et la logique), se doit de résister . Il doit se rendre sourd aux avances des chants. Sinon, il sera arraché à lui-même – mouvement d'extase – et sa raison sombrera irrémédiablement dans le sommeil.
Mais les Sirènes sont éternelles. Elles ne sont pas détruites par la ruse d'Ulysse. Derrière le voile du discours rationnel, la musique semble bien continuer à murmurer. Le son menace toujours d'entraîner après soi, avec la force d'une marée, les serviles stabilités du sens ». (Georges Steiner – *Présences réelles*).

[7] Nous sommes loin des Sirènes antiques qui « connaissent tous les secrets » ; pour les philosophes grecs, ces divinités musicales inspiraient l'amour des choses divines. Le Temple de Delphes était orné de statues dorées de Kélédones, identiques aux sirènes. Nombreux, d'après les érudits, seraient les témoignages sur les rapports entre les Sirènes et Apollon, dieu de la musique et de la divination. Apollon, selon la légende, serait le père de Pythagore !

Au moyen-âge, la sirène endort le marin avant de causer sa perte ; elle chante contre tempête et pleure quand il fait beau dans le poème chanté de Philippe de Thaon *La sirène vit en mer*. Tout y est symbolique : la mer démontée, c'est le monde troublé ; le marin, c'est l'âme ; le navire, le corps ; le sommeil, le péché.

[8] Pour Héraclite, « C'est mort pour les âmes que de devenir eau ». Pour Bachelard, « L'eau est une invitation à mourir, invitation à une mort spéciale qui nous permet de rejoindre un des refuges matériels élémentaires ». Rappelons que le maître-livre sur « l'eau et la mort » est de Jean Libis, écrivain, romancier et philosophe bourguignon qui a eu le grand mérite d'amplifier la vision de Bachelard. L'amour, la mort et l'eau sont inextricablement liées dans *Le Nain D.771* de

Schubert sur une longue ballade de Matthäus von Collin ; font partie de la couronne mortuaire : fidélité, jalousie, cruauté, tendresse et aussi innocence. C'est peut-être la plus romantique des ballades de Schubert, en tout cas plus sombre que *Le Roi des Aulnes*. Collin se souvient des ballades fantastiques et passionnelles de Bürger. La barque du nain, le fou et favori de la jeune reine, glisse dans la nuit sur le lac. La reine pressent la mort avec la venue du soir et semble s'y résigner. Le nain lui en veut de l'avoir délaissé pour le roi et l'étrangle, tout en pleurant et en se haïssant pour l'éternité. « Je me haïrai éternellement, moi qui avec ces mains t'aurai donné la mort ». La reine mourante prie pour la paix du cœur du nain ; celui-ci l'embrasse et la précipite au fond des eaux. Le cœur du nain, consumé de désir et de douleur, n'abordera plus jamais à aucun rivage. Les quatre notes du destin (*5ème Symphonie* de Beethoven) rythment l'accompagnement sur des trémolos de terreur et d'angoisse.

9

Die Lorelei – Heinrich Heine (1797-1856)

Ich weiss nicht, was soll's bedeuten
Dass ich so traurig bin,
Ein Marchen aus alten Zeiten
Das kommt mir nicht aus dem Sinn.

Die Luft ist kühl, und es dunkelt,
Und ruhig fliesst des Rhein,
Der Gipfel des Berges funkelt
Im Abendsonnenschein.

Die schönste Jungfrau sitzet
Dort oben wunderbar,
Ihr goldnes Geschmeide blitzet
Sie kämmt ihr goldnes Haar.

Sie kämmt es mit goldnem Kamme
Und singt ein Lied dabei ;
Das hat eine wundersame,
Gewaltige Melodei.

Den Schiffer im kleinen Schiffe
Ergreisst es mit wildem Weh ;
Er schaut nicht die Felsenriffe,
Er schaut nur hinauf in die Höh'.

Ich glaube, die Wellen verschlingen
Am Ende Schiffer und Kahn,
Und das hat mit ihrem Singen
Die Lorelei getan.

La Lorelei – Heinrich Heine

Je ne sais pourquoi
Mon cœur est si triste,
Un conte des vieux âges
Toujours me revient à l'esprit.

La brise fraîchit, le soir tombe,
Et le Rhin coule silencieux ;
La cime du mont flamboie
Aux feux du soleil couchant.

La plus belle des jeunes filles
Là-haut est assise merveilleuse,
Ses joyaux d'or étincellent,
Elle peigne ses cheveux d'or.

Elle les peigne avec un peigne d'or
En chantant une romance ;
Son chant a un pouvoir
Etrange et prestigieux.

Le batelier dans sa petit barque
Est saisi d'une folle douleur ;
Il ne voit plus les récifs, les rochers,
Le regard perdu là-haut.

Je crois que les vagues ont finalement
Englouti le batelier et sa barque ;
Et c'est la Lorelei, avec son chant fatal
Qui aura fait tout le mal.

A propos de *La Lorelei*, il nous faudrait parler de ce grand poète germaniste Gérard de Nerval (cf. l'article de J. Cophignon *Approche de la figure maternelle et des images féminines chez Nerval*, Bulletin de Psychologie n° 410.
Lorelei, autre image mythique, chamarrée de sa robe de brocart, et ne laissant paraître que certains plis obscurs de l'étoffe verte qui se colle à ses flancs. Son

bras gauche entoure négligemment la mandore des vieux Minnesaengers de Thuringe, et entre ses beaux seins, aimantés de rose, étincelle le ruban pailleté qui retient faiblement les plis de lin de sa tunique. Son sourire est doué d'une grâce invincible, et sa bouche entrouverte laisse échapper les chants de l'antique « syrène ». Ainsi la chère Allemagne a reconquis le cœur de Nerval, et c'est par son truchement que se trouvent liés le fantôme de celle dont les cendres reposent dans la froide Silésie et l'image de la fée à la fois fascinante et funeste.
Ainsi le thème de l'Amour et de la Mort indissociés et indissociables est constamment repris par Nerval, thème certes bien romantique mais qui semble avoir effectivement marqué de son sceau toute son existence et son œuvre.
La nymphe Aréthuse qui a inspiré à Karol Szymanowski (1882-1937) une page émouvante pour violon et piano *La Fontaine d'Aréthuse* – que la regrettée Ginette Neveu donnait en bis – nous semble une inversion de la Lorelei. Citons à ce sujet Jean Libis, *L'eau et la mort*, naturellement puisque selon le mythe, une rivière se creuse sous la terre, et même sous la mer, canal ténébreux reliant la Grèce à la Sicile, conjonction exemplaire d'Eros et de Thanatos au sein d'une vaste rêverie aquatique. Le dieu Alphée agit-il comme un monstre ou un amant en liquéfiant « la nymphe » ? Dans le poème de Coleridge *The Pleasure Dome of Kubla Khan* qui a inspiré à Griffes un remarquable poème symphonique, Alphée a plutôt un rôle onirique.

10 Les nymphes, comme les ondines, ont souvent la réputation de troubler l'esprit des hommes à qui elles se montrent. Une superstition plus tardive parle de la folie qui saisit une forme sortant de l'eau : sentiment ambivalent de peur et d'attirance. En Bresse, on interdit aux enfants de se pencher au-dessus d'un puits car « la Mère en Gueule », que nous avons déjà mentionnée, pourrait les attirer au fond. D'ailleurs, la noyade au fond du puits était, dans mon village natal, la forme la plus banale du suicide (avec, il est vrai, la pendaison) ; nous interrompions nos jeux d'enfants pour empêcher un vieux grand-père d'enjamber la margelle de son puits. Il choisit une heure tardive et réussit. Sa fille choisit la même mort quelques mois plus tard !

11 Les nymphes des eaux ou naïades sont aussi pures qu'irrésistibles ; elles ont à lutter constamment contre les faunes, satyres et autres adeptes du dieu Pan aux pieds de bouc, préférant parfois la mort à la violence et à la lubricité. *Syrinx* échappe à Pan qui se console en fabriquant une flûte avec sept roseaux. Debussy illustre ce thème cher à Ovide avec un morceau pour flûte seule d'une exquise sensualité. Revenons au « *Prélude à l'après-midi d'un Faune* » ; Debussy ouvre une ère nouvelle avec dix minutes de paraphrase orchestrale sur un poème de Mallarmé. L'inoubliable cantilène de flûte, au balancement voluptueux, se détache sur un orchestre soyeux et limpide. Debussy fit précéder l'édition originale de la courte notice suivante : « La musique de ce *Prélude* est une illustration très libre du beau poème de Stéphane Mallarmé. Elle ne prétend nullement à une synthèse de celui-ci. Ce sont plutôt les décors successifs à travers lesquels se meuvent les désirs et les rêves du Faune dans la chaleur de cet après-midi. Puis, las de poursuivre la fuite peureuse des nymphes et des naïades, il se laisse aller au sommeil enivrant, rempli de songes enfin réalisés, de possession totale dans l'universelle nature ». Et au chef d'orchestre Chevillard, qui lui demandait conseil pour le solo initial, il répondit simplement : « C'est un berger qui joue de la flûte, assis le cul dans l'herbe ». Mallarmé fut enthousiasmé et écrivit à Debussy que son œuvre « ne présentait de dissonances avec le texte, sinon d'aller plus loin, vraiment, dans la nostalgie et dans la lumière, avec finesse, avec malaise, avec richesse ».

Sept ans plus tard, les *Nocturnes* (Décembre 1899), résument toute sa trame symphonique. A *Nuages*, *Fêtes*, succède le chant des *Sirènes* avec leur envoûtement insidieux et magnétique ; vocalises qui se balancent sur la crête des vagues et qui culminent au milieu du mouvement comme promesses de volupté pour ces marins de l'antiquité, auxquels elles prodiguent l'oubli de tout dans un « bonheur d'agonie ». « C'est un des moments les plus rares, les plus indicibles de tout Debussy » (Harry Halbreich. Analyse de l'œuvre dans *Debussy, sa vie et sa pensée* de Lockspeiser – Fayard 1980).

12 Il faut être prudent lorsqu'on évoque les sources possibles de la musique de Chopin mais, dans une confidence faite à Schumann, ses *Quatre Ballades* auraient été inspirées par des poèmes de Mickiewicz. La 3e serait « *Ondine op.47.* Sur les bords du lac, un jeune homme a juré fidélité à une jeune fille entrevue. Celle-ci qui doute de la constance des hommes, malgré les protestations de l'amoureux, s'éloigne et réapparaît sous la forme ensorcelante d'une ondine. A peine a-t-elle tenté le jeune homme qu'il succombe au sortilège. Pour expier sa faute, il sera entraîné dans l'abîme aquatique et condamné à poursuivre, en gémissant, l'ondine fuyante qu'il n'atteindra jamais (résumé de Bernard Gavoty dans son livre sur Chopin). Supplice éternel du désir jamais satisfait, qui fait penser à ceux de Tantale et Sisyphe aux Enfers.

LE FEU – Ses attributs, ses symboles

1 Ce qui eût outragé les musiciens baroques qui croyaient pouvoir exprimer toutes les passions humaines ainsi que Beethoven. Il affirmait que toutes les émotions, même la colère, pouvaient être des sources d'inspiration musicale. On le plaisantait sur ce mot en lui faisant remarquer que sa gouvernante acariâtre devrait alors toucher des droits d'auteur.

2 Les historiens nous affirment qu'en mille ans, il n'y eut que dix-huit malheureuses condamnées pour leur passion hérétique. Tite-Live en cite une, Militia, suspectée par surcroît d'inceste.

3 Nul n'a mieux parlé du *Moïse* de Rossini que Balzac dans sa nouvelle *Massimila Doni :* « Avouez, dit la Duchesse, au moment où en levant sa baguette Moïse fait tomber la pluie de feu et où le compositeur déploie toute sa puissance à l'orchestre et sur la scène, que jamais musique n'a plus savamment rendu le trouble et la confusion ».

4 Le Feu intervient dans le châtiment de l'enfant capricieux et cruel dans *L'Enfant et les sortilèges* de Maurice Ravel sur une prose de Colette (1920-1925). Alors qu'il est puni par sa maman et doit rester seul dans sa chambre jusqu'au dîner, la magie entre en scène et tous les animaux et objets malmenés se mettent à parler. Au moment où l'enfant frissonne de peur et de solitude, il se rapproche du Feu qui lui crache au visage une fusée étincelante. Bondissant hors de la cheminée, mince, pailleté, éblouissant : « Arrière ! Je réchauffe les bons, mais je brûle les méchants ! Petit barbare imprudent, tu as insulté à tous les Dieux bienveillants qui tendaient entre le malheur et toi la fragile barrière ! Ah ! Tu as brandi le tisonnier, renversé la bouilloire, éparpillé les allumettes, gare ! Gare au Feu dansant ! Tu fondrais comme un flocon sur sa langue écarlate ! Ah ! Gare ! Je réchauffe les bons ! Gare ! Je brûle les méchants ! Gare, Gare ! Ah ! Gare à toi !

(le Feu s'élance et poursuit d'abord l'Enfant qui s'abrite derrière les meubles. Derrière le Feu, née sous ses pas, monte la Cendre...) Le tout chanté « con fuoco », avec coloratures et virtuosités vocales.

5 Citons quelques œuvres moins importantes mais musicalement intéressantes : *Didon abandonnée* de Tartini (sonate pour violon) et surtout *La Mort de Didon*, cantate de Pignolet de Montéclair, que William Christie nous révéla il y a peu.

6 Passons sur l'utilisation peu musicale du pistolet dans la symphonie *Werther* de Pugnani et du canon dans l'ouverture historique *1812* de Tchaïkovsky et parlons plutôt du « coup de foudre » qui a une origine mythologique. Sémélé est amoureuse de Jupiter qui lui rend visite, invisible car il est dieu. La princesse désire voir son amant-dieu et le connaître mieux – suivront les contes et légendes sur Barbe-Bleue et Lohengrin, qui se terminent toujours mal pour les femmes curieuses du passé de leur amant. Junon, l'épouse constamment bafouée, conseille faussement à sa rivale d'insister au nom de l'amour.. Et l'irrémédiable se produit : Jupiter, Dieu de la foudre, apparaît à Sémélé et la consume. Il a juste le temps d'extraire de son ventre le fœtus du futur Dyonisos et de se le planter dans la cuisse. Haendel a tiré de ce mythe un opéra, *Sémélé*, un des plus riches en arias. Au moment de la fulguration, le public fut dépité car, au lieu d'entendre un fortissimo avec force trompettes et timbales, il n'eut droit qu'à un lamento recueilli aux cordes

7 Dans la Bible, le char de feu appartient à Elie qui est ainsi transporté au ciel. *Elias* est un oratorio de Mendelssohn que les Anglais jouent rituellement comme *Le Messie* de Haendel.

8 En fait, la Saint-Jean a lieu le 24 Juin, ce que le tympan de Vézelay a représenté ingénieusement. Sur la pile cannelée du trumeau se dresse la statue de saint Jean-Baptiste. Au-dessus, à la verticale, le Christ est placé au centre de la grande voussure du zodiaque. Les signes du zodiaque y suivent le demi-cercle de la voussure, rappelant la marche du soleil qui, en été, semble décrire un orbe plus grand, chaque signe étant accompagné des « travaux et des jours ». Or, au-dessus de la tête du Christ, nous apercevons un petit orbe fantaisiste qui semble un homme décrivant un cercle, allusion possible à un de ces acrobates ou saltimbanques qui agrémentaient la fête. A moins qu'il ne s'agisse – le zodiaque venant d'Egypte via l'Espagne – de la chrysalide d'Osiris, comme l'affirme notre éminente égyptologue Christiane Desroches-Noblecourt ; ce symbole évoquerait alors l'avenir en formation, à savoir le « précurseur ». Comme il fallait bien préciser le solstice sur la voussure du Zodiaque, le sculpteur a ménagé, un peu à gauche du Christ, un demi-cercle où figure un héron dont le long bec indique que les jours vont commencer à diminuer. Ne nous éloignons pas trop du sujet, mais signalons tout de même que saint Jean a inspiré des œuvres importantes, de l'oratorio *San Giovanni Battista* de Stradella à l'opéra de Richard Strauss, *Salomé*, sur le texte d'Oscar Wilde ; sans oublier *Hérodiade* de Massenet.

9 Le feu de l'amour divin, quand « la nuit n'est pas toujours obscure », peut embraser le cœur du mystique : *Ardens est cor meum*, nous chante Vittoria, le Greco de la polyphonie qui connut, dans sa ville natale d'Avila, saint Jean de la Croix et sainte Thérèse. Thomas Tallis, musicien d'Elisabeth 1ère, chanta la Pentecôte – comme le sculpteur du tympan de Vézelay – avec l'Esprit Saint apparaissant aux disciples en langues de feu, dans un motet sublime, *Loquebantur*

variis linguis Apostoli. N'oublions pas non plus le *Veni Creator Spiritus*, feu, amour (*Symphonie n° 8*, Malher). Pour sainte Hildegarde von Bingen (1098-1179), l'Esprit Saint est le feu du Paraclet Consolateur : « O Ignis Spiritus Paracliti » (cf. Cd *Chants de l'extase*).
A l'opposé, il y a les feux de la haine. Dans *La Flûte Enchantée* de Mozart , la Reine de la Nuit (Acte II) crie sa haine dans des vocalises redoutables : « La vengeance de l'enfer bouillonne dans mon cœur ; les flammes de la mort et du désespoir m'enveloppent. Si Sarastro ne meurt pas de ta main, tu ne seras plus ma fille ».
Le mystique « arde » comme les amants de Gesualdo et Monteverdi ; le mot « inflammatus » se retrouve dans des cantiques et même dans le *Stabat Mater...*
Et la femme la plus enflammée et la plus aimante dans les Evangiles est Marie-Madeleine :

« L'ardeur du Christ qui vint enflammer les âmes
Me brûle et me consume
Car mon cœur n'est plus le même
Et porte en lui la grâce de l'Amour divin »
Madeleine aux pieds du Christ – 1713
Antonio Caldara 1670-1736 Auteur de quarante oratorios !)

Le texte biblique est bref et plutôt prosaïque à propos de Marie-Madeleine ; nous ne savons rien sur son tourment et l'angoisse qui accompagne sa décision de changer de vie. La force du livret est dans le conflit entre le bien et le mal, qui autorise contrastes et nuances dans la partition. Une découverte ! Enregistrement récent de René Jacobs – 1996.

10 Le monde est pauvre pour celui qui n'a jamais été assez malade pour les voluptés de l'Enfer ! (Nietsche). Idée qui est développée par Erwin Schulhoff (1894-1942) dans son opéra *Flammes*, œuvre fantastico-psychanalytique interdite par les Nazis. La deuxième scène, « Chant de feu », commente la passion brûlante d'une femme qui se consume pour Don Juan et l'enflamme. Dans son imagination le corps blanc de la femme se teinte de rouge sang. Feu, amour et mort. L'ardeur, le flamboiement, le frottement de l'amour sont le cœur et au cœur du feu (Bachelard).

LE FEU – Tonnerre et foudre

1 *Plaisir d'une Nuit d'Orage* (*Lust der Sturmnacht*) Kerner lieder op.35 n°1 (Robert Schumann)

Lorsque sur les monts et dans les vallées,
La pluie tombe à verse, la tourmente fait rage,
Le vent fouette les enseignes et les vitres,
Le voyageur égaré erre dans la nuit,
Qu'il fait bon se trouver
Dans la douce intimité du foyer ;
La pourpre du firmament
Se répand dans l'intérieur paisible :
Prends pitié, O nature !
Enserre-moi dans ton étreinte !

Les fleurs printanières vont éclore,
Des nuages paresseux et des oiseaux chantent.
Puissent-tu ne jamais prendre fin, nuit de tourmente,
Vitres, fenêtres ! Trembles, enseignes,
Ployez sous la rafale, forêts ! Mugissez, flots !
La voûte céleste m'enveloppe de sa clarté !

2 Deux oratorios : *Le Festin de Balthasar* de Haendel, celui de Walton. Haendel dans *Israël en Egypte* s'est inspiré de la Bible (Exode). Yahvé dit à Moïse : « Etends ta main vers le ciel, qu'il grêle dans tout le pays d'Egypte, sur les gens, sur les bêtes, sur tout ce qui croît dans les champs au pays d'Egypte ». Moïse brandit son bâton vers le Ciel. Yahvé alors tonna et fit tomber la grêle. La foudre frappa le sol. S'ensuivirent, comme chacun sait, les plaies d'Egypte.

Tout change avec Jésus qui repousse la demande de Jacques et Jean appelés « Les Fils du Tonnerre » (Au XIIe siècle, musique du « Codex Callixtinus » pour saint Jacques de Compostelle) quand ils veulent que le feu du Ciel tombe sur ceux qui refusent d'accueillir leur maître et qu'il les consume (Luc 9, 54-55). « Ce que voyant, les disciples Jacques et Jean lui dirent, Seigneur, veux-tu que nous ordonnions au feu de descendre du Ciel et de les consumer ? Mais, se retournant, il les réprimanda ».
Dans le nouveau Testament, Yahvé renonce à la foudre et envoie son Esprit Saint sous forme de flammes à la Pentecôte (cf. *Loquebantur in variis Linguis* de Tallis et les Cantates de J.S. Bach).

3 Le Colloque *Mythe et Création* du 14 février 1987 à la Faculté des Lettres de Dijon fut accompagné d'une exposition du peintre bourguignon, éminemment bachelardien, André Chetot, qui nous a quittés depuis après une longue et douloureuse maladie. Rendons un court hommage à cet artiste passionné de musique ; dont les savantes compositions de laves et de lauzes sont une cosmogonie. Evoquons sa « Porte d'Orient », choc de flammes et de la nuit, de l'or et de l'ébène, fête de la création célébrée par des ballets de feu. Il répond au Big Bang par son éclair à lui « La terre dégaine », relief d'où il fait surgir de l'écorce terrestre un éperon de bois. A partir de 1983, la lumière apparaît partout dans ses œuvres. La terre se prépare à enfanter dans une césarienne de pourpre sur fond d'irradiance ; l'œil du cyclope de l'Etna devient fleur de sang, pivoine de feu ; les flammes enfantent des poulpes ; des vagues de lave irisées par l'aurore y captent le soleil. La terre s'émaille de galets d'or et le lyrisme de la création en perpétuelle gésine s'exalte dans des cratères enserrés par des pieuvres pétrifiées aux allures bouddhiques. Nous devions à sa mémoire de célébrer le créateur de métaphores essentielles, dont les rêveries matérialistes rejoignent symboliquement le sens du sacré.

4 L'*Orfeo* de Monteverdi et surtout *Amadis* de Lully.

5 L'idéal baroqueux de petits effectifs n'est pas toujours de la « musicologie », c'est le plus souvent de la « disette » à ses débuts. Une évolution a eu lieu et, Dieu soit loué, le style baroque a mûri et est devenu indispensable. Rappelons la joie de Corelli lorsque à Venise on joua ses concertos avec cent violons !

6 Dans son livre *sur Le Sacré...*, J.J. Wunenburger nous rappelle que « le sentiment sacré s'éveille surtout en certains lieux (cavernes, sources...) ou devant l'intensité de certains désordres naturels (foudre, inondation)... ». Il est donc facile

de retrouver, dans l'histoire de l'opéra, des scènes cataclysmiques de caractère « lumineux ». Dans le *Requiem* de Verdi, les coups de tonnerre du *Dies Ira*e semblent bien traduire « la Foudre de Dieu » (Titre d'un ouvrage de Marcel Moré). Verdi fut marqué toute sa vie par un souvenir (et remords) d'enfant de chœur : il avait proféré une malédiction contre son curé et quinze ans plus tard la foudre s'était abattue dans une église voisine tuant cinq personnes dont le prêtre maudit. Le couple « malédiction-exécution » se retrouve dans certains opéras ; cuivres et timbales au rendez-vous. Nabucco est foudroyé quand il se prend pour Dieu.

7 Cf. Etudes de Chopin, Liszt, Rachmaninov ; mainte page de Schumann et Brahms et plusieurs allegros de sonates de Beethoven. Citons en particulier la 16e variation des *Variations Diabelli* qui s'ouvre sur un coup de tonnerre (Lire *le Dialogue avec 33 variations sur une valse de Diabelli* de Michel Butor), sans oublier l'Orage de Liszt dans la première *Année de Pèlerinage*.
Il est banal de constater qu'orages et ouragans sont symboles de l'existence pendant tout le XIXe siècle. Un exemple inattendu : Théodore Gouvy (1819-1898) nous est revenu après un siècle d'oubli avec un Requiem, un Stabat Mater, un quintette et une Cantate *Le Printemps :* « Du vent de l'orage écoutez la voix... sous la neige tombant dans l'ombre, la nature a pris l'aspect de la mort ». Tel est l'ouragan de la vie.

8 Le Père Marion nous dit que dans les langues sémitiques le même mot désigne le tonnerre et la voix de Dieu, la lumière et l'éclair.

9 André Jolivet nous dit : « C'est de la nature que l'artiste extrait les éléments de l'œuvre d'art. Ces éléments seront d'autant plus gonflés de sève vitale que le créateur est plus vivant, c'est à dire qu'il participe davantage de la vie de cet univers. C'est parce que Beethoven était si « incarné » qu'il pouvait par intuition, trouver dans sa propre conscience les rapports qui permettent d'établir une architecture musicale en accord avec les lois naturelles ».

10 Thème qu'on retrouve chez Burger, auteur de ballades du *Sturm und Drang*, *Lénore* et *Le Chasseur Maudit* ainsi que dans la légende médiévale du Sire de Brancion.

11 Bien que cette symphonie déguisée en trois mouvements ait été composée en Bourgogne.

12 Il serait facile de démontrer, partition en main, que Mozart utilise dans la mort de Don Juan une série dodécaphonique plus d'un siècle avant Schönberg !

13 Cf. la chute des esprits malins dans la *Création* de Joseph Haydn.

14 On y retrouve les thèmes d'*Andromède* (Mozart) et de la *Walkyrie* (Wagner).

15 Deux poètes essentiels pour Berlioz : Shakespeare et Virgile, dont l'*Enéide*, qu'il lisait dans le texte, lui arrachait des larmes !

16 Les ballades de Burger (*Lenore*, *Le Chasseur Maudit*) et le *Werther* de Goethe ont inspiré beaucoup de compositeurs.
Pour *Lénore :* Raff, Duparc
Pour *Le Chasseur Maudit :* Franck
Pour *Werther :* Pugnani, Massenet.

[17] Dans *La Tragédie de Salomé op. 50* que Florent Schmitt dédia à Stravinsky en 1913 (l'année du *Sacre du Printemps*), le ballet s'ouvre sur un prélude descriptif évoquant la terrasse et le paysage qui l'entoure. Puis Salomé commence sa « Danse des Perles », puis lors « des Enchantements de la mer », Hérode et Hérodiade songent à leurs crimes passés et soudain, pour affoler Hérode, elle exécute sa « danse des éclairs », lascive et foudroyante séduction.

[18] Alfred Hitchcock, le plus mélomane des cinéastes avec Visconti, s'est servi pour un attentat au Royal Albert hall de la *Storm Symphony* de Benjamin.

INDEX DES MUSICIENS CITÉS *

Achevé d'imprimer sur rotative
par l'Imprimerie Darantiere
à Dijon-Quetigny en
décembre 2001

N° d'impression : 21-1466
Dépôt légal : 4e trimestre 2001